믿고 듣는 이근철의
Try again! 팟캐스트

Video player

▶ ■ 1:44 / 5:89

KB106654

🔊 ⚙ ⟦ ⟧

베테랑 영어강사 이근철과 유쾌발랄 나탈리의 하루 15분 행복한 영어 힐링 타임
Try again 팟캐스트! 🎙음성강의는 **팟캐스트(팟빵, 아이튠즈APP)**에서,
▶**영상강의는 유튜브와 네이버 TV**에서 만날 수 있습니다.

검색창에 "이근철" "Try again" "트라이어게인" 검색

[▼] 검색

🔴 팟빵   YouTube   ▶ NAVER TV

팟빵

아이튠즈

"영어회화, 해도 해도 안 되는 것 같다고요?"

> 명불허전! 역시 이근철, 역시 Try again!
> : 김지인 (42세, 직장인) :

> 책에서 배운 표현 썼는데 원어민 선생님께 칭찬 받았어요!
> : 김송희 (24세, 대학생) :

> 내가 중학교 다닐 때 영어회화를 이렇게 배웠더라면······.
> : 박선주 (39세, 직장인) :

> 오랜만에 영어를 다시 시작해볼 용기를 얻었습니다.
> : 김련희 (58세, 주부) :

> 영어 학습자에겐 영어회화로 나아가는 지름길이,
> 영어 가르치는 선생님에겐 멋진 강의 노트가 되는 책!
> : 김정수 (37세, 영어 강사) :

이근철의

Try again!

중학교 영어로 다시 시작하는

영어회화1 패턴 50

길벗
이지:톡

Try again! 영어회화 1 워크북 활용법

자투리 시간에 가볍게 들고 다니면서 공부할 수 있는 훈련용 소책자입니다. 출퇴근할 때, 누군가를 기다릴 때, 자투리 시간을 적극 활용해 보세요. mp3파일을 들으면서 주어진 우리말을 영어로 말해 보세요. 표현이 쌓일수록 영어회화 자신감도 여러분의 것이 됩니다!

이렇게 활용하세요!

50패턴의 예문, 대화문을 워크북에 쏙 담았습니다. 하루에 한 과씩 5분 내외의 시간이면 학습할 수 있는 부담 없는 분량입니다. 워크북으로 공부할 때도 꼭 mp3파일을 들으면서 공부하세요!

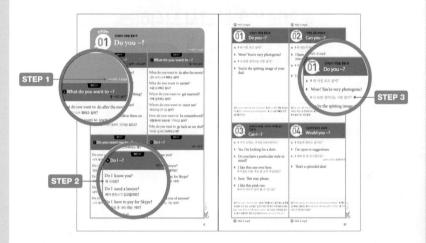

STEP 1

STEP 2

STEP 3

STEP 1 mp3파일과 함께 표현 익히기

mp3파일을 들으면서 워크북에 정리된 표현들을 큰 소리로 따라 해봅니다. 눈으로만 공부하지 말고 귀로 듣고 입으로 말해 보아야 표현이 확실하게 기억됩니다.

STEP 2 제시된 우리말을 영어로 바꿔 말하기

영어 부분을 가리고 제시된 우리말을 영어로 바꿔 말해 보세요. 우리말만 봐도 1초의 고민 없이 영어 문장이 딱 떠오를 때까지 반복하세요. 가위로 잘라서 카드처럼 들고 다니면 휴대가 편리합니다.

STEP 3 실전 대화에 도전하기

패턴 훈련이 끝나면 이제 대화를 완성하는 미션에 도전할 차례입니다. 제시된 우리말을 보고 앞에서 배운 패턴과 표현을 활용해 실제 대화처럼 영어로 말해 보면서 회화 실력을 키워 나가세요. 대화문도 카드처럼 잘라서 활용할 수 있어요~

Try!
50패턴 영어 말하기

그동안 배운 50패턴이 입에 착 달라붙도록
패턴을 활용한 영어 말하기 훈련을 해보겠습니다.
우리말을 보고 3초 안에 영어 문장이 입에서
나올 때까지 반복 또 반복해서 연습하세요!

가위로 잘라서 카드처럼
가볍게 휴대하셔도
좋습니다.

01 Do you ~?

상대방의 의향을 물을 땐

🎧 h01-1.mp3

패턴 01

❶ Do you want to ~?

~할래?, ~하고 싶어?

Do you want to see a movie?
영화 보러 갈래?

Do you want to see my pics?
내 사진 보고 싶어?

Do you want to die or something?
죽고 싶어? (죽으려고 환장했어?)

Do you want to check it out?
한번 확인해 볼래?

Do you want to unfollow them on twitter?
그 친구들 트위터 팔로우 그만하고 싶다고?

패턴 01

❷ What do you want to ~?

뭘 ~하고 싶어?

What do you want to do after the movie?
영화 보고 나서 뭐하고 싶어?

Who do you want to invite?
누굴 초대하고 싶니?

When do you want to get married?
언제 결혼하고 싶어?

Where do you want to meet me?
어디서 날 만나고 싶어?

How do you want to be remembered?
어떻게(어떤 모습으로) 기억되고 싶어?

Why do you want to go back on our deal?
약속한 걸 왜 번복하려고 해?

패턴 01

❸ Do you want me to ~?

내가 ~해줄까?

Do you want me to handle this?
이거 내가 처리해 줄까?

Do you want me to take you home?
집에 데려다 줄까?

Do you want me to answer the phone?
전화 내가 받을까?

Do you want me to pick you up?
내가 데리러 갈까?

Do you want me to google that for you?
그거 내가 구글로 검색해 줄까?

패턴 01

❹ Do I ~?

내가 ~하니?

Do I know you?
저 아세요?

Do I need a lawyer?
제가 변호사가 필요할까요?

Do I have to pay for Skype?
스카이프 돈 내야 하는 거야?

Do I look fat?
나 뚱뚱해 보여?

Do I remind you of anyone?
나 보면 생각나는 사람 없어?

패턴02

❶ Can you ~?

~ (좀) 해줄래?

Can you watch the language?
말조심 좀 해줄래?

Can you do me a favor?
부탁 하나 들어줄래?

Can you help me set the table?
식탁 차리는 것 좀 도와줄래?

Can you help me with this new smartphone?
이 새 스마트폰 쓰는 것 좀 도와줄래?

Can you toss me that book?
그 책 좀 던져 줄래?

패턴02

❷ Can you 동사 me ~?

내게 ~해줄 수 있어?, 내게 ~해줄래?

Can you give me your word?
내게 약속해 줄 수 있지?

Can you show me some samples?
샘플들 좀 보여 줄래요?

Can you give me a hand with this?
이것 좀 거들어 줄래?

Can you pick me up later?
나중에 나 좀 태우러 올 수 있어?

Can you tell me your secret?
네 비밀을 말해 줄래?

패턴02

❸ Can you tell me why ~?

왜 ~하는지 말해 줄래?

Can you tell me why you dislike her?
그녀를 왜 싫어하는지 말해 줄래?

Can you tell me who took my iPAD?
누가 내 아이패드 가져갔는지 말해 줄래?

Can you tell me when the bank closes?
은행이 몇 시에 닫는지 말해 줄래요?

Can you tell me where I am?
여기가 어딘지 알려 줄래요?

Can you tell me what your intentions are?
네 의도가 뭔지 말해 줄래?

Can you tell me how long the flight takes?
비행시간이 얼마나 걸리는지 말해 줄래?

패턴02

❹ Can you tell me how to ~?

어떻게 ~하는지 말해 줄래?, ~하는 방법 좀 알려 줄래?

Can you tell me how to send a text message?
문자 메시지 보내는 방법 좀 알려 줄래?

Can you tell me how to turn this off?
이거 어떻게 끄는지 알려 줄래?

Can you tell me how to play a C chord?
C 코드를 어떻게 연주하는지 말해 줄래?

Can you show me how to change the password?
비밀번호를 어떻게 바꾸는지 알려 줄래요?

Can you teach me how to update?
어떻게 업데이트 하는지 가르쳐 줄래요?

6

03 Can I ~?

상대방의 허락을 구하거나 부탁할 일이 있을 땐

🎧 h03-1.mp3

패턴 03

❶ Can I ~?

~ (좀) 해도 돼요?

Can I talk to you?
얘기 좀 해도 될까?

Can I ask you something?
뭐 좀 물어봐도 돼요?

Can I help you?
도와드릴까요?

Can I take aspirin?
아스피린 먹어도 되나요?

Can I see this in different colors?
이걸로 다른 색상 좀 보여 주실래요?

Can I get an explanation?
설명을 좀 들을 수 있을까요?

패턴 03

❷ Can I have ~?

(내가) ~가져도/먹어도/해도 돼요?, ~(해) 줄래요?

Can I have a cup of coffee?
커피 한 잔 줄래요?

Can I have a bite?
한입 먹어 봐도 돼?

Can I have kebab for dinner?
저녁으로 케밥 먹어도 돼요?

Can I have a rain check?
다음으로 연기해도 될까?

Can I have your autograph?
(유명인에게) 사인 좀 해 주실래요?

Can I have a moment to myself?
잠깐 혼자만의 시간을 가질 수 있을까요?

패턴 03

❸ May I ~?

~해도 되겠습니까?

May I come in?
들어가도 되겠습니까?

May I propose a toast?
건배할까요?

May I have the check, please?
계산서 좀 주시겠어요?

May I leave work early today?
오늘 조퇴를 해도 될까요?

May I offer an opinion?
의견을 드려도 될까요?

May I call in a favor this time?
이번엔 저 좀 도와주실 수 있어요?

패턴 03

❹ What can I ~?

(내가) 뭘 ~할 수 있을까요?

What can I get you?
뭘 가져다 줄까요?

Who can I turn to in times of trouble?
힘들 때 누구한테 의지할 수 있을까요?

When can I see you again?
당신을 언제 또 볼 수 있을까요?

Where can I find toothbrushes?
어디서 칫솔을 찾을 수 있지?

How can I lose weight fast?
어떻게 살을 빨리 뺄 수 있을까?

Why can't I lose weight?
살이 왜 안 빠지는 거지?

질문패턴

04 Would you ~?

공손하게 말하고 싶을 땐

🎧 h04-1.mp3

패턴 04

❶ Would you ~?

~해 주시겠어요?

Would you sign here, please?
여기 사인해 **주시겠어요?**

Would you show me your ID?
신분증 **좀** 보여 **주시겠어요?**

Would you speak up, please?
좀 더 크게 말씀해 **주시겠어요?**

Would you pull over to the right side?
오른쪽에 차를 세워 **주시겠어요?**

Would you get back to me on that?
그것에 관해 제게 연락 **주시겠어요?**

Would you keep that just between us?
그거 우리끼리의 비밀로 해 **주시겠어요?**

패턴 04

❷ Would you like to ~?

~하시겠어요?, ~하고 싶으세요?

Would you like to leave a message?
메시지를 남기**시겠어요?**

Would you like to come by my house?
저희 집에 들르**시겠어요?**

Would you like to have some coffee?
커피 드**시겠어요?**

Would you like to join us?
저희와 함께 **하시겠어요?**

Would you like a ride?
드라이브 **하시겠어요?**

Would you like a flick?
영화 한 편 보**시겠어요?**

패턴 04

❸ Why would you like to ~?

왜 ~하고 싶으세요?

Why would you like to work for our company?
왜 우리 회사에 들어오고 **싶으세요?**

Who would you like to choose?
누굴 뽑고 **싶어요?**

When would you like your dinner?
언제 저녁 드시겠어요?

Where would you like to stay in Paris?
파리 **어디에** 묵으**시겠어요?**

What would you like to do for your birthday?
생일에 **뭐하고** 싶어요?

How would you like to pay?
계산은 **어떻게** 하시겠어요?

패턴 04

❹ Would you mind if I ~?

(제가) ~해도 괜찮을까요?

Would you mind if I join you?
제가 같이 가**도 괜찮을까요?**

Would you mind if I smoke?
담배를 피워**도 괜찮겠습니까?**

Would you mind if I bring a friend?
친구를 한 명 데려가**도 괜찮을까요?**

Would you mind if I ask your age?
나이가 어떻게 되는지 여쭤 봐**도 실례가 안 될까요?**

Would you mind if I bow out early?
먼저 인사드리고 물러나**도 될까요?**

Would you mind if I read your paper?
가지고 계신 신문을 읽어**도 될까요?**

8

05 상대방의 상태를 묻고 싶을 땐
Are you ~?

🎧 h05-1.mp3

패턴 05

❶ Are you ~?
너 (지금) ~야?, 너 ~한 상태니?

Are you serious?
진심이야?

Are you in love?
너 사랑에 빠진 거야?

Are you worried about the test results?
시험 결과에 대해 걱정이니?

Are you mad at me or something?
나한테 화난 거야, 뭐야?

Are you happy to be single?
독신이라서 편해?

Are you keen to go?
너 정말 가고 싶어?

패턴 05

❷ Are you free to ~?
~할 시간[짬] 돼?, (지금) ~ 가능해?

Are you free to talk right now?
지금 통화 가능해?

Are you free to catch a movie?
영화 볼 시간 돼?

Are you free to pose for some pictures?
사진 모델 좀 해줄 시간 돼?

Are you ready to hit the road?
출발할 준비 된 거야?

Are you ready to order?
주문하시겠습니까?

패턴 05

❸ Are you -ing ~?
너 ~하고 있니?

Are you seeing anyone?
누구 사귀는 사람 있니?

Are you cheating on her?
너 그녀 모르게 바람피우는 거야?

Are you thinking about quitting?
너 그만둘 생각인 거야?

Are you saving for a rainy day?
후일을 대비해서 저축하고 있어?

Are you putting on some weight?
너 몸무게가 좀 늘고 있니?

패턴 05

❹ What are you -ing ~?
뭘 ~하는 거야?

What are you talking about?
무슨 소리 하는 거야?

Who are you chatting with on messenger?
메신저로 누구랑 채팅하고 있어?

When are you meeting her today?
그녀를 오늘 언제 만나는데?

Where are you moving to?
어디로 이사 가는데?

How are you holding up?
(힘들겠지만) 어떻게 잘 견뎌내고 있어?

Why are you doing this to me?
나한테 왜 이러는 거야?

06 Should I ~?

뭔가 해야 하나, 그렇게 하는 게 맞는 거냐고 물어볼 땐

🎧 h06-1.mp3

패턴 06
❶ Should I ~?
내가 ~해야 할까?

Should I call him first?
내가 먼저 그에게 전화해야 할까?

Should I continue?
계속할까요?

Should I keep silent?
계속 입 다물고 있어야 할까?

Should I dress up?
정장 입어야 해?

Should I just forget about it?
그 일 그냥 잊어버려야 하나?

Should I take this medicine after meals?
이 약은 식후에 먹어야 하나요?

패턴 06
❷ How should I ~?
어떻게 ~해야 해?

How should I know?
내가 어떻게 알아?

Who should I thank for this?
이거 누구한테 감사해야 되는 거야?

When should I buy JK stocks?
JK 주식을 언제 사야 할까?

Where should I go for my honeymoon?
신혼여행은 어디로 가야 할까?

What should I do with this box?
이 상자를 어떻게 하지?

Why should I give a hoot about that?
내가 왜 그걸 신경 써야 하는데?

패턴 06
❸ Do I have to ~?
내가 (꼭) ~해야만 하니?

Do I have to decide right away?
바로 결정해야만 하나요?

Do I have to work on Saturdays?
토요일도 일해야만 하나요?

Do I have to say yes to him?
그 사람에게 승낙을 해야만 해?

Do I have to tell you everything?
내가 너한테 일일이 다 말해야 하니?

Do I have to reboot my computer?
내 컴퓨터 재부팅해야 할까?

Do I have to get rid of this letter?
이 편지 없애 버려야만 할까?

패턴 06
❹ Should we ~?
우리 ~해야 할까?, ~할까?

Should we call the police?
우리가 경찰을 불러야 할까?

Should we stop now?
우리 이제 그만해야 할까?

Should we call it a day?
오늘은 그만 마무리할까?

Do we have to follow his orders?
우리 그의 명령을 꼭 따라야 해?

Do we have to get her into this project?
우리가 그녀를 이 계획에 꼭 끌어들여야 해?

Do we have to go over this again?
우리 이걸 또다시 반복해야 하는 거야?

07

뭔가 할 예정이냐고 상대방의 결심을 물을 땐
Are you going to ~?

🎧 h07-1.mp3

❶ Are you going to ~?
~할 작정[생각]이야?, ~할 거야?

Are you going to ask her out?
그녀에게 데이트 신청할 **작정이야?**

Are you going to break up with her?
그녀와 헤어**질 생각이야?**

Are you going to put it on your blog?
그거 블로그에 올릴 **작정이야?**

Are you going to tell her the secret?
그녀에게 그 비밀을 말할 **작정이야?**

Are you going to sleep on it?
그거 곰곰이 생각해 볼 거지?

Are you going to tell me what happened?
무슨 일인지 내게 **말해 줄 거야?**

❷ Aren't you going to ~?
안 ~할 거야?

Aren't you going to say hello?
인사도 **안 할 거야?**

Aren't you going to introduce me?
나 소개 **안 시켜 줄 거예요?**

Aren't you going to break that habit?
그 습관 **안 버릴 거야?**

Aren't you going to take me?
나 **안 데려갈 거야?**

Aren't you going to be late?
늦지 않겠어?

Aren't you going to apologize?
사과 **안 할 거야?**

❸ When are you going to ~?
언제 ~할래?

When are you going to grow up?
언제 철들래?

Who are you going to side with?
누구 편을 들 **거야?**

Where are you going to hide it?
그걸 **어디에** 숨길 **작정이야?**

What are you going to add to the stew?
찌개에 **뭘** 더 넣을 **건데?**

How are you going to stop him?
그를 **어떻게** 말릴 **거야?**

Why are you going to study abroad?
유학은 **왜** 가려고 하는데?

❹ Are you planning to ~?
~할 계획이야?

Are you planning to go to New York?
뉴욕으로 갈 **계획이야?**

Are you planning to bike to work every day?
매일 자전거로 출근할 **계획이야?**

Are you planning to back out of this?
여기서 손 뗄 **계획인 거야?**

Where are you planning to pop the question?
어디서 청혼할 **계획이에요?**

What are you planning to order?
뭘 주문할 **계획인가요?**

How are you planning to clean up this mess?
이 난장판을 **어떻게** 수습할 **계획이야?**

자르는 선

08 Is it okay if ~?

뭔가 해도 괜찮은지 아닌지 묻고 싶을 땐

🎧 h08-1.mp3

패턴 08

❶ Is it okay if I ~?

~해도 돼[괜찮아]?

Is it okay if I call you?
전화해도 돼요?

Is it okay if I ask you out?
데이트 신청해도 돼요?

Is it okay if I pay you back next month?
다음 달에 갚아도 괜찮아?

Is it okay if I call you back in 5 minutes?
5분 후에 전화해도 괜찮아?

Is it okay if I move your bags?
네 가방 치워도 괜찮아?

패턴 08

❷ Is it okay to ~?

~해도 돼[괜찮아]?

Is it okay to take pictures?
사진을 찍어도 괜찮나요?

Is it okay to drink this milk?
이 우유 마셔도 괜찮은 거니?

Is it okay to feed the animals?
동물들에게 먹이를 줘도 괜찮나요?

Is it okay to duck that question?
그 질문을 피해도 될까요?

Is it okay to call you by your first name?
(성 말고) 이름으로 불러도 돼요?

Is it okay to leave our car here?
우리 차를 여기 두고 가도 되나요?

패턴 08

❸ Is it possible for 사람 to ~?

…가 ~하는 게 가능해요?

Is it possible for me to cancel my order?
주문을 취소하는 게 가능한가요?

Is it possible for me to see Dr. Johnson?
존슨 박사님을 뵐 수 있을까요?

Is it possible for me to change the room?
방을 바꿀 수 있나요?

Is it possible for you to finish that by Friday?
너 그거 금요일까지 끝낼 수 있겠어?

Is it possible for you to switch shifts?
너 근무조 바꾸는 거 가능해?

패턴 08

❹ Would it be okay if I ~?

~해도 괜찮을까요?

Would it be okay if I had another drink?
한 잔 더 마셔도 괜찮을까요?

Would it be okay if I had a pet?
애완동물을 키워도 괜찮을까요?

Would it be okay if I used your car?
제가 당신 차를 써도 괜찮을까요?

Would it be all right if I changed my schedule?
제 일정을 변경해도 될까요?

Would it be all right if I caught up with you later?
나중에 합류해도 괜찮을까요?

12

패턴 09

❶ Why don't you ~?

~하지 그래?

Why don't you order it online?
인터넷으로 주문하지 그래?

Why don't you ask your teacher?
선생님께 여쭤 보지 그러니?

Why don't you retweet it?
그거 리트윗하면 되잖아?

Why don't you do it yourself?
혼자서 해결하지 그래?

Why don't you feel like eating?
먹고 싶지 않아?

패턴 09

❷ Why don't we ~?

우리 ~하자, 우리 ~하는 게 어때?

Why don't we get together next week?
우리 다음 주에 한번 뭉치자.

Why don't we get started right now?
지금 당장 시작하자.

Why don't we join a gym together?
우리 같이 운동하는 게 어때?
(우리 같이 헬스클럽에 등록하자.)

Why don't we get discount coupons through TMon?
우리 티몬에서 할인 쿠폰 받는 게 어때?

Why don't we start over again?
우리 새롭게 다시 출발하는 게 어때?

패턴 09

❸ How about ~?

~(하는 게) 어때?

How about meeting for lunch?
만나서 점심이나 하는 게 어때?

How about some hot sauce?
매운 소스는 어때?

How about a double espresso for you?
넌 더블 에스프레소 어때?

How about going running tonight?
오늘밤 조깅 어때?

How about going shopping this afternoon?
이따 오후에 쇼핑가는 게 어때?

패턴 09

❹ How does ~ sound?

~(는) 어때[어떤 것 같니]?

How does a movie **sound**?
영화 어때?

How does 5 o'clock **sound**?
5시 어때?

How does black pasta **sound**?
먹물 파스타 어때?

How does pizza **sound**?
피자는 어떤 것 같니?

How does a 30% discount **sound**?
30퍼센트 할인 어때요?

13

10 Is there ~?

뭔가 있냐고 묻고 싶을 땐

🎧 h10-1.mp3

패턴10

❶ Is there ~?

~이 있나요?

Is there a bathroom around here?
근처에 화장실이 **있나요?**

Is there a service charge?
수수료가 **있나요?**

Is there any way around this?
여기에 다른 방법은 **없어?**

Is there a cure for this type of cancer?
이런 종류의 암에 대한 치료법이 **있나요?**

Is there an EV charging station around here?
근처에 전기차 충전소**가 있나요?**

패턴10

❷ Is there anything ~?

~한 건 없나요?, (뭔가) ~한 게 있나요?

Is there anything cheaper?
더 싼 **건 없나요?**

Is there anything else?
그 밖에 다른 **건 뭐 없나요?**

Is there anything harder than diamond?
다이아몬드보다 더 **강한 게 있어요?**

Is there anything you want to add?
더 하고 싶은 **말 있어요?**

Is there anything you should let me know?
나한테 알려 줘야 **할 거 없어?**

패턴10

❸ Is there something ~?

~한 게[거라도] 있나요?

Is there something on your mind?
생각하고 있는 **거라도 있어?**

Is there something on my face?
내 얼굴에 **뭐 묻었어?**

Is there something better than Kakao Talk?
카카오톡보다 더 나은 **게 있어?**

Is there something more you'd like to know?
더 알고 싶은 **게 있어요?**

Is there something you're afraid of?
두려워**하는 거라도 있어?**

패턴10

❹ Is there anyone who ~?

~하는 사람 있나요?

Is there anyone who remembers her name?
그녀의 이름을 기억**하는 사람 있어?**

Is there anyone who can drive?
운전할 줄 아**는 사람 있나요?**

Is there anyone who is allergic to nuts?
견과류에 알레르기 있**는 사람 있어?**

Is there anyone who likes pineapple on pizza?
파인애플 피자 좋아하**는 사람 있어요?**

Is there anyone who knows how to unclog a sink?
막힌 싱크대 어떻게 뚫는지 아**는 사람 있어?**

패턴11

❶ Have you ever ~?
~해 본 적 있어?, ~해 봤어?

Have you ever loved someone?
누굴 사랑해 본 적 있어요?

Have you ever tried Thai food?
태국 음식 먹어 봤어?

Have you ever been here before?
전에 여기 와 본 적 있어?

Have you ever gone boating?
보트 타러 가 본 적 있어요?

Have you ever heard of such a thing?
그런 거 들어 본 적 있어?

Have you ever asked for her phone number?
그 여자 전화번호 물어본 적 있어?

패턴11

❷ Have you ~?
~해 봤어?, ~했어?

Have you thought about your future?
자네 장래에 대해 생각해 봤나?

Have you finished your homework yet?
숙제 다 끝냈니?

Have you eaten all the ice cream?
아이스크림을 다 먹어 치운 거야?

Have you tried calling her home number?
그녀 집 전화번호로 걸어 봤어?

Have you signed the contract?
계약서에 사인했어?

Have you purchased your ticket?
네 표는 구입했어?

패턴11

❸ Why have you ~?
왜 (계속) ~해[했어, 한 거야]?

Why have you been avoiding my calls?
왜 (계속) 내 전화를 피해?

When have you worked in a team?
팀으로 일해 본 적은 언제인가요?

Where have you been hiding lately?
요즘 어디에 숨어 지냈어?

What have you been doing?
지금까지 무슨 일을 한 거야?

How have you been?
(그동안) 어떻게 지냈니?

How much have you drunk tonight?
오늘밤 얼마나 마신 거야?

패턴11

❹ Have I ever ~?
내가 ~한 적 있어?

Have I ever lied to you?
내가 너한테 거짓말한 적 있어?

Have I told you lately that I love you?
내가 최근에 사랑한다고 말했던가?

Have I ever annoyed your father?
내가 너네 아버지 언짢게 해드린 적 있어? (없다는 뜻)

Have I ever offended you?
내가 너 기분 상하게 한 적 있어?

Have we met somewhere before?
우리 전에 어디서 만난 적 있던가요?

Have we ever heard the whole story?
우리가 도대체 전체 얘기를 들은 적이 있던가?

12

격의 없이 뭔가를 묻고 싶을 땐

You ~?

h12-1.mp3

패턴12

❶ You ~?

너 ~니?

You need some help?
좀 도와줄까?

You knew about this?
넌 이것에 대해 알고 있었단 **말이야?**

You want some company?
같이 가 **줄까?** (동행이 필요하니?)

You know him?
너 그 사람 알아?

You gave him permission?
네가 그 사람한테 허락을 했어?

You believe what she says?
그녀가 한 말을 믿어?

패턴12

❷ You didn't ~?

~하지 않았어?, 안 ~했어?

You didn't know that?
그거 몰랐어요? (알지 **못했어요?)**

You didn't even try it?
해 보지도 **않았어?**

You don't love me any more?
이젠 날 사랑**하지 않는다고?**

You're not going?
안 간다고?

You can't find your phone?
네 휴대폰을 **못** 찾겠**다고?**

You didn't think to ask anyone?
누구한테도 물어볼 생각을 **안** 했**다고?**

패턴12

❸ You got ~?

너 ~있어?

You got a minute?
시간 좀 **있어?**

You got a girlfriend?
여자친구 **있어?**

You got a light?
불 **있어?**

You got some money?
돈 좀 **있어?**

You got any ideas?
무슨 생각이라도 **있어?**

You got an extra pen?
펜 하나 더 **있어?**

패턴12

❹ (You're) -ing ~?

너 (지금) ~하니?

Going up?
올라가요?

Having fun?
재밌니?

Living alone?
혼자 살아?

Going out?
외출하니?

Taking a break?
쉬는 중이야?

Sending a text?
문자 보내는 중이야?

16

패턴13

❶ Don't you ~?

(너) ~하지 않니? ~안 해?

Don't you think so?
그렇게 생각 **안** 해?

Don't you know me?
너 나 **몰라**? (너 나 알지 않니?)

Don't you agree with me?
내 생각에 동의 **안** 해?

Don't you ever knock?
넌 생전 노크도 **안** 하니?

Don't you have feelings for her?
너 그녀한테 호감 있**지 않아**?

Don't you care what happens?
무슨 일이 일어나든 신경 **안** 써?

패턴13

❷ Can't you ~?

(너) ~할 수 없어?, ~하면 안 돼?

Can't you hear me?
내 말 **안** 들려?

Can't you understand?
이해 좀 해주**면 안 돼**?

Can't you just forget it?
그냥 잊어버릴 **수 없어**? (그냥 넘어가면 안 돼?)

Can't you just let it go?
그냥 놔줄 **수 없어**?

Can't you wait your turn?
네 차례를 기다리**면 안 돼**?

Can't you keep a secret?
비밀 좀 지킬 **수 없어**?

패턴13

❸ Isn't it ~?

(그거) ~하지 않니?

Isn't it mysterious?
그거 불가사의하**지 않니**?

Isn't it amazing?
놀랍**지 않니**?

Isn't it incredible?
훌륭하**지 않니**?

Isn't it obvious?
당연한 거 **아냐**?

Isn't it fabulous?
멋지**지 않니**?

Isn't it breathtaking?
그거 숨 막힐 정도로 멋지**지 않니**?

패턴13

❹ Aren't you ~?

(너) ~하지 않니?

Aren't you curious about it?
그것에 대해 궁금하**지 않아**?

Aren't you excited to go abroad?
외국에 나가게 되어 설레**지 않아요**?

Aren't you glad that I'm here?
내가 와서 좋**지 않나**?

Aren't you excited that you passed the test?
시험에 합격했는데 신나**지 않아**?

Aren't you glad to see me?
날 만나서 기쁘**지 않아**?

Aren't you sorry for what you did?
네가 한 짓에 대해 미안하**지도 않아**?

17

🎧 h14-1.mp3

패턴14

❶ (Are there) Any ~?
~있어?, (뭐) ~라도 있어?

Any messages for me?
나한테 온 메시지 **있어?**

Any suggestions?
뭐 제안할 거라도 있어요?

Any serious concerns?
심각한 걱정거리**라도 있어?**

Any questions so far?
지금까지 질문 **있어요?**

Any thoughts about the meeting?
회의에 대해서 무슨 생각**이라도 있어?**

Any good movies playing tonight?
오늘밤에 **뭐** 재밌는 영화 하는 거 **있어?**

패턴14

❷ (Is there) Anybody ~?
(누구) ~한 사람 있어?

Anybody with a smartphone?
(누구) 스마트폰 가진 사람 **있어?**

Anybody for New York?
뉴욕 가시는 **분** 있어요?

Anybody listening?
누구 듣고 있는 **사람?**

Anybody needing a ride?
태워다 줄 건데 원하는 **사람?**

Anybody you're interested in?
관심 있는 **사람** 있어?

Anybody else?
누구 또 없어요?

패턴14

❸ (Is there) Anything you ~?
(뭐) ~하는 거라도 있어?, ~하는 거 없어?

Anything you want to say?
뭐 하고 싶은 말 **있어?**

Anything you heard from Steve?
스티브한테서 **뭐** 들은 거 **없어?**

Anything you need from the store?
가게에서 **뭐** 필요한 거 **없어?**

Anything you want to know about me?
나에 대해 **뭐** 알고 싶은 **거라도** 있니?

Anything you have to do before we go?
우리가 가기 전에 너 해야 할 **일이라도** 있어?

Anything you regret about your job?
네 직업에 대해 후회하는 **거라도** 있어?

패턴14

❹ (Is there) Anything I ~?
(내가) ~할 게 있을까?, ~할 거 없어?

Anything I need to know?
내가 알아야 할 게 **있을까?**

Anything I can do to help?
내가 **뭐** 도와줄 거 **없어?**

Anything I should prepare?
내가 준비할 게 **있을까?**

Anything I should check before the show?
쇼 시작 전에 확인할 **거라도** 있어?

Anything I ought to ask the lawyer?
변호사한테 물어봐야 **할 거라도** 있어?

18

15

'무엇'인지 알고 싶을 땐

What ~?

🎧 h15-1.mp3

패턴15

❶ What 동사 ~?

뭐가 ~했어?, 뭐가 ~한 거야?

What happened to you?
무슨 일 있어? (네게 무슨 일이 있었던 거야?)

What took you so long?
뭐가 그렇게 오래 **걸렸어?** (왜 이제 와?)

What bothers you the most?
뭐가 제일 **신경 쓰이니?**

What makes you think so?
왜 그렇게 생각해? (뭐가 그렇게 생각하게 했어?)

What comes with the main dish?
메인 요리에 뭐가 같이 **나오죠?**

What possessed you to do that?
뭐가 **씌였길래** 그렇게 했어?

패턴15

❷ What's ~?

~가 뭐야?

What's the problem?
문제가 뭐야?

What's the difference?
차이점이 뭐야?

What's your blood type?
혈액형이 뭐니?

What's the point?
요점이 뭐야?

What's her excuse?
그녀의 변명은 뭔데?

What's the forecast for tonight?
오늘밤 예상 가능한 일정이 **어떻게 돼?**

패턴15

❸ What (kind of) 명사 ~?

무슨[어떤] …가/를 ~하니?

What kind of food do you like?
어떤 종류의 음식을 좋아하세요?

What kind of answer is that?
무슨 대답이 그러냐?

What time did it start?
몇 시에 시작했어?

What movie are we going to see?
우리 무슨 영화 볼 건데?

What project are you working on?
어떤 프로젝트를 진행하고 있니?

What song would you like to hear?
무슨 노래 듣고 싶으세요?

패턴15

❹ What if ~?

~면 어떡하지?

What if I'm wrong?
내가 생각한 게 틀리면 **어떡하지?**

What if we're late?
우리가 늦으면 **어떡하지?**

What if you get laid off?
해고되면 **어쩌려고?**

What if he leaves me?
그가 날 떠나면 **어떡해?**

What if she doesn't call me back?
그녀가 전화 안 하면 **어떡하지?**

What if the car breaks down?
차가 고장 나면 **어쩌려고?**

질문패턴

16 How ~?

방법이나 상태, 정도를 알고 싶을 땐

🎧 h16-1.mp3

❶ How did you ~?

너 어떻게[어쩌다] ~했어?

How did you two meet?
너희 둘 어떻게 만나게 됐어?

How did you get fired?
어쩌다 해고됐어요?

How did you get my number?
내 전화번호는 어떻게 알았어요?

How did you come up with that idea?
어떻게 그런 생각을 해냈어?

How did you figure things out?
일은 어떻게 해결했어?

패턴16

❷ How was/is ~?

~은 어땠어?, ~은 어때?

How was your trip to Paris?
파리 여행은 어땠어? (파리 잘 갔다 왔니?)

How was the interview?
면접은 어땠어? (면접 잘했어?)

How was your day?
오늘 하루 어땠니?

How was your performance?
네 공연은 어땠니? (공연은 잘했어?)

How is the salmon?
연어 맛이 어때?

How is married life?
결혼 생활은 어때?

패턴16

❸ How 정도 형용사/부사 ~?

얼마나 ~?

How much hot sauce did you use?
매운 소스를 얼마나 넣은 거야?

How many miles did we hike?
우리 몇 마일이나 하이킹을 한 거지?

How often do you change your hair style?
헤어스타일은 얼마나 자주 바꿔?

How often do you eat out?
얼마나 자주 외식해?

How long did you stay there?
거기 얼마나 있었어요?

패턴16

❹ How can you ~?

(너) 어떻게 ~할 수 있니?

How can you do this to me?
너 어떻게 나한테 이럴 수 있니?

How can you put up with that?
아니, 그걸 어떻게 참을 수 있어?

How can you prove it?
그걸 어떻게 증명할래?

How can you just look the other way?
어떻게 다른 쪽만 볼 수가 있어?

How can you stand this weather?
넌 이런 날씨를 어떻게 견뎌?

패턴17

❶ When do you ~?

언제 ~해?

When do you get off today?
오늘 언제 퇴근해요?

When do you leave for vacation?
휴가는 언제 떠나요?

When do you turn in at night?
밤에 언제 잠자리에 들어?

When did you get back?
언제 돌아왔어?

When did you last see him?
그 사람 마지막으로 본 게 언제였냐?

When did you graduate from college?
대학교는 언제 졸업했어?

패턴17

❷ When is ~?

~은 언제야?, 언제 ~야?

When is the wedding?
결혼식은 언제야?

When is your day off?
쉬는 날이 언제야?

When is convenient for you?
언제가 편해?

When is the best time to meet?
언제 만나면 가장 좋을까요?

When was your son's birthday?
아들 생일이 언제였어?

When was the last time you saw it?
그걸 가장 마지막으로 본 게 언제였어요?

패턴17

❸ When can I ~?

(내가) 언제 ~할 수 있죠?, 언제 ~하면 돼요?

When can I get my money back?
내 돈은 언제 돌려받을 수 있냐?

When can I pick it up?
언제 찾으러 오면 되죠?

When can I meet you again?
언제 다시 만날 수 있을까요?

When can I see your fiance?
약혼자는 언제 보여 줄 거야?

When can I redeem this coupon?
이 쿠폰은 언제 현금으로(현물로) 교환되죠?

When can I expect your call?
언제 전화 주실 거라 생각하면 되나요?

패턴17

❹ When do I have to ~?

언제 ~해야 해요?

When do I have to return this book?
이 책은 언제 돌려줘야 해요?

When do I have to water the plants?
화분에 물은 언제 줘야 해요?

When do I have to talk to him about that?
그것에 대해 언제 그와 상의해야 하죠?

When do I have to renew my passport?
여권은 언제 갱신해야 하지?

When do I have to flip the pancakes?
팬케이크는 언제 뒤집어야 하는 거야?

질문패턴

18 Where ~?

'어디'인지를 알고 싶을 땐

🎧 h18-1.mp3

패턴18

❶ Where do you ~?

어디서/로 ~해?

Where do you want to go?
어디 가고 싶어?

Where do you work?
어디서 일해?

Where do you hang out with friends?
친구들하고 어디서 시간을 보내?

Where did you learn how to do that?
그렇게 하는 건 어디서 배웠어?

Where did you get those earrings?
그 귀걸이 어디서 났어?

Where did you lose your wallet?
지갑을 어디서 잃어버렸어?

패턴18

❷ Where be동사 ~?

~은 어디 있지?

Where is my phone recharger?
내 휴대폰 충전기가 어디에 있지?

Where am I?
여기가 어디지?

Where is the remote control?
리모컨은 어디에 있는 거야?

Where are my car keys?
내 차 열쇠가 어디 있지?

Where are the ATMs?
현금 인출기가 어디에 있지?

Where was I?
내가 어디까지 얘기했지?

패턴18

❸ Where can I ~?

어디서/로 ~할 수 있지[하면 되지]?

Where can I reach you?
어디로 연락하면 되나요?

Where can I sleep?
저 어디서 자요?

Where can I grab a taxi?
택시는 어디서 잡으면 되나요?

Where can I get some info?
어디서 정보를 좀 얻을 수 있지?

Where can I plug in my tablet PC?
내 태블릿 PC를 어디에 꽂아야 하지?

Where can I buy things like that?
그런 건 어디서 살 수 있지?

패턴18

❹ Where would you like to ~?

어디서 ~하시겠어요?

Where would you like to spend your vacation?
휴가는 어디서 보내시겠습니까?

Where would you like to sit?
어디 앉으시겠어요?

Where would you like to have dinner?
저녁은 어디서 드시겠습니까?

Where would you like to return the car?
차는 어디로 반납하시겠습니까?

Where would you like to take a stroll?
어디로 산책을 하고 싶어?

Where would you like to go for your honeymoon?
신혼여행은 어디로 가시겠습니까?

22

패턴19

❶ Who 동사 ~?

누가 ~했어?, 누가 ~해?

Who did this?
누가 이랬어?

Who wants ice cream?
아이스크림 먹을 사람?

Who started the fight?
먼저 싸움 건 **사람이 누구야?**

Who took my coffee?
누가 내 커피 가져갔어?

Who knows about computers?
누가 컴퓨터에 대해 알고 있지?

Who told you that?
누가 그래?

패턴19

❷ Who be동사 ~?

~은 누구야?

Who's next?
다음 **누구야?**

Who am I?
내가 **누구게?**

Who's the lucky guy?
그 행운아는 **누구야?** (주로 약혼자를 물어볼 때)

Who's in charge around here?
여기 책임자가 **누구야?**

Who are these people in the picture?
사진에 있는 이 사람들은 **누구야?**

Who were you talking to?
누구랑 얘기[통화]하고 있었어?

패턴19

❸ Who's -ing ~?

누가 ~하고 있어?, 누가 ~할 거야?

Who's calling, please?
(전화 받으면서) **누구세요?**

Who's winning?
누가 이기고 있어요?

Who's coming with me?
저랑 같이 **가실 분 계세요?**

Who's waving at us?
누가 우리한테 손 흔들고 있는 거야?

Who's yelling outside?
누가 밖에서 **소리 지르고 있는 거야?**

Who else is coming?
또 **누가 오는데?**

패턴19

❹ Who 현재동사?

누가 ~해? (수사적인 표현)

Who cares?
누가 신경이나 써? (아무도 신경 안 써.)

Who isn't?
안 그런 사람 있어? (누구나 다 그래.)

Who can't?
누가 못해? (누구나 할 수 있어.)

Who doesn't want to live forever?
누가 영생하고 싶지 않겠어?

Who uses hair gel these days?
요즘 누가 헤어 젤을 써?

Who believes that?
누가 그걸 믿겠어?

Why ~?

♪ h20-1.mp3

패턴 20

❶ Why did you ~?
왜 ~했어요?, 왜 ~한 거야?

Why did you kiss me?
왜 나한테 키스했어?

Why did you quit your job?
직장은 왜 그만뒀어?

Why did you delete the file?
그 파일은 왜 삭제했어?

Why didn't you tell me?
왜 말 안 했어?

Why didn't you show up last night?
어젯밤에 왜 안 나왔어?

Why didn't you schedule ahead?
왜 미리 일정 안 잡았어?

패턴 20

❷ Why are you ~?
왜 ~야?, 왜 ~인 거야?

Why are you so mad at me?
왜 나한테 그렇게 화가 난 거야?

Why are you here?
여긴 왜 왔어?

Why are you still single?
왜 아직 미혼이에요?

Why are you saying this?
왜 이런 말을 하는 거야?

Why are you staring at me?
왜 날 쩌려보는 거야?

Why are you so quiet today?
오늘은 왜 그렇게 조용한 거니?

패턴 20

❸ Why can't I ~?
왜 ~하면 안 되는데?

Why can't I go?
난 왜 가면 안 되는데? (가고 싶어.)

Why can't I ask her out?
그녀에게 왜 데이트 신청하면 안 되는데? (데이트 신청하고 싶어.)

Why can't I remember what I practiced?
왜 연습한 게 기억 안 날까?

Why can't we be friends?
우린 왜 친구가 될 수 없나요? (친구가 되고 싶어요.)

Why can't we get back together?
우리가 왜 다시 만나면 안 되는 거지? (다시 만나고 싶어.)

Why can't we make an agreement?
우린 왜 합의를 못하는 거지?

패턴 20

❹ Why 현재동사?
왜 ~해야 하는데?, 왜 ~해?

Why bother?
왜 신경 써? (무슨 상관이야?)

Why chance it?
왜 위험을 감수해?

Why be normal?
왜 평범해야 되는데?

Why bellyache?
왜 투덜대? (투덜대 봐야 소용없어.)

Why not try this?
이걸 해 보는 게 어때?

Why not dream big?
꿈을 크게 꾸는 게 어때서?

24

대답패턴

21
I can ~

할 수 있다고, 해줄 거라고 자신 있게 말하고 싶을 땐

🎧 h21-1.mp3

패턴 21

❶ I can ~.
~할 수 있어. ~해줄 수 있어.

I can drive you home.
내가 집까지 태워다 줄 **수 있는**데.

I can read your palm.
내가 손금 봐 줄 **수 있어.**

I can understand that.
그건 이해할 **수 있어.**

I can fix you up with someone.
내가 소개팅 시켜 줄 **수 있어.**

I can put two and two together.
척 보면 알 **수 있다니까.** (2+2=4처럼 아주 쉽게 추측할 수 있다는 뜻)

I can do magic with tofu.
내가 두부로 마술을 좀 부리**지.** (두부 요리를 아주 잘한다는 의미)

패턴 21

❷ I can't ~.
~할 수 없어. ~못해.

I can't get over her.
그녀를 잊을 **수가 없어.**

I can't hear you.
잘 안 들려요.

I can't pluck up the courage.
용기가 나질 **않아.**

I can't live without her.
난 그녀 없이는 **못** 살아.

I can't agree with you more.
네 말에 전적으로 동의해. (이보다 더 네 말에 동의할 **순 없지.**)

I can't let this go.
이걸 그냥 넘길 **수는 없지.** (용서하지 않겠어.)

패턴 21

❸ I can't believe (that) ~.
~라니 믿을 수 없어[말도 안 돼].

I can't believe (that) you dumped her.
네가 그녀를 찼**다니** 믿을 **수 없어.**

I can't believe (that) you forgot my name.
내 이름을 까먹었**다니** 믿을 **수 없어.**

I can't believe (that) you said that to him.
어떻게 걔한테 그렇게 말할 **수 있니!**

I can't believe (that) she left me.
그녀가 날 떠났**다니** 믿을 **수 없어.**

I can't believe (that) nobody showed up.
아무도 안 나타났**다니 말도 안 돼.**

패턴 21

❹ You can ~.
~해도 좋아[돼].

You can keep the change.
잔돈은 가지세요(가져도 **돼요**).

You can drive my car.
내 차 운전**해도 좋아.**

You can sleep late tomorrow morning.
내일 아침에 늦잠 자도 **좋아.**

You can't change anything.
넌 아무것도 바꾸**면 안 돼.**

You can't deny the facts.
넌 사실을 부인할 **수 없어.**

25

대답패턴

22

뭔가를 할 거라고 공언할 땐

I will ~

🎧 h22-1.mp3

패턴 22

❶ I'll ~.

내가 ~할게, 내가 ~할 거야.

I'll pick up the tab.
내가 계산할게.

I'll always love you.
언제까지나 널 사랑할게.

I'll let it slide this time.
이번엔 봐줄게.

I'll treat you next time.
다음번엔 내가 살게.

I'll get it done by this evening.
오늘 저녁까지 끝내 놓을게.

I'll put it all behind me.
모든 걸 뒤로 하고 다 그만**둘게**.

패턴 22

❷ I'll be ~.

내가 ~할게, ~가 될게.

I'll be right back.
금방 올게.

I'll be your guardian angel.
네 수호천사**가** 될게.

I'll be home for Christmas.
크리스마스에 집에 갈게요.

I'll be there in a heartbeat.
당장 그리로 갈게.

I'll be more careful.
더 조심할게요.

I'll be straight with you.
단도직입적으로 말할게.

패턴 22

❸ I won't ~.

~하지 않을게, 안 ~할게.

I won't do it again.
다신 **안** 그럴게.

I won't forget that.
안 잊어버릴게.

I won't sign the contract.
계약서에 서명 **안** 할 거야.

I won't let you down.
너 실망 **안** 시킬게.

I won't make the same mistake twice.
같은 실수를 두 번 **하진 않을** 거야.

I won't put all my eggs in the same basket.
모든 계란을 한 바구니에 담**진 않겠어**. (분산투자를 하겠어.)

패턴 22

❹ It will ~.

(아마) ~일 거예요.

It will be okay.
괜찮을 **거예요**.

It will rain tomorrow.
내일 비가 올 **거예요**.

It will cost you an arm and a leg.
그거 **아마** 엄청 비쌀 **거예요**.

It will bring a tear to your eye.
네 눈에 눈물 맺히게 **될 거야**.

It will break if you twist it.
그거 비틀면 깨질 **거야**.

26

어떤 일을 하지 않는다고 부정할 땐

I don't ~

🎧 h23-1.mp3

패턴 23

❶ I don't ~.

난 ~하지 않아[안 해].

I don't smoke.
난 담배 안 피워.

I don't hate you.
나 너 싫어하지 않아.

I don't care.
신경 안 써.

I don't work on weekends.
난 주말에 일 안 해.

I don't follow you.
네가 무슨 말 하는지 모르겠다(못 따라가겠다).

I don't believe everything I read.
내가 읽는 것을 다 믿진 않아.

패턴 23

❷ I don't want to ~.

~하고 싶지 않아, ~하기 싫어.

I don't want to lie to you.
너한테 거짓말하기 싫어.

I don't want to know.
알고 싶지 않아.

I don't want to take any chances.
어떠한 모험도 하고 싶지 않아.

I don't want to miss a thing.
하나도 놓치고 싶지 않아.

I don't want to give you the wrong idea.
네게 잘못된 생각을 심어 주고 싶지 않아.

패턴 23

❸ I don't know what to ~.

뭘 ~해야 할지 모르겠어.

I don't know what to say.
무슨 말을 해야 할지 모르겠네요.

I don't know who to trust.
누굴 믿어야 할지 모르겠어요.

I don't know when to stop.
언제 멈춰야 할지 모르겠어.

I don't know where to begin.
어디서부터 시작해야 할지 모르겠어.

I don't know what to think about this.
이게 무슨 말인지 생각조차 못하겠어.

I don't know how to use this gizmo.
이 장치를 어떻게 쓰는지 모르겠어.

패턴 23

❹ I didn't ~.

난 ~하지 않았어[안 했어].

I didn't say anything.
난 아무 말도 안 했어.

I didn't cry.
나 안 울었어.

I didn't order this.
저 이거 안 시켰는데요.

I didn't suspect a thing.
전혀 눈치 못 챘어.

I didn't mean to hurt your feelings.
네 기분을 상하게 할 뜻은 없었어.

24

나에 대해 말하고 싶을 땐

I'm ~

🎧 h24-1.mp3

패턴24

❶ I'm here to ~.

~하러 (여기) 왔어요.

I'm here to see you.
너 만나러 여기 왔어.

I'm here to meet your parents.
당신 부모님을 뵈러 왔습니다.

I'm here to find my friend.
친구를 찾으러 왔습니다.

I'm here to break up with you.
너랑 헤어지려고 왔어.

I'm here to take your place.
널 대신하러 여기 왔어.

I'm here to get to the bottom of things.
진상을 밝히러 여기 왔어.

패턴24

❷ I'm glad to ~.

~해서 기뻐요[다행이에요].

I'm glad to hear that.
그 말을 들으니 기쁘군요.

I'm glad to be here.
여기 오게 돼 기뻐.

I'm glad to meet you in person.
직접 만나게 돼 기뻐요.

I'm happy to work with you.
같이 일하게 돼 기뻐요.

I'm happy to throw in some.
나도 십시일반해서 좋은데.

패턴24

❸ I'm sorry ~.

~해서 미안해.

I'm sorry I'm late.
늦어서 미안해.

I'm sorry I forgot.
미안해, 깜박 잊었어.

I'm sorry you feel that way.
그런 기분이라니 유감이네요.

I'm sorry to have troubled you.
폐를 끼쳐서 죄송합니다.

I'm sorry to let you down.
실망시켜서 미안해요.

I'm sorry for calling this late.
이렇게 늦게 전화해서 미안해.

패턴24

❹ I'm in the mood for ~.

~하고 싶은 기분이야, ~이 당겨.

I'm in the mood for Chinese food.
중국 음식이 당기는데.

I'm in the mood for coffee.
커피 마시고 싶다.

I'm in the mood for something citrusy.
뭔가 신 게 당기는데.

I'm in the mood for dancing.
춤추고 싶다.

I'm not in the mood for joking.
농담할 기분 아냐.

25

점잖게 뭔가 하고 싶다고 말하고 싶을 땐

I'd like ~

🎧 h25-1.mp3

패턴25

❶ I'd like ~.
~주세요, ~하고 싶어요.

I'd like more coffee, please.
커피 좀 더 **주세요.**

I'd like a refill, please.
리필 좀 **해주세요.**

I'd like a wake-up call, please.
모닝콜 좀 **해주세요.**

I'd like two tickets for 7 pm, please.
저녁 7시 걸로 표 2장 **주시겠어요?**

I'd like a second opinion on that.
그것에 대해 다른 의견을 듣고 **싶어요.**

I'd like a large pizza to go, please.
피자 큰 걸로 하나 포장**해 주세요.**

패턴25

❷ I'd like to ~.
~하고 싶어요.

I'd like to make a collect call.
수신자 부담 전화를 걸고 **싶습니다.**

I'd like to propose a toast.
건배를 제안하고 **싶습니다.**

I'd like to go bike riding.
자전거 타러 가고 **싶어요.**

I'd like to put it on my credit card.
신용카드로 계산했으면 **하는데요.**

I'd like to speak to Jane, please.
제인과 통화하고 **싶습니다.**

I'd like to get a closer look at it.
그걸 좀 더 자세히 살펴보고 **싶어요.**

패턴25

❸ I'd like you to ~.
당신이 ~하길 바랍니다, ~해 주셨으면 좋겠어요.

I'd like you to be happy.
당신이 행복하길 **바랍니다.**

I'd like you to be there.
당신이 거기 와 주길 **바라요.**

I'd like you to mend your ways.
네가 행실을 좀 고쳤**으면 좋겠구나.**

I'd like you to get me some aspirin.
아스피린을 좀 갖다 **주셨으면 좋겠네요.**

I'd like you to reconsider my offer.
내 제안을 다시 한 번 생각해 봐요.

I'd like you to understand my situation.
제 상황을 이해**해 주셨으면 좋겠어요.**

패턴25

❹ I'd love to ~.
(정말) ~하고 싶어요,

I'd love to go out with you.
당신과 정말 데이트하고 **싶어요.**

I'd love to go to Paris.
파리에 가고 **싶어요.**

I'd love to, but I can't.
저도 그러고 싶은데, 안 되겠네요.

I'd love to attend his lecture.
그의 강의를 듣고 **싶어요.**

I'd love to see you in person.
저도 직접 만나 뵙고 **싶어요.**

I'd love to have just one super power.
초능력을 딱 하나만이라도 가지고 **싶다.**

대답패턴

26 결심한 걸 다른 사람에게 얘기할 땐
I'm going to ~

🎧 h26-1.mp3

패턴26

❶ I'm going to ~.
(나) ~할 거야.

I'm going to lose 5kg.
나 5kg 뺄 **거야**.

I'm going to sue you.
널 고소할 **거야**.

I'm going to follow my heart.
내 마음 가는 대로 할 **거야**.

I'm going to catch some Zs.
잠깐 눈 좀 붙여**야겠다**.

I'm going to reset my tablet PC.
내 태블릿 PC 리셋할 **거야**.

I'm going to give her a ride.
그녀를 태워다 **줄 거야**.

패턴26

❷ I'm not going to ~.
~하지 않을 거야[안 할 거야].

I'm not going to call you again.
너한테 다신 전화 **안 할 거야**.

I'm not going to get married.
난 결혼 **안 할 거야**.

I'm not going to worry about that.
그것에 대해 걱정하지 **않을 거야**.

I'm not going to ride without a helmet.
헬멧 없이는 **안** 탈 **거야**.

I'm not going to make it in time.
제시간에 도착할 수 없겠는데(도착하지 **못할 거야**).

패턴26

❸ I was just going to ~.
막 ~하려던 참이었어.

I was just going to call you.
너한테 **막** 전화 걸려던 **참이었어**.

I was just going to leave.
막 떠나려던 **참이었어요**.

I was just going to hang up.
막 끊으려던 **참이었어**.

I was just going to send you a text message.
너한테 **막** 문자 메시지 보내려고 **했어**.

I was just going to throw in the towel.
나 **거의** 포기하려고 **했어**.

I was just going to ask you something.
그냥 뭐 물어보려던 **참이었어**.

패턴26

❹ I was about to ~.
막 ~하려던 참이었어.

I was about to say the same thing.
나도 **막** 그 얘기를 **하려던 참이었어요**.

I was about to start.
막 시작하려던 **참이었어요**.

I was about to go nuts.
정신 나가기 **직전이었어요**.

I was about to kick him out.
그를 **막** 내쫓으려던 **참이었어요**.

I was about to change my mind.
마음을 바꾸려던 **참이었어**.

I was about to fasten my seatbelt.
안전벨트를 매려던 **참이었어요**.

30

27 I think ~

자신의 의견을 좀 더 부드럽게 얘기할 땐

🎧 h27-1.mp3

패턴 27
❶ I think ~.
~인 것 같아, ~라고 생각해.

I think I should go on a diet.
다이어트를 해야 할 것 같아.

I think I'm in love.
나 사랑에 빠졌나 봐.

I think I can handle it.
나 혼자 해결할 수 있을 것 같아.

I think he's got a crush on me.
그 사람이 날 좋아하는 것 같아.

I think she's a stunner.
내 생각에 그녀는 놀랄 정도의 미인이야.

I think the ref made a bad call.
내 생각엔 심판이 잘못 본 거야.

패턴 27
❷ I don't think ~.
~인 것 같지 않아[아닌 거 같아], ~은 아니라고 생각해.

I don't think it matters.
그게 중요한 것 같진 않아요.

I don't think you mean that.
진심으로 하는 말 아닌 것 같은데.

I don't think you have a choice.
너한테 선택권이 있진 않은 것 같은데.

I don't think he's honest.
그 친구 솔직하진 않은 것 같은데.

I don't think it's funny.
안 웃긴 것 같은데.

I don't think that's a good idea.
좋은 생각이 아닌 것 같아.

패턴 27
❸ I'm thinking about ~.
~할까 생각 중이야.

I'm thinking about taking up skiing.
스키를 배워 볼까 생각 중이야.

I'm thinking about moving out.
이사 나갈까 생각 중이야.

I'm thinking about quitting my job.
일을 그만둘까 생각 중이야.

I'm thinking about starting my own business.
내 사업을 시작해 볼까 생각 중이야.

I'm thinking about running for president.
회장 선거에 나가 볼까 생각 중이야.

I'm thinking about going back to school.
다시 학업을 시작할까 생각 중이야.

패턴 27
❹ I suppose ~.
~인 것 같아, ~일 듯해.

I suppose I should apologize.
내가 사과를 해야 할 것 같군.

I suppose you can put off your homework till Monday.
너 월요일까진 숙제 안 해도 될 것 같다.

I suppose she's one of my students.
그녀는 내 학생들 중 한 명인 것 같은데.

I suppose he came to see me.
그 사람이 날 보러 왔나 봐.

I suppose they're closed on Sundays.
일요일에는 문을 닫는 것 같은데.

I suppose you think he cheated.
넌 그가 속임수를 썼다고 생각하는구나?

31

28

선심 쓰듯 내가 하겠다고 할 때도, 해 보게 해 달라고 할 때도

Let me ~

🎧 h28-1.mp3

패턴 28

❶ Let me ~.

내가 ~할게, 내가 ~하게 해줘.

Let me give it a shot.
내가 한번 해 볼게.

Let me fix you a cocktail.
칵테일 한 잔 만들어 줄게.

Let me get a word in.
내가 한 마디 보탤게.

Let me finish.
내 말 끝까지 들어 봐. (내가 끝까지 말 좀 하게 해줘.)

Let me think about it.
생각 좀 해 볼게요. (생각할 시간을 주세요.)

패턴 28

❷ Let me know if ~.

~하면 (내게) 알려줘.

Let me know if you need anything.
필요한 게 있으면 내게 알려 줘요.

Let me know if anything comes up.
무슨 일 생기면 알려줘.

Let me know if someone's coming.
누가 오면 알려줘.

Let me know if you hear the doorbell.
초인종이 울리면 알려줘.

Let me know if she asks about me.
그녀가 나에 대해서 물으면 알려줘.

패턴 28

❸ Let me know what ~.

뭘 ~하는지 알려줘.

Let me know what you think.
네가 뭘 생각하는지 알려줘.

Let me know who you're going to choose.
누굴 선택할 건지 알려줘.

Let me know when you're through.
다 끝나면 알려줘.

Let me know where you shop.
어디서 쇼핑하는지 알려줘.

Let me know how much you need.
얼마나 필요한지 알려줘.

Let me know why he's mad at me.
그가 왜 나한테 화났는지 알려줘.

패턴 28

❹ I'll let you know ~.

(내가) ~을 알려 줄게.

I'll let you know a.s.a.p.
가능한 한 빨리 알려 줄게.

I'll let you know what they say.
그들이 뭐라고 하는지 나중에 알려 줄게요.

I'll let you know when we get there.
우리가 거기 도착하면 알려 줄게.

I'll let you know if they email me.
그들이 이메일 보내면 알려 줄게.

I'll let you know as soon as I find out.
내가 알아내는 대로 알려 줄게.

29 Let's ~

뭐든 같이 하고 싶은 일이 있을 땐

🎧 h29-1.mp3

패턴 29

❶ Let's ~.

(우리) ~하자.

Let's go steady.
우리 사귀자.

Let's get out of here.
여기서 나가자.

Let's call and find out.
전화해서 알아보자.

Let's call a spade "a spade."
그냥 까놓고 말하자.

Let's take Mom on a cruise.
엄마 크루즈 여행 시켜 드리자.

패턴 29

❷ Let's not ~.

~하지 말자.

Let's not forget that.
그걸 잊지 말자고.

Let's not talk about it.
그 얘기는 하지 맙시다.

Let's not cancel it yet.
아직은 취소하지 말자.

Let's not go to that restaurant again.
그 식당에 다신 가지 말자.

Let's not put the cart before the horse.
마차가 말을 끌도록 하진 말자. (주객을 전도하지 말자.)

패턴 29

❸ Let's see how ~.

어떻게 ~하는지 한번 보자.

Let's see how things turn out.
일들이 어떻게 결론 나는지 한번 보자.

Let's see who's wrong.
누가 잘못인지 한번 봅시다.

Let's see when the program is on.
그 프로그램이 언제 시작되는지 한번 보자.

Let's see where this road takes us.
이 길로 가면 어디가 나오는지 한번 보자고.

Let's see what can be done about this.
이 일이 어떻게 처리돼야 할지 한번 보자고.

Let's see why Nick sides with Jake.
닉이 왜 제이크 편을 드는지 한번 보자.

패턴 29

❹ Let's see if ~.

~인지 아닌지 한번 보자.

Let's see if they break up in six months.
걔들이 6개월 안에 헤어지는지 어쩌는지 한번 보자고.

Let's see if he lays down his cards.
그가 자기 패를 펼쳐 보일지 한번 보자고.
(숨김없이 말하는지 한번 보자고.)

Let's see if they notice.
그들이 눈치 채는지 어쩌는지 한번 보자.

Let's see whether I can fix it.
내가 고칠 수 있는지 한번 보자.

Let's see whether there are seats available.
비어 있는 자리가 있는지 한번 보자고.

33

패턴 30	패턴 30
❶ Here's ~. ~이 여기 있어요.	**❷ There's ~.** ~이 있어요.

Here's your change.
잔돈 **여기 있습니다.**

Here's an idea.
나한테 생각이 있어.

Here's some money.
여기 돈이 좀 있어.

Here's the deal.
이렇게 하자고.

Here's the best seat in the house.
저희 집에서 가장 좋은 자리입니다.

Here's my plan.
이게 내 계획이야.

There's only one way.
방법은 딱 하나야(하나 있어).

There's a major market for this.
이 상품은 시장성이 큽니다.

There's my way or the highway.
내 방식대로 하든지 아님 나가든지.
(내 방식, 아님 나가는 방법이 있지.)

There's no time to lose.
지체할 시간이 없어요.

There's no problem we can't solve.
우리가 해결하지 못할 문제는 없어.

패턴 30	패턴 30
❸ This is all ~. 이게 다 ~야, ~한 건 이게 다야.	**❹ That's not how ~.** 그건 ~는 게[~한 방법이] 아니야.

This is all your fault.
이게 다 네 잘못이야.

This is all I have.
이게 내가 가진 전부야.

This is all there is.
이게 있는 거 전부예요.

That's all I can say.
내가 할 수 있는 말은 그게 다야.

That's all you need.
너한테 필요한 건 그게 다야.

That's all hearsay.
그거 모두 전해들은 말이에요.

That's not how it works.
그건 그렇게 하는 게 아니야.

That's not what I meant.
내 말은 그런 뜻이 아니야.

That's not what the doctor said.
그건 의사가 말한 게 아니야.

That's not how I feel.
내 느낌은 그런 게 아니야.

That's not why I wanted to know.
내가 알고 싶었던 이유는 그게 아니에요.

31 Feel free to ~

누군가에게 명령을 할 땐 무조건 동사부터

🎧 h31-1.mp3

패턴31

❶ Feel free to ~.

언제든 ~하세요.

Feel free to contact us.
언제든 연락 주세요.

Feel free to say no.
싫으면 **언제든** 말해.

Feel free to say anything.
할 말 있으면 무슨 얘기든 **하세요.**

Feel free to join us.
언제든 합류하세요.

Feel free to put in your two cents.
언제든 덧붙이고 싶은 말 있음 하고.

Feel free to make a cup of joe for yourself.
편하게 커피 만들어 마셔도 돼.

패턴31

❷ Make sure to ~.

꼭[반드시] ~하도록 해.

Make sure to lock the door.
반드시 문 잠그도록 해.

Make sure to finish this.
이거 꼭 끝내도록 해.

Make sure to bookmark it.
즐겨찾기 꼭 해놔.

Make sure to take all your belongings.
반드시 네 물건들 모두 챙겨.

Make sure to take out the garbage.
쓰레기 꼭 내다 놔.

Make sure to pass along my message.
제 메시지 꼭 전달하세요.

패턴31

❸ Don't ~.

~하지 마.

Don't tell me what to do.
나한테 이래라저래라 **하지 마.**

Don't expect too much.
너무 많이 기대하진 **마.**

Don't mind me.
난 신경 쓰지 **마.**

Don't blame me for that.
그 일로 날 비난하지 **마.**

Don't tell me you're serious.
설마, 농담이겠지. (진심이라고 말하진 **마.**)

패턴31

❹ Stop -ing.

그만 좀 ~해. ~하지 마.

Stop staring at me.
그만 좀 째려봐.

Stop swearing.
욕 좀 그만해.

Stop whining.
그만 좀 칭얼대.

Stop making excuses.
핑계 좀 대지 마.

Stop teasing me.
나 좀 그만 놀려.

Stop rushing me.
보채지 좀 마.

32

나라면 어떻게 할지 말할 땐

I would ~

🎧 h32-1.mp3

패턴 32

❶ I would rather ~.

차라리 ~할래요, ~하는 게 낫겠어요.

I would rather be alone.
차라리 혼자 있을래요.

I would rather rent a car.
차라리 차를 빌리는 게 낫겠어요.

I would rather stay home.
차라리 집에 있을래요.

I would rather skip the topic.
그 얘기는 피하는 게 낫겠어.

I would rather not answer.
차라리 대답하지 않는 게 낫겠어요.

패턴 32

❷ I wouldn't ~.

(나라면) ~하지 않겠어, ~하지 않을 텐데.

I wouldn't do that if I were you.
나 같으면 그렇게 안 하겠어.

I wouldn't miss it for the world.
세상없어도 꼭 가겠어(놓치지 않겠어).

I wouldn't put it that way.
나 같으면 그런 식으로 얘기 안 하겠다.

I wouldn't make him mad.
나 같으면 그를 화나게 하진 않겠어.

I wouldn't normally do this kind of thing.
평소 같으면 이렇게 안 할 텐데.

패턴 32

❸ I could ~.

내가 ~할[해줄] 수도 있는데.

I could lend you some money.
내가 돈을 좀 빌려 줄 **수도 있는데.**

I could walk your dog.
내가 너네 개 산책시켜 줄 **수도 있는데.**

I could work as a part-timer.
시간제로 일할 **수도 있을 거야.**

I could write you a recommendation letter.
내가 추천서를 써줄 **수도 있는데.**

I could handle a mug of cold beer.
시원한 맥주 한 잔 마실 **수도 있는데.**

I could learn something from you.
너한테 뭐 좀 배울 **수도 있는데.**

패턴 32

❹ I might ~.

난 ~할지도 몰라.

I might pop the question tonight.
오늘밤에 청혼할**지도 몰라.**

I might win.
내가 이길**지도 몰라.**

I might catch the last subway.
지하철 막차를 탈 수 있을**지도 몰라.**

I might get grounded.
나 외출 금지 당할**지도 몰라.**

I might be convinced to go along.
나 설득당해서 따라갈**지도 몰라.**

33

목소리가, 냄새가, 맛이 어떤지 표현할 땐

You sound ~, It smells ~, It tastes ~

🎧 h33-1.mp3

패턴 33

❶ You sound ~.

목소리가 ~하게 들리네. 들어보니 ~인 것 같네.

You sound just like your sister.
언니랑 **목소리가** 똑같네요.

You sound a little different.
말투가 좀 달라진 것 같아요.

You sound grumpy.
목소리가 성질이 나 있는 것 같은데.

You sound a little unsure.
목소리가 확실진 않은 것 같은데.

You sound depressed.
목소리가 풀이 죽은 것 같네.

You sound younger than I expected.
목소리가 생각보다 어리네요.

패턴 33

❷ It smells ~.

~한 냄새가 나.

It smells delicious.
맛있는 **냄새가** 나네요.

It smells so bad.
냄새가 너무 고약해요.

It smells fishy.
비린내가 **나는데.**

It smells like garlic.
마늘 냄새 같은데요.

It smells like something's burning.
뭔가 타는 냄새가 나요.

It smells like freshly cut grass.
막 깎은 잔디 **냄새** 같은데.

패턴 33

❸ It tastes ~.

~한 맛이 나.

It tastes funny.
맛이 이상해요.

It tastes pretty strong.
맛이 꽤 강해요.

It tastes bitter-sweet.
달콤 쌉쌀한 **맛이 나는데.**

It tastes like chicken.
닭고기 **같은 맛이 나.**

It tastes like an old shoe.
오래된 신발 **같은 맛이 나는데.** (푸석해서 별맛이 없을 때)

It tastes just like it smells.
맛도 냄새랑 똑같은데.

패턴 33

❹ It feels like ~.

~인/같은 기분[느낌]이야.

It feels like a dream.
꿈만 같아요.

It feels soft.
부드러운 **느낌이야.**

It feels so good.
기분이 너무 좋아요.

It feels like only yesterday.
어제 일만 같아요.

It feels like you're angry.
화가 나신 것 같네요.

It feels like pins and needles.
바늘방석 **같은 느낌이야.**

34

상대방이 어때 보인다고 말할 땐

You look ~

🎧 h34-1.mp3

---

❶ You look ~.

너 ~해 보여.

You look gorgeous tonight.
당신 오늘밤 정말 섹시해 **보여.**

You look terrible.
얼굴이 안 좋아 보이네요. (얼굴이 말이 아니에요.)

You look pretty tired.
너 되게 피곤해 **보여.**

You look like a million bucks.
최고로 멋져 **보이는데.**

You don't look so good.
너 별로 안 좋아 **보인다.**

You don't look quite so pleased.
그리 기쁘지는 않아 **보이는데.**

---

❷ It looks like ~.

~인 것 같아.

It looks like I'll have to.
내가 해야 할 **것 같군.**

It looks like a pigpen.
돼지우리 **같군.**

It looks like you were right all along.
네가 쭉 옳았던 **것처럼 보이는데.**

It looks like the band is breaking up.
아무래도 그 밴드는 해체될 **것 같아.**

It looks like he's making another mistake.
그가 또 다른 실수를 저지르는 **것 같아.**

It looks like we're in for a storm.
폭풍이 밀려올 **것처럼 보이는데.**

---

❸ It seems (to me) that ~.

(내가 보기엔) ~인 것 같아.

It seems (to me) that you blew your chance.
네가 기회를 날려버린 **것 같은데.**

It seems (to me) that I've got the upper hand.
내가 주도권을 쥔 **것 같은데.**

It seems (to me) that you have a flat tire.
네 타이어가 펑크 난 **것 같은데.**

It seems (to me) that he's having fun.
그가 재밌게 놀고 있**는 것 같아.**

It seems (to me) that my husband is having an affair.
우리 남편이 바람피우**는 것 같아.**

It seems (to me) that everyone has a problem.
누구에게나 문제는 있**는 것 같아.**

---

❹ It looks as if ~.

~인 것 같아.

It looks as if you are my old friend.
당신은 제 오랜 친구 **같아요.**

It looks as if you have to cancel it.
너 그거 취소해야 할 **것 같은데.**

It looks as if he's fed up.
그 친구 질린 **것 같은데.**

It looks as if we need to talk.
우리 얘기 좀 해야 할 **것 같은데.**

It looks as if things are starting to pick up.
일이 풀리기 시작하**는 것 같네요.**

It looks as if the paint is peeling.
페인트가 벗겨지**는 것 같아.**

---

35 다른 건 됐고 뭔가 한 가지만 하면 된다고 말할 땐
All you have to do is ~

🎧 h35-1.mp3

패턴 35

❶ All you have to do is ~.
넌 그냥 ~만 하면 돼.

All you have to do is click.
넌 그냥 클릭만 **하면 돼.**

All you have to do is practice.
넌 그냥 연습만 **하면 돼.**

All you have to do is follow my lead.
넌 그냥 내가 하는 대로 따라오기만 **하면 돼.**

All you have to do is wait and see.
넌 그냥 굿이나 보고 떡이나 먹으**면 돼.**

All you have to do is give the "OK."
넌 그냥 된다고 하기만 **하면 돼.**

패턴 35

❷ All I want is ~.
내가 원하는 건 단지 ~야. 난 단지 ~하고 싶을 뿐이야.

All I want for Christmas **is** you.
내가 크리스마스 선물로 **원하는 건 단지** 너야.

All I want is one dance.
난 단지 춤 한 번 추고 **싶을 뿐이야.**

All I want is a fat bank account.
난 단지 두둑한 은행 잔고를 **원할 뿐이야.**

All I want is to be with you.
난 단지 너와 함께 있고 **싶을 뿐이야.**

All I want is to find a nice guy.
난 단지 괜찮은 사람을 찾고 **싶을 뿐이야.**

패턴 35

❸ What I mean is ~.
내가 의미하는 건 ~야. 내 말은 ~라는 얘기야.

What I mean is I'm through.
내 말은 됐다는 **얘기야.**

What I mean is I'm not a bad person.
내 말은 난 나쁜 사람이 아니란 **얘기야.**

What I mean is I don't love her.
내 말은 난 그녀를 사랑하지 않는다는 **얘기야.**

What I mean is you shouldn't be here.
내 말은 네가 여기 있으면 안 된다는 **얘기야.**

What I mean is he's as tough as nails.
내 말은 그가 아주 강인하다는 **거야.**

패턴 35

❹ What I'm trying to say is ~.
그러니까 내가 하려는 말은 ~라는 거야.

What I'm trying to say is I love you.
그러니까 내가 하려는 말은 널 사랑한다는 **거야.**

What I'm trying to say is I missed you.
그러니까 내가 하려는 말은 네가 보고 싶었다고.

What I'm trying to say is you bug me.
그러니까 내가 하려는 말은 네가 날 성가시게 한다는 **거야.**

What I'm trying to say is it's my fault.
그러니까 내가 하려는 말은 그게 내 잘못이라고.

What I'm trying to say is it's too late.
그러니까 내가 하려는 말은 너무 늦었다는 **거야.**

36

일어날 가능성이 있는 일을 말할 땐

It could be ~

🎧 h36-1.mp3

패턴 36

❶ It could be ~.

~할 수도 있어.

It could be worse.
더 나빴을 수도 있어. (그만하길 다행이야.)

It could be a while.
시간이 좀 걸릴 수도 있어요.

It could be anything.
뭐라도 될 수 있죠.

It could be nothing at all.
아무것도 아닐 수도 있어.

It couldn't be better.
이보다 더 좋을 수 없을 거야. (더할 나위 없이 좋아.)

It couldn't be more frustrating.
더 이상 좌절감을 주는 일은 없을 거야./이보다 더 짜증나는 일은 없을 거야.

패턴 36

❷ It would be ~.

~할 텐데, ~일 텐데.

It would be hard to believe.
믿기 힘들 거예요.

It would be hard to understand.
이해하기 힘들 거예요.

It would be nice to stay a little longer.
좀 더 머물면 좋을 텐데.

It would be fun to get away for a while.
잠시 훌쩍 떠나면 재밌을 텐데.

It would be cool to see you guys there.
거기서 너희들 만나게 되면 멋질 거야.

패턴 36

❸ It wouldn't hurt you to ~.

~해서 나쁠 건 없어.

It wouldn't hurt you to be careful.
조심해서 나쁠 건 없어.

It wouldn't hurt you to try.
한번 해 본다고 해서 나쁠 건 없어.

It wouldn't hurt you to lose some weight.
몸무게 좀 뺀다고 나쁠 건 없어.

It wouldn't kill you to be nice to her.
그녀에게 잘해 준다고 해서 나쁠 건 없잖아.

It wouldn't kill you to pay her a compliment.
그녀에게 찬사 보내면 어디가 덧나니?

패턴 36

❹ It can't be ~.

(그게) ~일 리가 없어.

It can't be true.
그게 사실일 리가 없어.

It can't be possible.
그게 가능할 리가 없는데.

It can't be that bad.
그렇게까지 심할 리가요.

It can't be midnight already.
벌써 자정일 리가 없어.

This can't be happening.
이런 일이 생길 수가 없는 건데.

This can't be authentic.
이게 진짜일 리가 없어.

40

패턴 37	패턴 37
❶ I've already ~. 이미[벌써] ~했어.	**❷ I haven't ~ yet.** 아직 ~하지 못했어[안 했어].

I've already seen the movie.
그 영화 **이미** 봤어.

I've already tried that.
그건 **벌써** 시도해 봤어.

I've already been there.
거긴 **벌써** 가 **봤어**.

I've already explained myself.
이미 내 입장을 충분히 설명**했어**.

I've already dropped it off at the cleaner's.
그거 **이미** 세탁소에 갖다 **줬는데**.

I've already heard your side of the story.
네 쪽 얘기는 **이미** 들었어.

I haven't even started it **yet**.
아직 시작도 안 했어.

I haven't had my coffee **yet**.
아직 커피도 못 마셨어.

I haven't met Mr. Right **yet**.
아직 이상형을 **못** 만났어요.

I haven't had a chance **yet**.
아직 기회가 없었어요.

I haven't reached my goal **yet**.
아직 목표에 다다르지 **못했어**.

I haven't spilled the beans **yet**.
아직 발설하진 않았어.

패턴 37	패턴 37
❸ I've never ~ before. ~해 본 적이 한 번도 없어.	**❹ It's been a long time since ~.** ~한 지 오래됐어.

I've never asked a guy out **before**.
남자한테 데이트 신청해 본 **적이 한 번도 없어요**.

I've never met him **before**.
그를 전에 만난 **적이 한 번도 없어요**.

I've never cooked for myself **before**.
내가 밥해 먹어 본 **적이 한 번도 없어**.

I've never gone out on a blind date **before**.
소개팅해 본 **적이 한 번도 없어요**.

I've never been to a circus **before**.
전에 서커스에 가 본 **적이 한 번도 없어**.

I've never shaken hands with a star **before**.
스타하고 악수해 본 **적이 한 번도 없어**.

It's been a long time since I felt like this.
이런 기분 느껴 본 **지 한참 됐네요**.

It's been a long time since I did some shopping.
쇼핑한 **지 좀 됐지**.

It's been a long time since I last saw you.
널 마지막으로 본 **게 언제인지** 까마득하다.

It's been a long time since I saw you this nervous.
너 이렇게 긴장하는 거 보는 **것도 오랜만이다**.

It's been a long time since we laughed together.
우리가 함께 웃어 본 **지가 얼마 만인지**.

It's been a long time since we wined and dined.
우리 근사한 저녁 먹은 **지가 오래됐네요**.

대답패턴

38

원가 해야 한다는 말을 할 땐

I should ~, I have to ~, I've got to ~

🎧 h38-1.mp3

패턴 38

❶ I should ~.

~해야겠어. ~하는 게 좋겠어.

I should cut down on my drinking.
술을 줄여**야겠어**.

I should take a cat nap.
토막잠을 좀 자**야겠어**.

I should join a gym.
운동을 **해야겠어**. (헬스 좀 다녀**야겠어**.)

I should look at the bright side.
좋은 쪽으로 생각**하는 게 좋겠어**.

You should email it to me first.
먼저 나한테 이메일을 보내**도록 해**.

You should watch what you eat.
너 음식 조절을 좀 **해야겠다**. (다이어트 해야겠다.)

패턴 38

❷ I have to ~.

~해야 해.

I have to go back to work.
다시 일하러 가 봐**야 해**.

I have to take my meds.
나 약 먹어**야 해**.

I have to win this time.
이번엔 이겨**야 해**.

I have to do my laundry today.
오늘 빨래**해야 해**.

I have to fill out the application.
지원서를 작성**해야 해**.

I have to look something up on the Net.
인터넷으로 뭐 찾아봐**야 해**.

패턴 38

❸ I've got to ~.

~해야 해.

I've got to get over her.
그녀를 잊어**야 해**.

I've got to run.
나 얼른 가 봐**야 해**.

I've got to watch this show.
이 공연을 봐**야 해**.

I've got to eat rice for breakfast.
난 아침은 밥을 먹어**야 해**.

I've got to tweet it to my followers.
팔로워들한테 트윗**해야 해**.

I've got to get this done by Friday.
이거 금요일까지 끝내**야 해**.

패턴 38

❹ I'd better ~.

~해야겠어. ~하는 게 좋겠어.

I'd better hurry up.
서둘러**야겠다**.

I'd better sleep on it.
그 문제는 천천히 더 생각해 봐**야겠어**.

I'd better change my socks.
양말을 갈아 신어**야겠다**.

I'd better get going, it's already midnight.
가 봐**야겠다**. 벌써 자정이야.

I'd better not go.
가**지 않는 게 좋겠어**.

I'd better not tell him.
그에게 말하지 **않는 게 낫겠어**.

세로쓰기

42

39 I'm busy -ing

바쁘다고 할 땐

🎧 h39-1.mp3

패턴39

❶ I'm busy -ing ~.
나 ~하느라 바빠.

I'm busy answering phone calls.
나 전화 받느라 바빠.

I'm busy doing nothing.
아무것도 안 하면서 바빠.

I'm busy fixing dinner.
저녁 준비하느라 바빠.

I'm busy getting coffee for everyone.
모두에게 커피 타 주느라 바빠.

I'm busy taking care of business.
일 처리 하느라 바빠.

패턴39

❷ I spent 시간 -ing ~.
난 ~하면서 보냈어.

I spent this summer swimming.
이번 여름은 수영하면서 보냈어.

I spent the last two weeks crying in my room.
지난 2주를 내 방에서 울면서 보냈어.

I spent my Sunday cleaning the house.
일요일은 집 청소를 하면서 보냈어.

I spend unnumbered days practicing English.
무수한 날들을 영어 연습하면서 보내.

I'm going to spend this weekend sunbathing.
이번 주말은 일광욕을 하면서 보낼 거야.

패턴39

❸ I spend 돈 on ~.
난 ~에 (돈)을 써.

I spend lots of money **on** DVD's.
난 DVD 사는 데 많은 돈을 써.

I spend too much money **on** clothes.
난 옷 사는 데 너무 많은 돈을 써.

I spend tons of bucks **on** her.
난 그녀한테 엄청난 돈을 써.

I spend a lot of money **on** language schools.
난 어학원에 많은 돈을 써.

I spend oodles of money **on** food.
난 식비로 많은 돈을 써.

I spend half of my income **on** bills.
난 청구서들 내는 데 수입의 절반을 써.

패턴39

❹ I had a hard time -ing ~.
~하느라 힘들었어.

I had a hard time getting a job.
직장 구하느라 힘들었어.

I had a hard time finding your place.
네 집 찾느라 힘들었어.

I had a hard time digesting that meal.
그 식사 소화시키느라 힘들었어.

I had a good time talking with her.
그녀와 얘기하면서 즐거운 시간을 보냈어.

I had a great time thinking back on school days.
학창 시절을 떠올리며 즐거운 시간을 보냈어.

패턴 40

❶ I got ... p.p.
(다른 사람에게 시켜서) ~했어.

I got my hair **cut.**
나 머리 잘랐어.

I got my hair **permed** today.
나 오늘 머리 파마했어.

I got my head **shaved** yesterday.
나 어제 머리를 완전 밀었어.

I got my ears **pierced** today.
나 오늘 귀 뚫었어.

I got my eyes **done.**
나 쌍꺼풀 (수술)했어.

I got my beard **trimmed** today.
나 오늘 수염 손질 받았어.

패턴 40

❷ He makes me ~.
그 사람은 날 ~하게 해줘[만들어].

He makes me happy.
그 사람은 날 행복하게 해줘.

He makes me jumpy.
그 사람은 날 조마조마하게 만들어.

He makes me giggle.
그 사람은 날 키득거리게 만들어.

He makes me feel special.
그 사람은 날 특별한 사람으로 느끼게 해줘.

He makes me laugh all the time.
그 사람은 항상 날 웃게 만들어.

He makes me a better person.
그 사람은 날 더 나은 사람으로 만들어.

패턴 40

❸ Don't make me ~.
날 ~하게 하지[만들지] 마.

Don't make me laugh.
웃기지 마. (웃기는 소리 하고 있네.)

Don't make me mad.
날 화나게 하지 마.

Don't make me jealous.
나 질투 나게 만들지 마.

Don't make me scold you.
너한테 잔소리하게 만들지 마.

Don't make me lose focus.
나 집중력 잃게 만들지 마.

Don't make me a bad person.
날 나쁜 사람으로 만들지 마.

패턴 40

❹ I'll have him ~.
그에게 ~하라고 할게.

I'll have him call you back.
그 사람에게 너한테 전화하라고 할게.

I'll have him finish up here.
그 사람에게 여기 마무리하게 할게.

I'll have him text you.
그 친구한테 너한테 문자 넣으라고 할게.

I'll have him pick you up.
그 친구에게 널 태우러 가라고 할게.

I'll have him wash your car.
그 친구에게 네 차 닦아 놓으라고 할게.

I'll have him shred the papers.
그 친구에게 문서 분쇄하는 일 시킬게.

'뭔가 하게 되면'이라는 말을 하고 싶을 땐
When ~, If ~

🎧 h41-1.mp3

패턴 41

❶ When ~
~할 때, ~하게 되면

When you get there, call me.
도착**하면** 전화해.

When I was a kid, things were cheaper.
내가 어렸**을 땐** 물건들이 더 쌌는데.

When you see Ray, say hello for me.
레이 보게 **되면** 안부 전해줘.

Call me **when** you're ready.
준비**되면** 불러.

I'm ready **when** you are.
당신만 좋**다면** 언제든 나도 준비돼 있어요.

패턴 41

❷ If ~
~하게 되면

If you have any questions, raise your hand.
질문 있으**면** 손을 드세요.

If you want to join us, just let us know.
우리와 합류하고 싶으**면** 알려줘.

If the party gets too loud, knock on the door.
만일 파티가 너무 시끄러워지**면** 문을 두드려 줘.

You can keep it **if** you want.
원하**면** 가져도 돼.

You can crash on my sofa **if** you get tired.
피곤해지**면** 내 소파에 쓰러져 자도 돼.

패턴 41

❸ While ~
~하는 동안

Did you miss me **while** I was gone?
나 없는 **동안** 보고 싶었어?

While you are away, I'll take care of your dog.
너 없는 **동안** 너네 개 돌봐 줄게.

While you are at it, get me a glass of water, please.
간 **김에** 물 한 잔 부탁해.

While you watch the tube, I'll hit the books.
네가 TV 보는 **동안** 난 공부할 거야.

Did anyone call me **while** I was out?
나 없는 **동안** 전화 온 데 없었어?

Guard the door **while** I change my clothes.
옷 갈아입는 **동안** 문 좀 지켜 주세요.

패턴 41

❹ By the time ~
~할 때쯤이면 (이미)

By the time you find this, I'll be in London.
네가 이걸 발견할 **때쯤에** 난 런던에 있을 거야.

By the time you find this note, I'll be on the train.
네가 이 쪽지를 발견할 **때쯤에** 난 기차에 올라 있을 거야.

By the time you wise up, you'll be broke.
네가 정신 차릴 **때쯤이면** 넌 빈털터리가 돼 있을 거야.

By the time I found out, it was way too late.
내가 알아냈을 **땐 이미** 너무 늦었지.

By the time I got there, everybody was drunk.
내가 도착했을 **때쯤엔** 다들 취해 있었어.

패턴 42

❶ after ~

~한 후에

Leave a message **after** the beep.
삐 소리가 **난 후** 메시지를 남겨 주세요.

Let's catch a movie **after** work.
퇴근**한 후에** 영화나 한 편 보자.

We should hit a coffee shop **after** the movie.
영화 **본 다음에** 커피숍에 가야지.

Can I see you **after** the break?
쉬는 시간 **지나고** 나 좀 볼 수 있어?

It's important to take it slow **after** surgery.
수술 받**은 후에는** 매사에 조심하는 게 중요해.

패턴 42

❷ before ~

~하기 전에

Come home **before** midnight.
자정 **전에는** 집에 들어와라.

Let's finish this **before** lunch.
점심 먹기 **전에** 이거 끝내자.

I always weigh myself **before** breakfast.
난 아침 먹기 **전에** 늘 몸무게를 잰다.

It's sunny, but this is the calm **before** the storm.
해가 나긴 했지만 이건 폭풍 **전야의** 고요함이에요.

Finish your homework **before** class.
수업 **전에** 숙제 끝내라.

패턴 42

❸ after/before ~

~한 후에/하기 전에

I stopped drinking **after** I got married.
결혼하고 **나서** 술 끊었어.

Let's take a walk **after** the rain stops.
비가 그치**면** 산책하자.

I have no clue where she went **after** I saw her downtown.
시내에서 본 **후** 그녀가 어디로 갔는지 전혀 모르겠어.

Leave me alone **before** I lose my temper.
성질내**기 전에** 좀 냅둬.

Let's get the tickets **before** they're sold out.
매진되**기 전에** 표를 사 두자.

패턴 42

❹ As soon as ~

~하자마자, ~하는 대로

I'll tell you **as soon as** I hear from him.
그 사람한테서 연락 오**는 대로** 알려 줄게요.

As soon as I got in the door, I showered up.
집에 들어가**자마자** 샤워를 쫙 했지.

He turns on the TV **as soon as** he gets home.
그는 집에 오**자마자** TV부터 켠다.

I'll get back to work **as soon as** I finish this coffee.
이 커피 다 마시**자마자** 다시 일할게요.

I'll get back to you **as soon as** I can.
가능한 한 빨리 연락드리겠습니다.

46

because ~, because of ~

🎧 h43-1.mp3

패턴 43

❶ because ~
~하기 때문에

I'm leaving you **because** I love you.
사랑**하니까** 널 떠나는 거야.

I usually stay up late **because** I'm a night owl.
올빼미 체질**이라** 늦게 자는 편이야.

I can't marry you **because** I love someone else.
다른 사람을 사랑**하기 때문에** 너와 결혼할 수 없어.

I got you a gift **because** you deserve one.
선물 받을 만**하니까** 하나 준 거야.

We're best friends **because** we think alike.
우린 생각하는 게 똑같**아서** 제일 친한 친구지.

My feet hurt **because** I'm wearing new shoes.
새 구두를 신**어서** 발이 아파.

패턴 43

❷ because of ~
~때문에

The picnic was canceled **because of** the rain.
비 **때문에** 소풍이 취소됐어.

He couldn't come **because of** a personal matter.
그는 개인 사정**이 있어서** 못 왔어요.

He got canned **because of** a bad attitude.
그 사람은 태도가 나빠**서** 해고됐지.

We can't miss the train **because of** your shoes.
네 구두 **때문에** 기차를 놓칠 수는 없어.

They tied the knot **because of** family pressure.
그들은 가족들의 압력**으로** 결혼을 했지.

패턴 43

❸ Thanks to ~
~덕분에

Thanks to you, she's angry at me.
네 **덕분에** 그녀가 나한테 화났어.

Thanks to you, I got another speeding ticket.
네 **덕분에** 속도위반 딱지를 또 하나 뗐어.

Thanks to my mom, I get up at six every morning.
엄마 **덕분에** 난 매일 아침 6시에 일어나.

Thanks to the men and women in uniform, we are safe.
제복을 입은 분들 **덕분에** 우리가 안전하지.

Thanks to cell phones, we could trace the suspects.
휴대폰 **덕분에** 우리는 용의자들을 추적할 수 있었어.

패턴 43

❹ Since ~
~하기 때문에

Since I was on a diet, I skipped the dessert.
다이어트 중**이어서** 디저트는 건너뛰었어.

Since I knew the answer, I remained silent.
난 대답을 알고 있었**기 때문에** 가만히 있었어.

Since I knew somebody in management, I got a job interview.
경영진 중에 아는 사람이 있**어서** 면접을 봤지.

Since it was dark, it was difficult to read the sign.
어두워**져서** 표지판 읽기가 힘들었어.

Since it was overpriced, we didn't make the purchase.
제값보다 비싸**서** 우린 구입을 안 했지.

44

잘 모르는 게 있을 땐

I'm not sure if ~, I have no idea ~

🎧 h44-1.mp3

패턴 44

❶ I'm not sure if ~.

~인지 (아닌지) 잘 모르겠어.

I'm not sure if I can do this.
내가 이걸 할 수 있을지 잘 모르겠어요.

I'm not sure if he's coming.
그가 올지 안 올지 잘 모르겠어요.

I'm not sure if she's right for the job.
그녀가 그 일에 적합한지 잘 모르겠어.

I'm not sure if you catch my drift.
네가 내 의중을 파악했나 모르겠다.

I'm not sure if I'm doing the right thing.
내가 잘하고 있는 건지 잘 모르겠어.

패턴 44

❷ I have no idea what ~.

뭐가 ~인지 전혀 모르겠어.

I have no idea what's going on.
무슨 일인지 전혀 모르겠어요.

I have no idea who sent these flowers.
누가 이 꽃들을 보냈는지 전혀 모르겠어.

I have no idea where I parked my car.
차를 어디에 주차했는지 전혀 모르겠어.

I have no idea how the cat got out of the bag.
어떻게 비밀이 새 나갔는지 모르겠어.

I have no idea why things are the way they are.
왜 모든 것이 그런 식인지 모르겠어.

패턴 44

❸ I wonder if ~.

~인지 궁금해.

I wonder if he still thinks of me.
그가 아직도 내 생각을 하는지 궁금해.

I wonder if it's still raining.
아직 비가 오는지 모르겠네.

I wonder if we'll get a holiday bonus.
명절 보너스를 받게 될지 궁금하다.

I wonder who's going to win.
누가 이길지 궁금한데.

I wonder why she looks so tired.
그녀가 왜 그렇게 피곤해 보이는지 모르겠네.

패턴 44

❹ I was just wondering if ~.

혹시 ~인지 궁금해서요.

I was just wondering if you had time.
혹시 시간 있으신지 궁금해서요.

I was just wondering if I could get a refund.
혹시 환불받을 수 있는지 궁금해서요.

I'm just wondering if you realize the situation.
혹시 네가 상황 파악을 하고 있는지 궁금해서.

I'm just wondering if you can sit in for me.
혹시 나 대신 일할 수 있는지 궁금해서.

I'm just wondering if you can give me another chance.
혹시 한 번 더 기회를 주실 수 있나 해서요.

앞에서 한 말과 상반된 얘기를 하고 싶을 땐
Though ~

🎧 h45-1.mp3

패턴 45
❶ Though ~
~이지만, ~이긴 하지만

Though I love her, I had to leave her.
그녀를 사랑하**긴 하지만** 떠나야 했어.

Though I like name-brand items, I can't afford them.
난 유명 브랜드를 좋아하**지만** 살 여유는 안 돼.

Though he was a robot, he had feelings.
그는 로봇이었**지만** 감정을 갖고 있었다.

I can help you if you want, **though** I might not be helpful.
원한다면 도와줄게, 별 도움이 안 될지도 모르**지만**.

You're welcome to tag along, **though** you'll be bored silly.
같이 따라와도 되**긴 하는데** 너 완전 지루해할걸.

패턴 45
❷ ~, though.
그래도 ~이긴 해, 근데 ~해.

It looks delicious, **though**.
(그래도) 맛있어 보이**긴 해**.

It's really spicy, **though**.
근데 진짜 맵**다**.

I'm happy for you, **though**.
그래도 너한테는 너무 잘된 일이**네**.

I feel a little bit guilty, **though**.
근데 기분은 좀 찜찜하**다**.

She's a bit of a stickler, **though**.
근데 그녀가 약간 원칙주의자**이잖아**.

패턴 45
❸ Although ~
~이지만

Although I was told not to, I did.
하지 말라고 들었**지만** 했어.

Although I was tired, I couldn't sleep.
피곤했**지만** 잠이 안 왔어.

Although I didn't study, I passed the exam.
공부를 안 했**는데도** 시험에 붙었어.

Although the car is old, it still runs well.
그 차는 낡았**지만** 여전히 잘 굴러가.

Although it's popular, I'm not into it.
그게 유행**이긴 하지만** 난 관심 없어.

패턴 45
❹ Even though ~
~이지만

Even though it's ruined, it's still delicious.
망가지**긴 했지만** 여전히 맛은 있어.

Even though he felt sorry, he didn't say anything.
그는 미안함을 느꼈**지만** 아무 말도 하지 않았어.

Even though he's a cook, he never cooks at home.
그는 요리사**지만** 집에서는 절대 요리를 하지 않아요.

Even though they're friends, they fight like cats and dogs.
그들은 친구**이긴 하지만** 웬수처럼 싸워.

Even though it's late, I feel like cooking a meal.
늦**긴 했지만** 좀 차려 먹고 싶은 기분이다.

패턴 46

❶ by ~

(늦어도) ~까지

I'll be home **by** 10.
집에 10시**까지는** 들어올게요.

I'll be back **by** 9:30.
9시 반**까지** 돌아올게요.

Give me your answer **by** the end of business today.
오늘 업무 마칠 **때까지** 대답 줘.

She has to get home **by** 10.
그녀는 10시**까지는** 귀가해야 한다.

Can you get it done **by** tomorrow?
내일**까지** 끝낼 수 있어?

패턴 46

❷ until ~

~까지 (계속)

I'll buy lottery tickets **until** I win.
당첨될 **때까지** 복권을 살 거야.

It's open **until** 2 am.
(그 가게는) 새벽 2시**까지** 열어.

I'll keep you company **until** you finish.
너 끝날 **때까지** 같이 있어 줄게.

I'll hold my breath **until** you accept my proposal.
네가 내 제안을 받아들일 **때까지** 숨죽이고 기다리고 있을 거야.

I can cook doughnuts **until** you feel stuffed.
네 배가 터질 **때까지** 도너츠를 만들어 줄 수 있어.

패턴 46

❸ from ... to ~

...부터 ~까지

I work **from** nine **to** five.
9시**부터** 5시**까지** 일해요.

I have class **from** ten **to** three.
10시**부터** 3시**까지** 수업이 있어요.

She was smiling **from** ear **to** ear.
그녀의 입이 귀에 걸렸어.

The situation went **from** bad **to** worse.
상황이 더 악화되었다.

The rumor spread **from** person **to** person.
사람**에서** 사람**으로** 소문이 퍼져 나갔다.

I'm living **from** hand **to** mouth.
나는 하루 벌어 하루 먹고 산다.

패턴 46

❹ till ~

~까지

Let's wait **till** the rain stops.
비가 그칠 **때까지** 기다리자.

Wait **till** you see.
볼 **때까지** 기다려요. (보시면 알아요.)

Keep at it **till** you make it happen.
그 일이 잘될 **때까지** 계속해서 열심히 해요.

Let's watch TV **till** he gives us a call.
그가 우리한테 전화할 **때까지** TV나 보자.

I'm grounded **till** next week.
나 다음 주**까지** 외출 금지야.

47

뭔가 해야 한다는 말을 need로 표현하고 싶을 땐

You need to ~

🎧 h47-1.mp3

패턴47

❶ You need to ~.
년 ~해야 해.

You need to make a decision.
결정을 내려야 해.

You need to concentrate.
집중을 해야지.

You need to call her right away.
너 지금 당장 그녀에게 전화해야 해.

You need to go to college first.
년 먼저 대학에 가야 해.

You need to stop dillydallying.
그만 꾸물대.

패턴47

❷ You don't need to ~.
(너) ~할 필요 없어[안 해도 돼].

You don't need to apologize.
사과할 필요 없어.

You don't need to pay.
돈 안 내도 돼.

You don't need to tell me anything.
아무 말 안 해도 돼.

You don't need to get permission.
허락 받을 필요 없어.

You don't need to point that out.
그렇게 콕 집어서 얘기할 필요 없어.

패턴47

❸ You must ~.
반드시 ~해야만 해.

You must go to the hospital.
너 병원에 가야만 해.

You must have more patience.
반드시 더한 인내심이 있어야 해.

You must stick to your guns.
반드시 당신의 주장을 고수해야 합니다.

You must not park here.
여기에 주차하시면 안 됩니다.

You must not fold under pressure.
절대 압력에 굴하지 말아야 해요.

패턴47

❹ You'd better ~.
~하는 게 좋을 거야. ~해.

You'd better watch out.
조심하는 게 좋을 거야.

You'd better believe it.
믿는 게 좋을걸. (믿어.)

You'd better ask for professional help.
전문가의 도움을 받는 게 좋겠다(도움을 받아).

You'd better call your wife to say you'll be late.
늦는다고 와이프한테 전화하는 게 좋을 거야.

You'd better not stick up for Peter.
피터를 변호하지 않는 게 좋을걸. (피터 편을 들지 않는 게 좋을 거야.)

You'd better not lay off the workers here.
여기 노동자들을 해고하지 않는 게 좋을 겁니다(해고하지 마세요).

필수구문

48

과거에 하지 않아 후회되는 일을 말할 땐

I should've ~

🎧 h48-1.mp3

패턴 48

❶ I should've p.p. ~.
~했어야 하는 건데.

I should've listened to you.
네 말을 **들었어야 하는** 건데.

I should've called you first.
너한테 먼저 **전화했어야 하는** 건데.

I should've kissed her.
그녀에게 **키스를 했어야** 했는데.

I should've said no.
아니라고 **말했어야** 했는데.

I should've paid more attention.
주의를 더 **기울였어야 하는** 건데.

I should've seen the signs.
징조를 **알아차렸어야 하는** 건데.

패턴 48

❷ You should've p.p. ~.
(너도) ~했어야 했는데. ~했어야지.

You should've been there.
너도 거기 **왔어야 했는데**. (너도 왔으면 좋았을걸.)

You should've called the police.
경찰을 **불렀어야지**.

You should've thought to call.
전화할 **생각을 했어야지**.

You should've buckled up.
안전띠를 맸어야지.

You should've learned how to swim.
수영하는 법을 배웠어야지.

패턴 48

❸ I shouldn't have p.p. ~.
~하지 말았어야 했는데.

I shouldn't have met you.
널 **만나지 말았어야** 했는데.

I shouldn't have lent you any money.
너한테 돈을 **빌려 주지 말았어야** 했는데.

I shouldn't have eaten the extra piece.
남은 한 조각을 더 **먹는 게 아니었는데**.

You shouldn't have bought that camera.
너 그 카메라 **사지 말았어야** 했는데.

You shouldn't have done this.
이런 거 **안 사 오셨어도** 되는데. (뭐 이런 걸 다…)

You shouldn't have crossed the line.
선을 **넘지는 말았어야지**.

패턴 48

❹ I could have p.p. ~
~할 수도 있었어, ~였을 수도 있어.

I could have chosen you.
당신을 **선택할 수도 있었어요**.

I could have tried harder.
더 **노력할 수도 있었는데**.

I could have met Tom Cruise
in person.
톰 크루즈를 직접 **만날 수도 있었는데**.

I could have been somebody.
내가 대단한 **사람이 될 수도 있었는데**.

I could have prevented the whole
thing.
모든 것을 **막을 수도 있었는데**.

52

49

실현 가능성이 없는 소망을 얘기할 땐

I wish I were ~

🎧 h49-1.mp3

패턴49

❶ I wish I were ~.

내가 ~라면 좋을 텐데.

I wish I were smarter.
내가 더 똑똑하면 좋을 텐데.

I wish I were a woman.
내가 여자라면 좋을 텐데.

I wish I were a movie star.
내가 영화배우라면 좋을 텐데.

I wish you were my girlfriend.
네가 내 여자친구라면 좋을 텐데.

I wish you were ten years younger.
네가 10년만 더 젊으면 좋을 텐데.

패턴49

❷ I wish I could ~.

내가 ~할 수 있으면 좋을 텐데.

I wish I could read your mind.
네 맘을 읽을 수 있으면 좋을 텐데.

I wish I could stay longer.
더 머무를 수 있으면 좋을 텐데.

I wish I could travel around the world.
세계 일주를 할 수 있으면 좋을 텐데.

I wish I could skip high school.
고등학교는 건너뛰었으면 좋겠다.

I wish I could sing like a bird.
새처럼 노래 부를 수 있으면 좋겠다.

패턴49

❸ I wish I 과거동사 ~.

(내가) ~면 좋을 텐데.

I wish I knew.
나도 알면 좋겠다.

I wish I had more time.
시간이 좀 더 있으면 얼마나 좋을까.

I wish I had a daughter like you.
너 같은 딸 하나 있으면 좋겠다.

I wish I didn't have to go to school.
학교 안 가도 되면 좋겠다.

I wish I didn't have this toothache.
이 치통이 없다면 얼마나 좋을까.

패턴49

❹ I wish I had p.p. ~.

내가 (진작) ~했더라면 좋았을 텐데.

I wish I had known.
내가 진작 알았더라면 좋았을 텐데.

I wish I had been there.
거기 갔더라면 좋았을 텐데.

I wish I had chosen a different major.
다른 전공을 선택했더라면 좋았을 텐데.

I wish I had won the first prize.
1등상을 탔더라면 좋았을 텐데.

I wish I had met you 10 years ago.
10년 전에 널 만났더라면 좋았을 텐데.

I wish I had taken the exam.
시험을 봤더라면 좋았을 텐데.

50

필수구문

뭐든, 어디든, 언제든, 아무리 뭘 해도!

Whatever ~, Wherever ~, Whenever ~, However ~

🎧 h50-1.mp3

패턴 50

❶ Whatever ~
뭘 ~하든, ~라면 뭐든

Whatever you do, don't give up.
뭘 하든 포기하지 마.

Whatever happens, don't open your eyes.
무슨 일이 생기든 눈 뜨지 마.

Whatever it takes, I don't care.
얼마가 걸리든/들든 상관없어.

Whatever you want, I'll get it for you.
원하는 게 뭐든 내가 구해 줄게.

Whatever you request, he'll turn you down.
네가 **뭘** 요청하든 그는 다 거절할 거야.

패턴 50

❷ Wherever you go, ~
(네가) 어딜 가든

Wherever you go, I'll follow you.
네가 어딜 가든 난 널 따라갈 거야.

Wherever you go, take me with you.
어딜 가든 날 데려가 줘.

Wherever you go, just be yourself.
어딜 가든 평소 하던 대로 행동해라.

Wherever you go, call me when you get there.
어딜 가든 도착하면 전화해.

Wherever you go, carry this lucky charm with you.
어딜 가든 이 행운의 부적을 지니고 다녀.

패턴 50

❸ Whenever ~
~할 때마다, ~할 땐 언제든지

Whenever I ask him for help, he says no.
그는 내가 도움을 청할 **때마다** 거절해.

Whenever we get together, we end up arguing.
우리는 만날 **때마다** 논쟁을 벌이게 된다.

Whenever I go into her room, she's on the phone.
내가 그녀 방에 갈 **때마다** 전화기를 붙잡고 있더라고.

I'll think of you **whenever** I see this.
이걸 볼 **때마다** 널 생각하게.

You always make up something **whenever** I ask a personal question.
개인적인 질문**만 하면** 넌 항상 뭔가 꾸며대더라.

패턴 50

❹ However hard ~
아무리 열심히 ~해도

However hard I try, I can't stop thinking about her.
아무리 열심히 노력해도 그녀에 대한 생각을 떨칠 수가 없어.

However hard I study, it always slips my mind.
아무리 열심히 공부해도 늘 까먹는단 말이야.

However much you want it, it's out of the question.
네가 **아무리 원해도** 그건 불가능해.

However much it costs, I'm going backpacking.
얼마가 들더라도 난 배낭여행 갈 거야.

However long it takes, I'll never give up.
아무리 오래 걸려도 절대 포기 안 할 거야.

54

Try!
50패턴
실전 대화

영어회화의 꽃은 뭐니 뭐니 해도 역시 대화죠!
이번에는 50패턴을 활용한 대화에 도전해 봅시다.
실전 대화 연습을 통해 언제 어디서 네이티브와 만나더라도
당황하지 않을 영어회화 내공을 쌓아보세요!

가위로 잘라서 카드처럼
가볍게 휴대하셔도
좋습니다.

질문패턴 01 상대방의 의향을 물을 땐

Do you ~?

A 🎙 내 사진 보고 싶어?

B Wow! You're very photogenic!

A 🎙 나 보면 생각나는 사람 없어?

B You're the spitting image of your dad.

A Do you want to see my pics? B 왜! 너 사진 정말 잘 받는다! A Do I remind you of anyone? B 너 니네 아빠랑 완전 붕어빵이구나.

질문패턴 02 어려운 일을 부탁할 땐

Can you ~?

A 🎙 네 의도가 뭔지 말해 줄래?

B I have every intention of helping you out.

A 🎙 내게 약속할 수 있어?
(give someone's word 약속하다)

B I swear on a stack of Bibles.

A Can you tell me what your intentions are? B 널 도와주려고 하는 게 전부라니까. A Can you give me your word? B 하늘에 대고 맹세할게.

질문패턴 03 상대방의 허락을 구하거나 부탁할 일이 있을 땐

Can I ~?

A 🎙 어서 오세요. (무엇을 도와드릴까요?)

B Yes, I'm looking for a skirt.

A Do you have a particular style in mind?

B I like this one over here.
🎙 이걸로 다른 색상 좀 보여 주실래요?

A Sure. This way, please.

B I like this pink one.
🎙 이거 어디서 입어 볼 수 있나요?

A What can I do for you? B 네, 치마를 보고 싶은데요. A 특별히 맘에 두고 있는 스타일이 있으신가요? B 여기 이게 맘에 드네요. Can I see this in different colors? A 그렇죠. 이쪽으로 오세요. B 이 분홍색이 맘에 드는데요. Where can I try this on?

질문패턴 04 공손하게 말하고 싶을 땐

Would you ~?

A 🎙 생일에 뭐하고 싶어요?

B I'm open to suggestions.

A 🎙 영화 한 편 보시겠어요?
(catch a flick 영화를 보다)

B That's a splendid idea!

A What would you like to do for your birthday? B 제안을 해줘도 좋아요. A Would you like to catch a flick? B 그거 아주 근사한 생각이네요!

h05-2.mp3　　　　 h06-2.mp3

질문패턴 **05**	상대방의 상태를 묻고 싶을 땐 **Are you ~?**

A I want to eat out. 🎤 너도 배고파?

B Sure. What are you hungry for?

A Your call.
Anyway 🎤 너 몸무게가 좀 늘고 있니?

B No! What's the point of your saying that?

A 외식하고 싶다. Are you hungry? B 물론이지. 뭐가 먹고 싶은데? A 네가 결정해. 근데, are you putting on some weight? B 아니야! 그렇게 말하는 요지가 뭐야?

질문패턴 **06**	뭔가 해야 하나. 그렇게 하는 게 맞는 거냐고 물어볼 땐 **Should I ~?**

A This computer is too slow.
🎤 없애 버릴까?

B Do you have enough cash to buy a new one?

A Nope. 🎤 나 아르바이트 구할까?

B Good idea! Then I can help you throw away your old computer.

A 이 컴퓨터 너무 느려 터졌어. Should I get rid of it? B 새로 장만할 돈이 충분해? A 아니. Should I get a part-time job? B 좋은 생각이야! 그럼 네가 쓰던 컴퓨터는 내가 버려 줄게.

질문패턴 **07**	뭔가 할 예정이냐고 상대방의 결심을 물을 땐 **Are you going to ~?**

A 🎤 이번 주말에는 뭐할 거니?

B Marie and I are going to rent a car and go to the beach.

A Sounds nice. 🎤 어디서 묵을 예정인데?

B Marie found a nice guesthouse on the Internet, so she made reservations.

A What are you going to do this weekend? B 마리하고 차 한 대 빌려서 바닷가로 놀러 갈 거야. A 멋지다. Where are you going to stay? B 마리가 인터넷에서 멋진 민박집을 찾아서 예약해 뒀어.

질문패턴 **08**	뭔가 해도 괜찮은지 아닌지 묻고 싶을 땐 **Is it okay if ~?**

A I have to go now.

B No prob.
🎤 나중에 합류해도 괜찮을까?
(catch up with ~를 따라잡다)

A I guess so.
🎤 나 여기에 차를 두고 가도 될까?

B Yes. It's safe here.

A 나 이제 가 봐야 해. B 당연히. Would it be all right if I caught up with you later? A 괜찮을 것 같은데. Is it okay to leave my car here? B 그럼. 여긴 안전해.

 h07-2.mp3　　　　 h08-2.mp3

질문패턴
09 Why don't you ~?
상대방에게 뭔가 권유할 땐

A I want to get a new sweater but it's too expensive.

B 🎤 인터넷으로 주문하지 그래?
It's cheaper.

A 🎤 나한테 돈 좀 빌려 주는 게 어때?

B Are you kidding? You still owe me 100,000 won!

A 새 스웨터를 하나 사고 싶은데 너무 비싸. **B** Why don't you order it online? 더 싸잖아. **A** How about lending me some money? **B** 농담하냐? 너 십만 원 빌려간 것도 아직 안 갚았잖아!

질문패턴
10 Is there ~?
뭔가 있냐고 묻고 싶을 땐

A Ouch! 🎤 내 눈에 뭐 들어갔어?

B Yes. I might have to lick your eye.

A What? 🎤 다른 방법은 없어?

B Nope. It's the best way.
🎤 뭐 두려운 거라도 있어?

A 아야! Is there something in my eye? **B** 응. 눈물 좀 흘리도록 해줘야 할지도 모르겠네. **A** 뭐라고? Is there any way around this? **B** 아니. 그게 제일 좋은 방법이야. Is there something you're afraid of?

질문패턴
11 Have you ever ~?
누군가의 경험을 물을 땐

A I'm excited!
🎤 배 타고 나가 본 적 있어?

B Sure. 🎤 네 표는 구입했니?

A Yes. Captain Brown wants us to help row the boat!

B What?! It must be our lucky day!

A 신난다! Have you ever gone boating? **B** 물론이지. Have you purchased your ticket? **A** 응. 브라운 선장이 우리더러 노 젓는 거 도와달래. **B** 뭐?! 오늘 운수대통인데!

질문패턴
12 You ~?
격의 없이 뭔가를 묻고 싶을 땐

A Mary canceled our date. She's at the dentist's.

B 🎤 그 애가 한 말을 믿어?

A I guess so.
🎤 넌 걔가 삐친 거라고 생각해?

B Why don't you go to her house and find out?

A 메리가 데이트를 취소했어. 치과에 있다고 하네. **B** You believe what she says? **A** 난 그런데. You think she's mad? **B** 그 애 집으로 가서 알아봐.

질문패턴 13

상대방의 동의를 구하거나
강력하게 묻고 싶을 땐

Don't you ~?

A Why did you tell her?
🎙 비밀 좀 지킬 수 없어?

B Sorry.　🎙 너 그 애한테 호감 있지 않아?

A I do, but I'm shy.

B Only the brave deserve the fair!

A 그 애한테 왜 말했어? Can't you keep a secret? **B** 미안.
Don't you have feelings for her? **A** 있지, 근데 내가 숫기가
없어서. **B** 용기 있는 자만이 미인을 얻을 자격이 있다고!

질문패턴 14

뭔가 있는지 물을 땐

Any ~?

A We're due in court.
🎙 뭐 염려되는 거라도 있어?

B Yes.
🎙 변호사한테 물어봐야 할 게 있나 해서.

A No. We're all set.
🎙 우리 가기 전에 너 뭐 또 해야 할 일이
있어?

B I'll just use the bathroom.

A 법정에 들어갈 시간 됐다. Any concerns? **B** 응. Anything I
ought to ask the lawyer? **A** 아니. 우린 모든 준비가 끝났어.
Anything else you have to do before we go? **B** 화장실
만 다녀오면 돼.

질문패턴 15

'무엇'인지 알고 싶을 땐

What ~?

A 🎙 뭐 보고 있어?

B "The Land Before Time." Did you
want to watch something else?

A No, that's okay.
🎙 몇 시에 시작했는데?

B Just started. Want to join me?

A What are you watching? **B** '공룡시대.' 너 뭐 다른 거 보려
고? **A** 아니, 그게 아니라. What time did it start? **B** 방금 시작
했어. 같이 볼래?

질문패턴 16

방법이나 상태, 정도를 알고 싶을 땐

How ~?

A 🎙 우리 몇 마일이나 하이킹을 한 거지?
(hike 하이킹하다, 즉 산이나 들판을 걷는 것을 말함)

B Seven or so.

A Only seven miles? We should keep
going!

B 🎙 넌 어떻게 이런 날씨를 견딜 수 있니?
(stand 참다, 견디다)

Let's take a break.

A How many miles did we hike? **B** 7마일 정도. **A** 겨우 7마
일? 계속 가야겠다! **B** How can you stand this weather? 잠
깐만 쉬자.

h17-2.mp3

h18-2.mp3

질문패턴 17 '언제'인지를 알고 싶을 땐
When ~?

A 🎤 여권은 언제 갱신해야 하지? (renew 갱신하다)

B You have time till the third. I can drive you there.

A Thanks. 🎤 언제가 편해?

B Whenever. I'll plan around you.

A When do I have to renew my passport? B 3일까지 시간 있어. 내가 거기까지 태워다 줄게. A 고마워. When is convenient for you? B 언제든. 내가 너한테 맞출게.

질문패턴 18 '어디'인지를 알고 싶을 땐
Where ~?

A 🎤 내 귀걸이가 어디 갔지? 너 그 귀걸이 어디서 났어?

B Aren't these cute? I found them in the bathroom.

A Hey, those are mine!

B Not any more. Finders, keepers.

A Where are my earrings? Where did you get those earrings? B 예쁘지 않니? 화장실에서 주웠어. A 야, 그거 내 거네! B 이젠 아니지. 주운 사람이 임자니까.

질문패턴 19 '누구'인지를 알고 싶을 땐
Who ~?

A 🎤 누가 밖에서 소리 지르고 있는 거야?

B Some guy. He's yelling, 🎤 "누가 내 커피 가져갔어?"

A Oh boy. 🎤 여기 책임자가 누구야?
(in charge (of) (~을) 맡고 있는)

B Don't worry. It's being taken care of.

A Who's yelling outside? B 어떤 남잔데. "Who took my coffee?"라고 소리 지르네. A 어, 이런. Who's in charge around here? B 걱정 마. 잘 처리되고 있으니까.

질문패턴 20 이유를 묻고 싶을 땐
Why ~?

A I'm having dinner with my family. Today is my sister's birthday.

B Is that right? 🎤 왜 말 안 했어?

I could have gotten something for her.

A You barely know her.
🎤 왜 신경 쓰고 그래?

B You probably didn't notice, but I like her.

A 저녁은 가족들과 먹을 거야. 오늘 여동생 생일이거든. B 그래? Why didn't you tell me? 그 애를 위해 뭐라도 준비했을 텐데. A 내 동생 잘 알지도 못하잖아. Why bother? B 넌 아마 눈치 채지 못했겠지만, 나 네 동생 좋아해.

h19-2.mp3

h20-2.mp3

대답패턴 21 할 수 있다고, 해줄 거라고 자신 있게 말하고 싶을 땐
I can ~

A I get it.
🎤 내가 상황 판단은 좀 하지.
(put two and two together 이것저것 종합해서 추론하다)

B You've got it all wrong.

A No, I don't.
🎤 넌 사실을 부인할 수 없어. (deny 부인하다)

B Hey, you're absolutely on the wrong track!

A 이제 알겠다. I can put two and two together. **B** 너 완전 헛갈리잖어. **A** 아니, 헛갈리 아니야. You can't deny the facts. **B** 야, 너 완전 방향 잘못 짚었어!

대답패턴 22 뭔가를 할 거라고 공언할 땐
I will ~

A What a stupid mistake!

B 🎤 똑같은 실수를 두 번은 안 할 거야.

A If you do, 🎤 네 눈에 눈물 고일 줄 알아.

B Got it! I'm gonna keep that in mind.

A 멍청이 같은 실수를 하다니! **B** I won't make the same mistake twice. **A** 만약에 그러면, it will bring a tear to your eye. **B** 알았어! 명심할게.

대답패턴 23 어떤 일을 하지 않는다고 부정할 땐
I don't ~

A Jim is a major party animal.

B Really? 🎤 전혀 눈치 못 챘는데.
(suspect a thing 조금이라도 의심하다)

A He's also a hard worker, so don't get him wrong.

B I believe you, but 🎤 내가 그리 나다니지는 않아서. (hit the town 놀러 나가다)

A 짐은 정말 파티광 중의 광이야. **B** 정말? I didn't suspect a thing. **A** 걔 일도 열심히 해. 그러니 오해하진 마. **B** 네 말을 믿지만, I don't hit the town much.

대답패턴 24 나에 대해 말하고 싶을 땐
I'm ~

A I thought you went home. Why are you still here?

B I know you're running behind schedule, so 🎤 도와주러 왔죠.

A How thoughtful of you! I don't know how to thank you!

B My pleasure.
🎤 당신을 돕게 돼서 기뻐요.
(help ~ out ~를 도와주다)

A 집에 간 줄 알았어요. 왜 아직 여기 있어요? **B** 일정보다 늦어진 걸 아니까, I'm here to help you. **A** 정말 사려가 깊으시네요! 뭐라고 감사의 말을 해야 할지 모르겠어요! **B** 뭐 이런 걸 가지고, I'm glad to help you out.

대답패턴 25 점잖게 뭔가 하고 싶다고 말하고 싶을 땐
I'd like ~

A 🎤 뭔가 먹을 것을 좀 사 드리고 싶은데.

B Wow! It's really kind of you to say so.

A My pleasure! So what would you like to have?

B 🎤 이번엔 한국 음식을 먹어 볼까 해요.

A I'd like to buy you something to eat. **B** 왜! 그렇게 말씀해 주시다니 참 친절하시네요. **A** 별말씀을! 그래, 뭐가 드시고 싶으세요? **B** I'd like to try something Korean this time.

대답패턴 26 결심한 걸 다른 사람에게 얘기할 땐
I'm going to ~

A It's late. 🎤 제시간에 도착할 수 없겠는데.

B I'll take you on my motorcycle. Jump on.

A 🎤 헬맷 없이는 안 탈 거야.

B OK. I'll go home.
🎤 잠깐 눈 좀 붙여야겠다.
(catch some Zs 한숨 자다)

A 늦었네. I'm not going to make it in time. **B** 내가 오토바이로 데려다 줄게. 올라 타. **A** I'm not going to ride without a helmet. **B** 좋아. 난 집에 갈 거야. I'm going to catch some Zs.

대답패턴 27 자신의 의견을 좀 더 부드럽게 얘기할 땐
I think ~

A Do you think we need a babysitter?

B 🎤 꼭 필요할 것 같진 않은데.
What do you think?

A Our twins are getting bigger every day, so I'm worried about you.

B 🎤 나 혼자 해결할 수 있을 것 같아, if you help me with the house work.

A 아기 봐 줄 사람을 구해야 할까? **B** I don't think it's necessary. 당신은 어떻게 생각해? **A** 쌍둥이가 날이 갈수록 자라서 당신이 걱정돼. **B** I think I can handle it, 당신이 집안일만 도와준다면 말이야.

대답패턴 28 선심 쓰듯 내가 하겠다고 할 때도, 해 보게 해 달라고 할 때도
Let me ~

A What do you think about our offer?

B 🎤 생각해 볼게요 and call you back.

A There's no rush. Take your time.

B Thank you.
🎤 다음 주에 알려 드릴게요.

A 저희 제안에 대해서 어떻게 생각하세요? **B** Let me think about it 그리고 전화 드릴게요. **A** 급할 거 없습니다. 천천히 생각하세요. **B** 감사합니다. I'll let you know next week.

대답패턴 **29** 뭐든 같이 하고 싶은 일이 있을 땐 **Let's ~**	대답패턴 **30** 여기에, 저기에, 이게! **Here's ~, There's ~,** **This is ~**
A 🎤 급여 인상에 대해 사장님께 지금 당장 말씀 드리자. (raise 급여 인상)	**A** 🎤 저희 집에서 가장 좋은 자리입니다.
B Hold on! 🎤 서두르지 말자.	**B** No way! What about those seats by the window?
A What are you waiting for?	**A** Those are reserved. 🎤 지금은 이게 전부이고요.
B 🎤 그가 지금 기분이 좋은지 아닌지 한번 보자고.	**B** All right then. Can you bring us your wine list first?

A Let's talk to the boss about a raise right away. **B** 잠깐만! Let's not hurry. **A** 뭘 망설이는 거야? **B** Let's see if he's in a good mood now.

A Here's the best seat in the house. **B** 말도 안 돼요! 창가 옆 자리들은 뭐예요? **A** 예약석입니다. This is all we have now. **B** 그렇담 알겠어요. 포도주 목록을 먼저 주실래요?

대답패턴 **31** 누군가에게 명령을 할 땐 무조건 동사부터 **Feel free to ~**	대답패턴 **32** 나라면 어떻게 할지 말할 땐 **I would ~**
A 🎤 문 꼭 잠그도록 해. We got robbed before.	**A** 🎤 나 같으면 그 사람을 화나게 하진 않겠어. He can be a bear.
B 🎤 그 일로 날 비난하지 마. It's your fault!	**B** 🎤 나 같으면 그런 식으로 얘기 안 하겠다. (put it that way 그런 식으로 말하다) He's just picky.
A 🎤 그만 좀 괴롭혀라. (badger 못살게 굴다) I said I was sorry.	**A** Look. 🎤 더 이상 그 얘기는 하지 않는 게 좋겠다.
B OK.	**B** You're right.

A Make sure to lock the door. 우리 전에 털린 적 있잖아. **B** Don't blame me for that. 그건 네 잘못이라고! **A** Stop badgering me. 미안하다고 했잖아. **B** 좋아.

A I wouldn't make him mad. 다루기 힘들어지거든. **B** I wouldn't put it that way. 그 사람은 그냥 까탈스러운 거야. **A** 이봐. I would rather not talk about it anymore. **B** 네 말이 맞아.

64

대답패턴 33

목소리가, 냄새가, 맛이 어떤지 표현할 땐

You sound ~, It smells ~, It tastes ~

A I like the massage chair.
🎙 긴장을 확 풀어 주는 느낌이거든.

B To me, 🎙 가시방석 같은 느낌인데.

A 🎙 목소리가 짜증난 것 같다.
(grumpy 짜증난, 언짢은)

B Sorry. It's been a rough day.

A 난 안마의자가 좋아. It feels so relaxing. **B** 나한텐 it feels like pins and needles. **A** You sound grumpy. **B** 미안. 오늘 힘든 하루였어.

대답패턴 34

상대방이 어때 보인다고 말할 땐

You look ~

A 🎙 기분이 안 좋아 보이는구나.
(upset 언짢은, 화난)
Did something happen at school?

B 🎙 선생님이 절 싫어하나 봐요.

A What makes you think that?

B He always picks on me in class.
And he's mean to me.

A You look upset. 학교에서 무슨 일 있었니? **B** It looks like my teacher hates me. **A** 왜 그렇게 생각하는데? **B** 수업 시간에 맨 날 저한테만 뭐라고 하세요. 진짜 치사하게 군다니까요.

대답패턴 35

다른 건 됐고
뭔가 한 가지만 하면 된다고 말할 땐

All you have to do is ~

A 🎙 난 단지 마음의 평화를 원할 뿐이야.

B I hear you.
🎙 넌 그냥 된다고 하기만 하면 돼.

A 🎙 내가 하려는 말은 네가 날 성가시게 한다고. (bug 귀찮게 굴다)

B Geez! That's not very nice.

A All I want is peace of mind. **B** 무슨 말인지 알아. All you have to do is give the "OK." **A** What I'm trying to say is you bug me. **B** 세상에! 그 말은 좀 심한데.

대답패턴 36

일어날 가능성이 있는 일을 말할 땐

It could be ~

A I don't feel well, but 🎙 아무것도 아닐 수도 있고.

B 🎙 몸무게 좀 뺀다고 나쁠 건 없지.

A I barely eat!
🎙 이보다 더 짜증나는 일은 없을 거야.
(frustrating 짜증나게 하는)

B Don't take this diet medicine.
🎙 이게 진짜일 리가 없어. (authentic 진짜의)

A 몸이 좋질 않아, 하지만 it could be nothing at all. **B** It wouldn't hurt you to lose some weight. **A** 거의 안 먹는다고! It couldn't be more frustrating. **B** 이 다이어트 약은 먹지 마. This can't be authentic.

37 대답패턴

벌써 했다는 말을 하고 싶을 땐

I've already ~

A I can't sleep because of your snoring. Do something about it.

B I'm sorry, honey, but this is so weird. 🎙 전에 코를 골아 본 적이 없는데.

A Why don't you sleep on your side? I think I read it somewhere.

B Do you think it will work? 🎙 그건 아직 해 보지 않아서.

A 당신 코 고는 소리 때문에 잠을 잘 수가 없어. 어떻게 좀 해 봐.
B 미안해, 여보. 근데 참 이상하네. I've never snored before.
A 옆으로 누워서 자 보면 어때? 어디선가 읽은 것 같은데.
B 효과가 있을 것 같아? I haven't tried it yet.

---

38 대답패턴

뭔가 해야 한다는 말을 할 땐

I should ~, I have to ~, I've got to ~

A You look awful! How much did you drink last night?

B Too much! 🎙 술을 좀 줄여야겠어. (cut down on ~을 줄이다)

A You shouldn't just cut down on your drinking. 🎙 완전히 끊어 버려야지.

B Okay, okay. Oh, my head is spinning.

A 꼴이 왜 그래? 어젯밤에 얼마나 마신 거야? **B** 아주 많이!
I should cut down on my drinking. **A** 그냥 줄이는 걸로 안
돼. You should stop drinking completely. **B** 알았다, 알았
어. 아, 머리가 빙빙 돈다.

---

39 대답패턴

바쁘다고 할 땐

I'm busy -ing

A Hey, do you have a minute?

B 🎙 여행 가방 싸느라고 바쁜데.

A Are you going out of town?

B Yes, I'm going to the beach. 🎙 이번 주말은 일광욕하면서 보내려고.
(sunbathe 일광욕을 하다)

A 야, 시간 좀 있니? **B** I'm busy packing my suitcase.
A 어디 가니? **B** 응, 바닷가에 가. I'm going to spend this
weekend sunbathing.

---

40 대답패턴

누군가에게 시켜서 뭔가를 했을 땐

I got ~

A I don't like the new guy.
🎙 그 친구는 날 조마조마하게 해.
(jumpy 조마조마한)

B He's here for a reason. So stop complaining!

A OK. OK.
🎙 그 친구에게 문서 분쇄하는 일 시킬게.
(shred 갈기갈기 찢다)

B Good.
Now, 🎙 나 집중력 잃게 만들지 마.

A 새로 온 사람 맘에 안 들어. He makes me jumpy. **B** 그 친
구는 이유가 있어서 온 거라고. 그러니까 불평 그만해! **A** 알았어, 알
았다고. I'll have him shred the papers. **B** 좋아. 이제, don't
make me lose focus.

필수구문 41
'뭔가 하게 되면'이라는 말을 하고 싶을 땐

When ~, If ~

A 🎤 만일 파티가 너무 시끄러워지면 문을 두드려 줘.

B Forget that! I'm coming in to join the fun!

A OK!
🎤 피곤해지면 소파에 쓰러져 자도 돼.
(crash 쓰러져 자다)

B Thanks. You party a lot.
🎤 네가 정신 차릴 때쯤이면 넌 빈털터리가 돼 있을 거야. (wise up 정신 차리다)

A If the party gets too loud, knock on the door.
B 무슨 소리! 나도 함께 여흥을 즐길 건데. **A** 좋아! You can crash on my sofa if you get tired. **B** 고마워. 너 파티 많이 하네. By the time you wise up, you'll be broke.

필수구문 42
'뭔가 한 후에/하기 전에'라는 말을 하고 싶을 땐

after ~, before ~

A 🎤 집에 들어가자마자 샤워를 쫙 했지.
(shower up 깨끗이 샤워하다)

B Good, but remember. 🎤 수술 받은 후에는 매사에 조심하는 게 중요해.

A I know.
Now, 🎤 성질내기 전에 좀 냅둬.
(lose one's temper 화를 내다)

B OK. Just stay calm.

A As soon as I got in the door, I showered up.
B 좋아, 하지만 기억해. It's important to take it slow after surgery. **A** 나도 알아. Now leave me alone before I lose my temper. **B** 알았어. 그냥 진정해.

필수구문 43
뭐든 이유나 변명을 듣고자 할 땐

because ~, because of ~

A 🎤 제값보다 비싸서 우린 구입을 안 했지.
(overpriced 제값보다 비싼)

B We made the right decision, there.

A See?
🎤 우린 생각하는 게 똑같아서 제일 친한 친구인 거. (alike 똑같이)

B True, and surprise!

A Since it was overpriced, we didn't make the purchase. **B** 우린 옳은 결정을 내린 거야. **A** 알아? We're best friends because we think alike. **B** 사실인데, 놀랍기도 하고!

필수구문 44
잘 모르는 게 있을 땐

I'm not sure if ~, I have no idea ~

A 🎤 왜 모든 것이 그런 식인지 모르겠어요.

B Do you realize the situation?

A Now everybody knows about it.
🎤 어떻게 비밀이 새 나갔는지 모르겠어요.
(the cat get out of the bag 비밀이 누설되다)

B Let's figure out how we can handle this problem.

A I have no idea why things are the way they are.
B 상황 파악이 돼요? **A** 이제 모두가 그것에 대해 알아요. I have no idea how the cat got out of the bag. **B** 이 문제를 어떻게 해결할지 궁리해 봅시다.

필수구문 45
앞에서 한 말과 상반된 얘기를 하고 싶을 땐
Though ~

A You're welcome to tag along,
🎤 네가 완전 지루해하겠지만.
(bored silly 미치도록 따분한)

B 🎤 그래도 규칙에 위배되잖아.

A Don't worry. Mrs. Brown probably won't mind.

B I hope you're right.
🎤 근데 그녀가 약간 원칙주의자이잖아.
(stickler 완고한 사람, 원칙주의

A 같이 따라와도 돼, though you'll be bored silly. **B** It's against the rules, though. **A** 걱정 마. 브라운 선생님은 아마 신경 안 쓰실 거야. **B** 네 말이 맞길 바라. She's a bit of a stickler, though.

필수구문 46
언제까지라고 얘기하고 싶을 땐
by ~, until ~, from ... to ~

A 🎤 오늘 업무 마칠 때까지 대답 줘.

B That doesn't give me much time.

A Well, 🎤 네가 내 제안을 받아들일 때까지 숨죽이고 기다리고 있을게.
(hold one's breath 숨을 죽이다)

B You're so determined!

A Give me your answer by the end of business today. **B** 그건 시간이 충분치 않은데. **A** 그럼, I'll hold my breath until you accept my proposal. **B** 정말 결심이 굳구나!

필수구문 47
뭔가 해야 한다는 말을
need로 표현하고 싶을 땐
You need to ~

A Hey, you're dozing off again.
🎤 집중을 해야지.

B Oh, this meditation thing is so boring. I can't help it.

A 🎤 전문가의 도움을 받는 게 좋겠다.
I'm done with you.

B Give me another chance, please. I won't fall asleep again. I promise.

A 이봐, 또 졸고 있네. You need to concentrate. **B** 아, 명상하는 게 너무 지루해서 그래. 나도 어쩔 수가 없다니까. **A** You'd better ask for professional help. 난 도저히 못하겠어. **B** 한 번만 더 기회를 줘. 다신 안 졸게. 약속해.

필수구문 48
과거에 하지 않아 후회되는 일을 말할 땐
I should've ~

A Sally doesn't answer my calls now.

B You said harsh words to her.
🎤 선을 넘지는 말았어야지.

A I know.
🎤 내가 더 조심했어야 하는 건데.

B Go to her house and apologize.

A 샐리가 이제 내 전화를 받지 않아. **B** 네가 걔한테 심한 말을 했잖아. You shouldn't have crossed the line. **A** 알아. I should've been more careful. **B** 걔네 집으로 가서 사과해.

필수구문 49 실현 가능성이 없는 소망을 얘기할 땐
I wish I were ~

A 🎤 내가 영화배우라면 좋을 텐데.

B Yeah, and 🎤 네가 10년만 더 젊으면 좋을 텐데.

A 🎤 요술봉이 있으면 얼마나 좋을까.
(magic wand 요술봉)

B Right. Then you could make our wishes come true!

필수구문 50 뭐든, 어디든, 언제든, 아무리 뭘 해도!
Whatever ~, Wherever ~, Whenever ~, However ~

A I've got something for you.
🎤 어딜 가든 이걸 지니고 다니도록 해.

B Is this a lucky charm? It's so cute!

A 🎤 네가 뭘 하든 이게 너한테 행운을 가져다 줄 거야.

B Cool. 🎤 이걸 볼 때마다 널 생각하게.

A I wish I were a movie star. **B** 그러게. 그리고 I wish you were ten years younger. **A** I wish I had a magic wand. **B** 맞아. 그럼 네가 우리의 소원을 다 이루도록 해줄 수 있을 텐데!

A 너한테 줄 게 있어. Carry this with you wherever you go. **B** 이거 행운의 부적이야? 너무 귀엽다! **A** Whatever you do, this will bring you good luck. **B** 멋지다. I'll think of you whenever I see this.

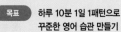

"⟨Try again! 영어회화⟩와 함께 하세요!"

와, 진짜 중학교 영어로 영어회화가 되네요~^^
: ID kkj*** :

이근철 쌤의 톡톡 튀는 영어해설과 영어 발음, 귀에 쏙쏙 들어와요!
: ID k998*** :

재밌고 깔끔한 책! 영어 스터디 모임 교재로도 좋겠어요.
: ID kks*** :

지금 학원 다니고 있는데 이 책에 나오는 패턴들이
정말 미국인들이 가장 많이 쓰는 패턴들이네요!
: ID news**** :

영어회화 공부에 이보다 더 완벽할 순 없을 것 같아요.
: ID junn***** :

▶ 2004년부터 지금까지 ⟨Try again! 영어회화⟩ 시리즈에 보내주신 독자, 베타테스터 여러분의 사연을 발췌, 편집하였습니다.

독자의 1초를 아껴주는 정성!

세상이 아무리 바쁘게 돌아가더라도
책까지 아무렇게나 빨리 만들 수는 없습니다.
인스턴트 식품 같은 책보다는
오래 익힌 술이나 장맛이 밴 책을 만들고 싶습니다.

길벗이지톡은 독자여러분이
우리를 믿는다고 할 때 가장 행복합니다.
나를 아껴주는 어학도서,
길벗이지톡의 책을 만나보십시오.

독자의 1초를 아껴주는

정성을 만나보십시오.

미리 책을 읽고 따라해본 2만 베타테스터 여러분과
무따기 체험단, 길벗스쿨 엄마 2% 기획단,
시나공 평가단, 토익 배틀, 대학생 기자단까지!
믿을 수 있는 책을 함께 만들어주신 독자 여러분께 감사드립니다.

홈페이지의 '독자마당'에 오시면
책을 함께 만들 수 있습니다.

(주)도서출판 길벗 www.gilbut.co.kr
길벗 이지톡 www.eztok.co.kr
길벗 스쿨 www.gilbutschool.co.kr

mp3 파일 다운로드 안내

이지톡 홈페이지 (www.eztok.co.kr) 회원(무료 가입)이 되시면 오디오 파일을 비롯하여 다양한 자료를 이용하실 수 있습니다.

1단계   로그인 후 도서명 ▼ [   ] [검색] 에 찾고자 하는 책이름을 입력하세요.

2단계   검색한 도서에 대한 자료를 다운로드 받으세요.

영어로 묻고 답할 때 꼭 나오는
영어회화 필수패턴 50

대한민국 대표 영어 선생님
이근철의 영어회화 강의

암기와 훈련이
한 번에 되는
강력한 mp3파일

Try
again!
중학교 영어로 다시 시작하는
영어회화

언제 어디서나
열공 모드
휴대용 워크북

진짜 원어민과 대화하는 느낌!
실감나는 대화문

이해 ▶ 연습 ▶ 활용의
체계적인 3단계 회화 훈련

Try again!
중학교 영어로 다시 시작하는
영어회화 ① 패턴 50
Try again! series - English Conversation❶ 50 patterns

초판 1쇄 발행 · 2016년 11월 25일
초판 11쇄 발행 · 2022년 12월 10일

지은이 · 이근철
발행인 · 이종원
발행처 · (주)도서출판 길벗
브랜드 · 길벗이지톡
출판사 등록일 · 1990년 12월 24일
주소 · 서울시 마포구 월드컵로 10길 56 (서교동)
대표전화 · 02)332-0931 | **팩스** · 02)323-0586
홈페이지 · www.gilbut.co.kr | **이메일** · eztok@gilbut.co.kr

기획 및 책임편집 · 임명진(jinny4u@gilbut.co.kr) | **디자인** · 장기준 | **제작** · 이준호, 손일순, 이진혁
마케팅 · 이수미, 장봉석, 최소영 | **영업관리** · 김명자, 심선숙 | **독자지원** · 윤정아, 최희창

편집진행 및 교정교열 · 강윤혜 | **전산편집** · 이현해 | **일러스트** · 윤석남
녹음 및 편집 · 와이알미디어 | **CTP 출력 및 인쇄** · 예림인쇄 | **제본** · 예림바인딩

ISBN 979-11-5924-080-5   03740 (길벗 도서번호 300901)

정가 15,000원

이 도서의 국립중앙도서관 출판사도서목록(CIP)은 서지정보유통지원시스템 홈페이지(http://seoji.nl.go.kr)와
국가자료공동목록시스템(http://www.nl.go.kr/ kolisnet)에서 이용하실 수 있습니다. (CIP제어번호: CIP2016026465)
ⓒ 이근철, 2016

독자의 1초를 아껴주는 정성 길벗출판사

(주)도서출판 길벗 IT교육서, IT단행본, 경제경영서, 어학&실용서, 인문교양서, 자녀교육서
www.gilbut.co.kr
길벗스쿨 국어학습, 수학학습, 어린이교양, 주니어 어학학습, 학습단행본
www.gilbutschool.co.kr

이근철의

Try again!

중학교 영어로 다시 시작하는
영어회화 1 패턴 50

영어회화가 어렵다고요?
중학교 영어면 충분해요!

여러분, 안녕하세요?

《Try again! 영어회화》의 저자이자 영어교육과 세계문화에 관심이 많은 이근철입니다.
이 책이 세상에 나온 지 올해로 벌써 12년이 되었군요. 이토록 오랜 시간《Try again! 영어회화》를 아낌없이 사랑해 주신 모든 분들께 이 자리를 빌어 진심으로 감사의 말을 전하고 싶습니다. Thank you so much for your love, support, and blessings.

"20년을 손 놓았던 영어, 이 책 덕분에 다시 시작할 용기를 얻었어요!"
"아니, 영어회화가 이렇게 간단하다니! 저는 그동안 뭘 배웠던 거죠?"
"이 책에서 배운 회화 표현 덕분에 외국인 선생님께 센스 있단 칭찬을 들었습니다.^^"

그동안 이 책을 통해 영어의 재미를 알고 영어 말하기에 자신감을 얻었다는 많은 독자 여러분의 사연을 접하면서 영어를 가르치는 사람으로서 그 무엇으로도 바꿀 수 없는 커다란 보람을 느꼈습니다. 그리고 더 열심히 연구해서 보다 효과적인 영어회화 훈련법을 만들어야겠다는 다짐도 하게 되었죠. 이번《Try again! 영어회화》개정판에서는 영어를 처음 시작하는 분들, 영어를 오래 손 놓고 있어 자신감이 없다는 분들도 부담 없이 시작하고 끝까지 포기하지 않고 학습할 수 있도록 만드는 데에 주안점을 두었습니다. 설명, 내용, 구성을 독자 여러분의 입장에서 생각하며 하나하나 손보았습니다. 즐겁게 보시고 알차게 가져가시기 바랍니다.

"영어회화, 어떻게 하면 금방 잘할 수 있나요?"

영어 강의를 하면서 그동안 가장 많이 받았던 질문이 바로 "영어회화, 어떻게 하면 금방 잘할 수 있나요?"였습니다. 만일 한국어를 배우는 외국인이 여러분께 "한국어, 어떻게 하면 금방 잘할 수 있나요?"라고 물어본다면 뭐라고 대답하시겠어요? 무작정 많이 쓰는 것? 어려운 단어 많이 아는 것? 형용사, 명사 이런 문법 용어로 문장을 분석하는 것?

우리가 아침에 일어나서 잠자리에 들 때까지 과연 얼마나 많은 단어와 표현을 쓰고 있는지 곰곰이 생각해 보세요. 일부러 말을 어렵게 하지 않는 이상, 자주 쓰는 패턴은 기껏 해 봐야 50개를 넘지 않을 거예요. 친구와 약속해서 식사하고, 쇼핑하고, 수다 떨고…. 우리가 인식하지 못해서 그렇지 일상적으로 쓰는 단어와 패턴이 정말 한정되어 있구나!라는 걸 느끼게 될 겁니다.

"영어, 많이 알수록 좋은 거 아닌가요?"

언어학의 여러 분야 중에서 데이터 언어학(Corpus Linguistics)이라는 것이 있습니다. 언어를 여러 가지 방법으로 통계 내고 데이터화하는 학문이죠. 이런 언어학에서도 이미 밝혀진 내용이 바로 세계 어떤 언어든 가장 많이 쓰는 단어는 전체 어휘의 1~3% 정도라는 겁니다. 그리고 그 정도만 알면 전체 언어의 80% 정도를 이해할 수 있고요.

아직도 온갖 어렵고 생소한 단어들이 가득한 어휘책을 공부하면서 '쉬운 영어는 저절로 되겠지'라고 위안 삼고 있진 않나요? 정작 walk이 '걷다'라는 뜻인 건 알고 있지만, '개를 산책시키다(walk the dog)', '집에 바래다 주다(walk you home)'와 같은 표현에 walk이 쓰인다는 건 모르고 있진 않나요?

영어회화, 이렇게 하면 Mission Possible!

시행착오를 통해 언어를 배우는 것도 좋지만, 언어교육은 체계적이며 과학적으로 연구되고 토의된 내용을 가지고 정확하게 접근할 때 보다 효율적일 수 있습니다. 무작정 모르는 단어는 영영사전을 찾으라느니, 아무 문장이나 생각나는 대로 몇 십 개씩 만들라느니 하는 방법들도 영어 학습자들에게 도움을 줄 수는 있겠지만, 그건 마치 자전거를 타야 할 사람에게 자동차, 나아가서는 비행기 매뉴얼을 보라고 하는 것과 크게 다르지 않습니다. 그럼, 어떻게 해야 할까요?

• 영어에 대한 부담감은 No!

첫째, 무조건 영어를 잘해야 한다는 강박관념을 버리세요. 영어가 밀린 숙제처럼 부담스러운 존재로 느껴지면 중도에 포기하기 쉽습니다. 자신이 원하는 영어가 무엇인지 목표를 잡으세요. 영어로 일상적인 대화를 하고 싶다면 이 책의 50개 패턴만으로도 정말 충분합니다.

• 영어로 말할 때 오버액션은 Yes!

둘째, 늘 생각보다 2~3배 더 큰 소리로 과장되게 동작과 함께 문장을 말해 보세요. 이런 오버액션은 여러분의 인지 체계를 자극해서 영어에 대한 부담감을 떨쳐내고 재미를 느끼게 하는 계기가 되니까요. 또한 평소에 이렇게 훈련해 두면 실제 회화를 해야 할 상황에서 일부러 생각하지 않고도 자연스레 습관처럼 말이 나오게 됩니다.

참고로, 우리나라에서는 나서지 않고 겸손한 것이 미덕이지만, 서양에서는 자신 있게 표현하고 드러내야 오해가 없어요. 그렇다고 무조건 영어권 문화를 따르자는 것이 아니라, 우리 문화와의 차이점을 제대로 알고 있어야 괜한 실수를 줄일 수 있고 우리 문화의 우수성도 그들에게 제대로 소개할 수 있다는 얘깁니다.

• 완벽한 문장에 대한 강박관념도, 실수에 대한 두려움도 No!

셋째, 마음의 여유를 갖고 천천히 반복하세요. 영어를 잘하는 것이 경쟁력으로 인식되긴 하지만, 도대체 어떤 기준이 영어를 잘한다는 건가요? 영어로 말하다 실수 좀 했다고 해서 실력이 사라지나요? 누가 당장 '넌 인생의 낙오자야!'라는 낙인이라도 찍나요? 한국어로 말하다 실수하면 '난 역시 한국말을 못해!' 하고 자포자기하나요?

영어는 도구일 뿐입니다. 그 도구는 쓰면 쓸수록 익숙해지는 것이고, 그 과정에서 실수는 당연한 것이에요. 오히려 이런 실수를 많이 하는 분들이 자기에게 필요한 영어를 제대로 찾아서 하게 됩니다. 절대로 실수를 두려워하지 마세요! 저도 실수를 하고, 심지어 영어를 모국어로 쓰는 원어민들도 실수를 합니다.

아마 유치원 다니던 때로 기억되네요. 진공관 전축의 핑크색 레코드판에서 흘러나오던 팝송과 흑백영화, 그리고 뮤지컬 때문에 생기게 되었던 영어에 대한 관심. 지금은 다른 분들에게 나름대로 도움을 드릴 수 있는 상황까지 오게 되었는데요. 늘 느끼는 것이지만 무엇이든 자연스러운 관심이 나중에 밤잠을 설치면서까지 설레게 하는 에너지를 만들어 내고, 그 에너지가 성실한 습관으로 연결되어 결국 한 사람을 어떤 분야의 전문가로 만들어 주는 것이라고 생각합니다. 영어 공부에 있어서도 마찬가집니다. 재미있고 즐겁게 할 수 있다는, 그래서 정말 지금까지와는 다른 뭔가 강력한 에너지와 변화가 나에게 생길 수 있다는 설렘으로 시작해 보세요.

마지막으로 여러분께 드리고 싶은 말은, 혹시 영어 자체가 커다란 스트레스라 시작할 엄두조차 안 나신다면 영어를 정말로 과감하게 일정기간 접어보세요. 나의 행복을 위해 내가 인생에서 즐길 것이 1,000가지가 있다면 그 중에 하나가 언어이고, 또 영어일 따름이니까요. 다른 것을 충분히 즐긴 후에 이제 영어도 즐기면서 해보고 싶다는 새로운 마음이 들면 그때 하셔도 영어 행복 잡기는 늦지 않습니다. 하지만 그 무엇이든 내가 먼저 마음을 열어야 결국 그것을 하며 행복해질 수 있다는 것도 꼭 기억해 주시고요. 12년만의 개정판을 위해 정성을 쏟아주신 모든 분들께, 그리고 응원해 주시는 모든 분들께, 마지막으로 독자 여러분께 진심으로 머리 숙여 감사드립니다~! 고맙습니다. 항상 건강, 도전, 성취, 행복, 나눔 가득하시길 기원합니다. 제가 좋아하는 문구 여러분께 나눠드립니다~ Thanks a million again, everyone!

The door to happiness always opens from inside first!
행복의 문은 늘 안에서부터 먼저 열린다!

이근철 드림

그래, 바로 이거야! WOW! 나에게 필요했던 책이 바로 이 책이라고! 처음엔 중학교 영어라고 해서 슬슬 봤다가 '어, 이거 봐라? 꼼꼼히 다시 봐야겠네!' 했죠. 책을 다 보고 나니 내 영어가 한 단계 업그레이드된 느낌! 내 영어 표현이 정말 세련되고 럭셔리해진 feel! 영어회화의 기초와 말끔한 기본 정리를 동시에 원하신다면 바로 《Try again! 영어회화》가 정답입니다. 평소에도 매너 있고 유머러스한 이근철 선생님의 책답게 정말 친절하고 재미있습니다.

김영철(개그맨, MC)

내가 어렵사리 찾아낸 영어 단어로 긴 문장을 이야기할 때, 쉬운 단어와 간단한 패턴으로 쉽게 의미를 정확하게 전달하는 외국인을 보면, 한편 부럽기도 하고 한편 부담도 많이 되었다. 늘 남을 배려하는 근철 선배, 이런 내 마음을 어떻게 알았는지 꼭 기다리던 책을 냈다. 우리가 알고 있던 *간단한 단어와 몇 가지 회화 패턴만으로도 하고 싶은 말은 다 할 수 있다니……*. 어렵게만 느껴지던 회화의 반이 질문이고 나머지 반이 대답이라니……. 정말 50개 패턴만으로 영어가 되느냐고요? 우리가 매일 쓰는 우리말 패턴을 한번 세어보세요!

김지은(MBC 아나운서)

Jake's creativity always amazes me. Most books that teach English are, as we say in slang, 'dry!'-boring, unexciting, and typical. *Not Jake's books!* In his book, you will quickly *learn everyday expressions that Americans REALLY use all the time.* Most important, it's exciting, entertaining, and current! Jake, your book is 'da bomb!'—great, wonderful, the best! (제이크의 창의력에 저는 항상 놀랄 따름입니다. 대부분의 영어 학습서들은 흔히 쓰는 말로 무미건조하잖아요! 지루하고 재미도 없고 아주 전형적인 스타일로 말이에요. 하지만 제이크의 책은 다릅니다! 그의 책에서 미국인들이 '진짜로' 항상 쓰는 실생활 표현들을 단시간에 정리할 수 있을 겁니다. 무엇보다도 중요한 건 신나고, 즐겁고 살아 있는 교재라는 거죠! 제이크, 네 책 정말 짱이야! – 대단하고, 멋지고, 최고지!)

David Burke(《VOA(미국의 소리)》 방송 진행자)

* 본 코너는 2004년부터 지금까지 《Try again! 영어회화》 시리즈를 추천해주신 분들의 이야기를 모았습니다.

How well and how quickly you improve your language skills is directly related to how much passion and positive energy you invest. *Put that together with the guidance of your very passionate teacher, Jake Lee, and you've got a winning combination.* Practice what you learn and stay confident. Congratulations! With Jake Lee as your guide, you are on the way! (얼마나 제대로 얼마나 빠르게 여러분의 영어 실력이 향상되는지는 곧 여러분이 얼마나 많은 열정과 긍정적인 에너지를 투자하는가와 관련이 있습니다. 그 열정과 에너지에 무한 열정 Jake Lee 선생님의 지도까지 함께하니 이보다 더 최상의 조합이 있을 순 없죠! 여러분이 배운 것을 연습하고 늘 자신감을 가지세요. 축하드립니다! 여러분의 가이드 Jake Lee와 함께 여러분은 그 궤도에 올랐습니다!)

John Valentine(전 KBS FM 〈굿모닝 팝스〉 진행자)

포기하고 싶어도, 포기하는 순간 그 필요성을 더욱 절실히 느끼는 영어. 하지만 어디서부터 다시 시작해야 할지 막막한 분들에게 단연 1순위로 추천하고 싶은 책입니다. 이미 알고 있는 기본 단어와 간단한 패턴만 가지고도 원하는 대로 의사표현을 할 수 있는 놀라운 경험! 오랜 세월 강연과 방송에서 열정과 재치 있는 입담으로 수많은 사람들에게 영어가 쉽고 재미있다는 걸 일깨워 준 이근철 선생님의 노하우를 직접 느껴 보세요!

최호환(KBS FM 〈굿모닝 팝스〉 작가)

아무런 노력 없이 살을 빼주는 다이어트 약이 없듯, 아무런 노력도 없이 영어 실력이 좋아질 수는 없습니다. 혹시 어디서부터 어떻게 시작해야 할지 몰라서, 해도 해도 실력이 좋아지지 않아서, 우리나라에서는 백날 해봐야 소용없다는 핑계로 회화를 포기하진 않았나요? 영어회화, 25년 강의 노하우를 가진 이근철 선생님과 다시 시작해 보세요. 그만의 특별한 비법이 녹아 들어 있는 재미있는 예문과 신나는 강의로 해도 해도 언저리만 맴돌던 영어회화를 본궤도에 올려놓을 수 있는 절호의 찬스! 절대로 놓치지 마세요. 책 한 권의 선택이 여러분의 영어 운명을 좌우할 수도 있습니다.

김경선(영어 강사)

이 책의 구성 및 활용법

주어진 우리말 문장들을 영어로 말해 보세요.
내 영어회화의 현 주소를 확인하면서 학습 의욕이
불끈 솟아납니다.

이근철샘의 강의를 들으며 배울 내용 확인! 라디
오 방송보다 재미있고 핵심만 콕 집어주는 강의로
듣기만 해도 표현이 정리됩니다.

50패턴의 예문, 대화문을 워크북에 쏙 담았습니
다. 가방에 쏙 들어가는 크기의 소책자로 가볍게
들고 다니면서 언제 어디서나 열공하세요!

앞에서 배운 패턴이 일상회화에서 어떻게 쓰이는
지 확인하세요. 대화 중 우리말로 된 부분은 스스
로 말해 보세요. 그런 다음 mp3를 들으면서 전체
대화의 흐름을 익히세요.

2 단계 이렇게 배웠더라면

네이티브가 하루에도 몇 번씩 쓰는 패턴 50! 여기에 나온 패턴과 표현만 알아도 일상회화는 모두 해결됩니다.

3 단계 이렇게 연습했더라면

회화 패턴을 확실한 내 것으로 만드는 훈련!
〈단어 – 구문 – 문장〉의 체계적인 3단계 훈련으로 패턴을 입에 착 붙여 드립니다.

mp3파일 구성 및 활용법

영어회화를 공부할 땐 책만 보고 넘어가지 말고 mp3파일을 함께 활용해 주세요. 이 책의 mp3파일은 QR코드를 스캔하거나 이지톡 홈페이지(www.eztok.co.kr)에서 무료 다운로드 받아 들을 수 있습니다.

강의 mp3
파일명: 00–L.mp3

대한민국 최고의 영어 강사에게 배우는 영어회화 특강! 패턴을 발음하는 방법과 어떤 때 어떻게 활용하는지 정확한 활용법까지 알기 쉽게 설명해 줍니다.

훈련 mp3

이렇게 배웠더라면
파일명: 00–1.mp3

우리말 1회, 영어 2회. 영어 예문을 우리말과 함께 녹음하여 듣기만 해도 표현이 정리됩니다. 우리말을 듣고 3초 안에 영어로 말할 수 있으면 성공!

이렇게 연습했더라면
파일명: 00–2.mp3

영어 1회. 문제의 영문을 모두 원어민의 음성으로 녹음했습니다. 반복해서 듣고 따라 말하다 보면 패턴이 저절로 기억됩니다.

도전! 실전 스피킹
파일명: 00–3.mp3

원어민 대화 1회. 여러분이 대화의 주인공이 되었다고 상상하면서 주어진 우리말을 영어로 말해 보세요.

부록 mp3
파일명: h00–1, 2.mp3

휴대용 워크북을 들고 다니면서 자투리 시간이 날 때마다 틈틈이 훈련하세요. 하루 5분의 짧은 훈련만으로도 여러분의 영어회화 실력은 분명 달라집니다.

Part
1 : 영어회화의 절반을 해결해주는
질문 패턴 20

Part 2 : 영어회화의 나머지 절반을 해결해주는
대답 패턴 20

Part 3 : 영어회화에 날개를 달아 주는
필수 구문 10

영어회화의 절반을 해결해주는
질문 패턴 20

영어회화가 어렵다고요?
영어도 우리말처럼 일정한 패턴을 가지고 있습니다.
회화를 잘하려면 패턴을 잘 알아야 합니다.
외국인들이 밥 먹듯 쓰는 질문 패턴 20가지.
질문만 잘해도 회화의 50%가 해결됩니다.

Try again!

상대방의 의향을 물을 땐

01 Do you ~?

강의 및 예문 듣기

이 말, 영어로 할 수 있나요?

Mission 1

영화 보러 갈래?

🎤

Mission 2

영화 보고 나서 뭐하고 싶어?

🎤

Mission 3

내가 데리러 갈까?

🎤

💣 영어로 30초 안에 말해 보세요.

"영화 볼래?" "내가 데리러 갈까?" "이거 내가 처리해 줄까?" (말만 해! 다 해줄게~) 상대방의 의향을 물어보는 이런 표현, 자주 하는 말인데 막상 영어로 하려니 쉽지가 않죠? 미션 임파서블? No! 간단한 패턴만 알면 다 말할 수 있어요! 지금부터 상대방이 뭘 하고 싶은지 의향을 물어볼 때 필요한 영어 패턴들을 배워 볼까요?

오늘의 패턴 🎲

"~할래?" "뭘 ~하고 싶어?" "내가 ~해줄까?"

Pattern 1

Do you want to see a movie?

영화 보러 갈래?

~할래?, ~하고 싶어? Do you want to ~?는 '~할래?', '~하고 싶어?'라는 말로 to 뒤에 동작만 넣어 주면 됩니다. 물론 동사원형 형태로 말이죠. 정말 많이 쓰이는 표현이니 아래 예문을 큰 소리로 반복해 읽어 보세요.

Do you want to	see my pics?	내 사진 보고 싶어?
	die or something?	죽고 싶어? (죽으려고 환장했어?)
	check it out?	한번 확인해 볼래?
	unfollow them on twitter?	그 친구들 트위터 팔로우 그만하고 싶다고?

Pattern 2

What do you want to do after the movie?

영화 보고 나서 뭐하고 싶어?

뭘 ~하고 싶어? Who, When, Where, What, How, Why 의문사와 함께 쓰면 좀 더 구체적인 질문을 할 수 있습니다. '누굴, 언제, 어디서, 뭘, 어떻게, 왜 ~하고 싶어?'라는 말이 되죠.

Who		invite?	누굴 초대하고 싶니?
When		get married?	언제 결혼하고 싶어?
Where	do you want to	meet me?	어디서 날 만나고 싶어?
How		be remembered?	어떻게(어떤 모습으로) 기억되고 싶어?
Why		go back on our deal?	약속한 걸 왜 번복하려고 해?

Pattern 3

Do you want me to **handle this?**

이거 내가 처리해 줄까?

내가 ~해줄까? 내가 생각하고 있는 것을 상대방에게 간접적으로 물어볼 때 유용한 표현이에요. 상대를 배려하는 질문이므로 이런 질문에 대답할 때도 딱딱하게 "Yes.(어.)"라고만 하지 말고 Thanks. I'd really appreciate it.(그래 주면 고맙지.)이라고 친절하게 답해 보세요.

Do you want me to	take you home?	집에 데려다 줄까?
	answer the phone?	전화 내가 받을까?
	pick you up?	내가 데리러 갈까?
	google that for you?	그거 내가 구글로 검색해 줄까?

Level Up Pattern 4

Do I **know you?**

저 아세요?

내가 ~하니? 내가 뭘 해야 할지, 또는 나의 상태가 어떠한지 상대방의 의견을 구하고 싶을 때 유용한 표현입니다. 영어회화에서는 '내가 ~하니?', '나 ~하니?'처럼 '나'를 주어로 하는 질문이 곧잘 쓰이니까 기억해 두세요.

Do I	need a lawyer?	제가 변호사가 필요할까요?
	have to pay for Skype?	스카이프 돈 내야 하는 거야?
	look fat?	나 뚱뚱해 보여?
	remind you of anyone?	나 보면 생각나는 사람 없어?

 함께 알아두기

지금 이 자리에 없는 '그 사람'의 의향이나 상태를 물어볼 땐 '그 사람'이 3인칭이니까 Do가 아닌 Does로 문장을 시작합니다.

▶ **Does he** know about this? (그 사람은 이것에 대해 알고 있니?)

21

STEP 1 ▶ 우리말 문장에 맞게 알맞은 단어를 넣어 말해 보세요.

1 콘서트 보러 갈래?

🎤 _____ you want to go to a concert?

2 여자친구에게 뭘 사주고 싶어?

🎤 _____ do you want to buy for your girlfriend?

3 내가 안 갔으면 좋겠니?

🎤 Do you _____ me to stay?

4 어떤 모습으로 기억되고 싶어?

🎤 _____ do you want to be remembered?

5 언제 결혼하고 싶어?

🎤 _____ do you want to get married?

STEP 2 ▶ 우리말 문장에 어울리는 표현을 넣어 말해 보세요.

6 내가 승산이 있을까?

🎤 _____ have a chance?

7 택시 타고 같이 갈까?

🎤 _____ share a cab?

8 생일 선물로 뭐 갖고 싶니?

🎤 _____ have for your birthday?

9 밥 좀 더 얹어 줄까?

🎤 _____ put some rice on?

STEP 3 ▸ 다음 우리말을 영어로 말해 보세요.

⑩ 좀 더 일찍 만날까?

🎤 _____

⑪ 뉴스앱 내려 받아 줄까?

🎤 _____

⑫ 왜 그 사람이랑 결혼하고 싶은데?

🎤 _____

⑬ 내가 가방 들어 줄까?

🎤 _____

⑭ 밥벌이로 뭘 하고 싶어? (do for a living 밥벌이하다)

🎤 _____

⑮ 어디서 만나고 싶어?

🎤 _____

⑯ 나 괜찮아 보여?

🎤 _____

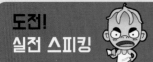

도전!
실전 스피킹

배운 내용을 떠올리면서 다음 대화를 영어로 완성하세요!

🎧 01-3.mp3

① 무단횡단 하다가 사고 날 뻔하는데

A Look! A going-out-of-business sale!
한번 가볼래? 🎤

B Watch out! There's a truck coming this way.
죽으려고 환장했냐? 🎤

A Thank you so much! You saved my life!

B Any time. Hey, are you all right?
집에 데려다 줄까? 🎤

② 콘서트 티켓을 빌미로 작업을 걸며

A Judy! I have two tickets for the Sting concert.
나랑 같이 갈래? 🎤

B Really? Of course I want to go. I love Sting.

A It's on Friday night.
좀 일찍 만나서 저녁 먹을까? 🎤

B Sure.
어디서 만날까? 🎤

A How about in front of Burger King at 6 o'clock?

B Sounds great. I'll see you there.

정답
① **A** 저기 봐! 점포정리 세일한다! Do you want to check it out? **B** 위험해! 트럭이 이쪽으로 오고 있잖아! Do you want to die or something? **A** 정말 고마워! 네 덕분에 살았다! **B** 고맙긴. 야, 너 괜찮은 거야? Do you want me to take you home?

② **A** 주디! 나한테 스팅 콘서트 티켓이 2장 있는데. Do you want to come with me? **B** 정말? 물론 가고 싶지. 나 스팅 너무 좋아해! **A** 금요일 저녁이야. Do you want to meet earlier and have dinner? **B** 그래. Where do you want to meet me? **A** 버거킹 앞에서 6시 어때? **B** 좋아. 거기서 보자.

24

Mission Possible

이 말, 영어로 할 수 있나요?

Mission 1

말조심 좀 해줄래?

🎤

Mission 2

내게 약속해 줄 수 있지?

🎤

Mission 3

그 애를 왜 싫어하는지 말해 줄래?

🎤

💣 영어로 30초 안에 말해 보세요.

"이거 좀 거들어 줄래?" "은행 문 몇 시에 닫는지 좀 알려 줄래?" 등등, 이런 부탁의 말을 꺼내야 할 때가 심심치 않게 많죠? 또 상대가 말을 너무 험하게 해서 영 귀에 거슬립니다. 이럴 땐 "말조심 좀 해줄래?"라는 부탁의 말 정도는 하고 싶을 텐데요. 지금부터는 이렇게 상대방에게 뭔가를 부탁할 때 요긴한 영어 패턴들을 배워 보도록 하죠.

오늘의 패턴 🎲

"~ (좀) 해줄래?" "내게 ~해줄 수 있어?"
"왜 ~하는지 말해 줄래?"

Pattern 1

Can you watch the language?

말조심 좀 해줄래?

~ (좀) 해줄래? Can you ~?는 친구에게 가볍게 부탁할 때 가장 많이 쓰는 표현이에요. you 뒤에 해줬으면 하는 동작(동사원형)만 넣으면 되죠. 눈으로 만 '옳거니!' 하지 말고 아래 예문을 큰 소리로 읽어 보세요.

Can you	do me a favor?	부탁 하나 들어줄래?
	help me set the table?	식탁 차리는 것 좀 도와줄래?
	help me with this new smartphone?	이 새 스마트폰 쓰는 것 좀 도와줄래?
	toss me that book?	그 책 좀 던져 줄래?

Pattern 2

Can you give me your word?

내게 약속해 줄 수 있지?

내게 ~해줄 수 있어?, 내게 ~해줄래? Can you ... me ~?는 '~을 내게 …해줄래?'라는 뜻으로, you와 me 사이에는 어떤 동사든 들어 갈 수 있어 요. 참고로 give me your word는 상대방이 내게 약속하고 맹세하는 것 을 의미합니다. 따라서 내가 상대방에게 약속한다[맹세한다]고 할 때는 give you my word라고 하면 돼요.

Can you	show	**me**	some samples?	샘플들 좀 보여 줄래요?
	give		a hand with this?	이것 좀 거들어 줄래?
	pick		up later?	나중에 나 좀 태우러 올 수 있어?
	tell		your secret?	네 비밀을 말해 줄래?

Pattern 3

Can you tell me why **you dislike her?**

그녀를 왜 싫어하는지 말해 줄래?

왜 ~하는지 말해 줄래? Can you tell me(나한테 말해 줄래?) 뒤에 의문사를 넣으면 시간(when), 장소(where), 사람(who), 방법(how) 등 구체적으로 알고 싶은 것들을 물어볼 수 있어요.

	who	took my iPAD?	누가 내 아이패드 가져갔는지 말해 줄래?
	when	the bank closes?	은행이 몇 시에 닫는지 말해 줄래요?
Can you tell me	where	I am?	여기가 어딘지 알려 줄래요?
	what	your intentions are?	네 의도가 뭔지 말해 줄래요?
	how	long the flight takes?	비행시간이 얼마나 걸리는지 말해 줄래요?

Level Up Pattern 4

Can you tell me how to **send a text message?**

문자 메시지 보내는 방법 좀 알려 줄래?

어떻게 ~하는지 말해 줄래?, ~하는 방법 좀 알려 줄래? Can you tell/show me how to ~?는 상대방이 가지고 있는 정보나 노하우를 물어볼 때 요긴한 표현입니다.

Can you	tell	me how to	turn this off?	이거 어떻게 끄는지 알려 줄래?
			play a C chord?	C 코드를 어떻게 연주하는지 말해 줄래?
	show		change the password?	비밀번호를 어떻게 바꾸는지 알려 줄래요?

 함께 알아두기

Can 대신 Could를 쓰면 좀 더 공손한 표현이 됩니다. 모르는 사람에게 길을 물을 때 사용하면 딱 좋죠.

▶ **Could you** tell me where the bus stop is? (버스 정거장이 어디에 있는지 알려 주시겠어요?)

STEP 1 ▶ 우리말 문장에 맞게 알맞은 단어를 넣어 말해 보세요.

❶ 내 생일 파티에 와 줄래?

🎤 _____ you come to my birthday party?

❷ 샘플들 좀 보여 줄래요?

🎤 Can you _____ me some samples?

❸ 비밀번호를 말해 줄래?

🎤 Can you _____ me the password?

❹ 왜 결석했는지 말해 줄래?

🎤 Can you tell me _____ you were absent?

❺ 이거 어떻게 끄는지 알려 줄래?

🎤 Can you tell me _____ to turn this off?

STEP 2 ▶ 우리말 문장에 어울리는 표현을 넣어 말해 보세요.

❻ 식탁 차리는 것 좀 도와줄래?

🎤 _____ help me set the table?

❼ 그 여자가 누구인지 말해 줄래?

🎤 _____ she is?

❽ 길 좀 알려 줄래요?

🎤 _____ the way?

❾ 매듭을 어떻게 묶는지 보여 줄래?

🎤 _____ tie a knot?

❿ 나중에 나 태우러 올 수 있어?

🎤 _____ up later?

STEP 3 ▶ 다음 우리말을 영어로 말해 보세요.

⓫ 네 방 좀 보여 줄래?

🎙 _____

⓬ 텔레비전 좀 켜 줄래? (turn on ~을 켜다)

🎙 _____

⓭ 무슨 일이 있었는지 말해 줄래?

🎙 _____

⓮ 파스타 어떻게 만드는지 보여 줄래요?

🎙 _____

⓯ 이 새 스마트폰 쓰는 것 좀 도와줄래?

🎙 _____

⓰ 비행시간이 얼마나 걸리는지 말해 줄래?

🎙 _____

정답

① Can ② show ③ tell ④ why ⑤ how ⑥ Can you ⑦ Can you tell me who ⑧ Can you show me ⑨ Can you show me how to ⑩ Can you pick me ⑪ Can you show me your room? ⑫ Can you turn on the television? ⑬ Can you tell me what happened? ⑭ Can you show me how to make pasta? ⑮ Can you help me with this new smartphone? ⑯ Can you tell me how long the flight takes?

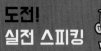

배운 내용을 떠올리면서 다음 대화를 영어로 완성하세요!

🎧 02-3.mp3

① 새로 산 휴대폰의 사용법을 몰라 친구에게 물어 보는데

A 부탁 하나 들어줄래?

B Sure. What is it?

A 이 새 스마트폰 쓰는 것 좀 도와줄래?

B I'd be glad to. How can I help you?

A 문자 메시지 보내는 방법 좀 알려 줄래?

B That's easy. Let me show you.

② 낯선 거리에서 길을 잃고서

A Excuse me. I think I'm lost.

여기가 어딘지 좀 알려 줄래요? 🎤

B You're on Fifteenth Street. Where are you going?

A I was looking for City Hall.

어떻게 가는지 알려 주실래요?

🎤

B No problem. Walk along this street for three blocks and you'll see it on the right.

정답

① **A** Can you do me a favor? **B** 물론이지. 부탁이 뭔데? **A** Can you help me with this new smartphone? **B** 기꺼이 그러지. 어떤 부분을 도와줄까? **A** Can you tell me how to send a text message? **B** 그건 쉬워. 내가 보여 줄게.

② **A** 실례합니다. 길을 잃었나봐요. Can you tell me where I am? **B** 15번 가예요. 어디로 가시는 길인데요? **A** 시청을 찾고 있었어요. Can you tell me how to get there? **B** 그렇죠. 이 길을 따라 세 블록을 걸어가세요. 그럼 오른쪽에 시청이 보일 거예요.

30

이 말, 영어로 할 수 있나요?

Mission 1 뭐 좀 물어봐도 돼요?

🎤

Mission 2 커피 한 잔 줄래요?

🎤

Mission 3 오늘 조퇴를 해도 될까요?

🎤

💣 영어로 30초 안에 말해 보세요.

이번에는 "뭐 좀 물어봐도 돼?", "한입 먹어봐도 돼?"처럼 어떤 일을 해도 되냐고 상대방에게 허락을 구하거나 허락을 구하는 투로 부탁을 할 때 쓸 수 있는 패턴 Can I ~?입니다. 이런 패턴은 Can I have a cup of coffee?처럼 '내가 커피 한 잔 가져도 돼?' 즉 '커피 한 잔 줄래?'라는 의미로, 결국 '~줄래요?'라고 부탁을 하는 상황에서도 유용하게 쓸 수 있죠.

오늘의 패턴 🎲

"~해도 돼요?" "~줄래요?" "~해도 되겠습니까?"

Pattern 1

Can I talk to you?

얘기 좀 해도 될까?

~ (좀) 해도 돼요? Can I ~?는 상대방의 허락을 구하거나 부탁을 할 때 쓰는 말이에요. Can I 뒤에 동작(동사원형)만 넣어 주면 됩니다. 자, 그럼 다음 예문을 큰 소리로 읽으며 연습해 볼까요?

Can I	ask you something?	뭐 좀 물어봐도 돼요?
	help you?	도와드릴까요?
	take aspirin?	아스피린 먹어도 되나요?
	see this in different colors?	이걸로 다른 색상 좀 보여 주실래요?
	get an explanation?	설명을 좀 들을 수 있을까요?

Pattern 2

Can I have a cup of coffee?

커피 한 잔 줄래요?

(내가) ~가져도/먹어도/해도 돼요?, ~(해) 줄래요? 이번엔 Can I 뒤에 동사 have가 온 표현이에요. have는 '가지다'는 뜻뿐만 아니라 '먹다'라는 의미도 있기 때문에 직역하면 '내가 ~을 가져도 되나요?' 또는 '~을 먹어도 돼요?'가 되지만, 〈have a + 명사〉가 관용적으로 해석될 때가 많으니 주의하세요.

Can I have	a bite?	한입 먹어 봐도 돼?
	kebab for dinner?	저녁으로 케밥 먹어도 돼요?
	a rain check?	다음으로 연기해도 될까?
	your autograph?	(유명인에게) 사인 좀 해 주실래요?
	a moment to myself?	잠깐 혼자만의 시간을 가질 수 있을까요?

May I come in?

들어가도 되겠습니까?

~해도 되겠습니까? 이 표현 역시 상대방에게 허락을 구하는 표현인데요. Can I ~?와 달리 낯선 사람에게 써도 될 정도로 공손한 표현입니다. 물론, 이보다 더 공손한 표현들도 많이 있지만 길고 복잡한 표현이 머리 아프다면 간단히 May I ~?를 활용하세요.

May I		
	propose a toast?	건배할까요?
	have the check, please?	계산서 좀 주시겠어요?
	leave work early today?	오늘 조퇴를 해도 될까요?
	offer an opinion?	의견을 드려도 될까요?
	call in a favor this time?	이번엔 저 좀 도와주실 수 있어요?

What can I get you?

뭘 가져다 줄까요?

(내가) 뭘 ~할 수 있을까요? Can I ~? 앞에 의문사 Who, When, Where, What, How를 넣으면 '내가 누구에게, 언제, 어디서, 뭘, 어떻게 ~할 수 있을까?'라는 말이 돼요. Why의 경우는 Why can't I ~?(왜 ~ 안 하지?)처럼 주로 부정문으로 많이 쓰입니다.

Who		turn to in times of trouble?	힘들 때 누구한테 의지할 수 있을까요?
When	can I	see you again?	당신을 언제 또 볼 수 있을까요?
Where		find toothbrushes?	어디서 칫솔을 찾을 수 있지?
How		lose weight fast?	어떻게 살을 빨리 뺄 수 있을까?
Why	can't I	lose weight?	살이 왜 안 빠지는 거지?

STEP 1 ▶ 우리말 문장에 맞게 알맞은 단어를 넣어 말해 보세요.

❶ 당신 번호를 입력할 수 있을까요?

🎤 _____ I punch in your number?

❷ 내가 무슨 말을 하겠어?

🎤 _____ can I say?

❸ 더 먹어도 되죠?

🎤 Can I _____ a second helping?

❹ 어떻게 감사를 드려야 하죠?

🎤 _____ can I ever thank you?

❺ 주목해 주시겠습니까?

🎤 _____ I have your attention, please?

STEP 2 ▶ 우리말 문장에 어울리는 표현을 넣어 말해 보세요.

❻ 페이스북 사용자명을 바꿀 수 있나요?

🎤 _____ my facebook username?

❼ 남은 음식을 싸 주실래요?

🎤 _____ a doggy bag?

❽ 비행기에 뭐 가지고 탈 수 있죠?

🎤 _____ take on a plane?

❾ 여기서 담배 피워도 되겠습니까?

🎤 _____ here?

❿ 어떻게 널 알아볼 수 있지?

🎤 _____ recognize you?

STEP 3 ▸ 다음 우리말을 영어로 말해 보세요.

⓫ 주문받아도 될까요?

🎤 _____

⓬ 한 모금 마셔 봐도 될까?

🎤 _____

⓭ 메뉴 좀 보여 주시겠어요?

🎤 _____

⓮ 내가 다시 전화해도 될까?

🎤 _____

⓯ 어떻게 살을 빨리 뺄 수 있을까?

🎤 _____

⓰ 창문을 열어도 될까요?

🎤 _____

🔊 03-3.mp3

① 치마를 사기 위해 옷 가게에 들어갔는데

A 어서 오세요. (무엇을 도와드릴까요?)

B Yes, I'm looking for a skirt.

A Do you have a particular style in mind?

B I like this one over here.
이걸로 다른 색상 좀 보여 주실래요?

A Sure. This way, please.

B I like this pink one.
이거 어디서 입어 볼 수 있나요?

② 음식점에서 메뉴를 고르고 있는 손님에게

A 뭘 드릴까요?

B Hang on. I haven't decided yet.

A 의견을 드려도 될까요?

B If you think that'll help, sure.

정답

① **A** What can I do for you? **B** 네, 치마를 보고 싶은데요. **A** 특별히 맘에 두고 있는 스타일이 있으신가요? **B** 여기 이게 맘에 드네요. Can I see this in different colors? **A** 그러죠. 이쪽으로 오세요. **B** 이 분홍색이 맘에 드는데요. Where can I try this on?

② **A** What can I get you? **B** 잠시만요. 아직 결정하지 못했어요. **A** May I offer an opinion? **B** 그게 도움이 될 것 같으면 물론이죠.

공손하게 말하고 싶을 땐

04 Would you ~?

강의 및 예문 듣기

이 말, 영어로 할 수 있나요?

Mission 1

좀 더 크게 말씀해 주시겠어요?

Mission 2

메시지를 남기시겠어요?

Mission 3

왜 우리 회사에 들어오고 싶으세요?

영어로 30초 안에 말해 보세요.

우리는 지금 부탁을 하거나 상대의 의향을 물어볼 때 유용한 패턴들을 계속 공부하고 있습니다. 그런데 말이죠, 같은 말이라도 조금 더 부드럽게, 조금 더 점잖게, 조금 더 조심스럽게 물어보는 게 맘이 편할 때가 많잖아요. 그렇다 보니 일상생활에서도 이런 식으로 물어볼 때가 많은데요. 이럴 때 영어로는 어떻게 말하면 되는지 유용한 패턴들 익혀 보도록 하죠.

오늘의 패턴

"~해 주시겠어요?" "~하시겠어요?" "왜 ~하고 싶으세요?"

Pattern 1

Would you **sign here, please?** 여기 사인해 주시겠어요?

~해 주시겠어요? 상대방에게 보다 공손하고 격식 있게 뭔가를 부탁할 때 Would you ~?를 씁니다. 단, 영어는 우리와 달리 나이는 상관없고 그저 친분이 없거나 격식을 차려야 하는 관계나 상황에서 이런 점잖은 표현을 쓰게 되죠. 물론 가까운 사이에도 이렇게 공손하게 말하는 경우 많고요.

	show me your ID?	신분증 좀 보여 주시겠어요?
	speak up, please?	좀 더 크게 말씀해 주시겠어요?
Would you	pull over to the right side?	오른쪽에 차를 세워 주시겠어요?
	get back to me on that?	그것에 관해 제게 연락 주시겠어요?
	keep that just between us?	그거 우리끼리의 비밀로 해 주시겠어요?

Pattern 2

Would you like to **leave a message?**
메시지를 남기시겠어요?

~하시겠어요?, ~하고 싶으세요? Would you like to ~?를 쓰면 그냥 Do you want to ~?라고 하는 것보다 좀 더 공손하고 격조 있게 들립니다. 업무상 누군가를 대할 때, 또는 윗사람에게 말을 할 때 사용하면 제격이죠. Would you like 뒤에는 명사가 올 수도 있어요.

	come by my house?	저희 집에 들르시겠어요?
Would you like to	have some coffee?	커피 드시겠어요?
	join us?	저희와 함께 하시겠어요?
Would you like	a ride?	드라이브 하시겠어요?
	a flick?	영화 한 편 보시겠어요?

Pattern 3

Why would you like to **work for our company?**

왜 우리 회사에 들어오고 싶으세요?

왜 ~하고 싶으세요? Would you like to ~? 앞에 의문사 Who, When, Where, What, How, Why를 넣어 좀 더 구체적인 정보도 물어보세요.

Who		to choose?	누굴 뽑고 싶어요?
When		your dinner?	언제 저녁 드시겠어요?
Where	**would you like**	to stay in Paris?	파리 어디에 묵으시겠어요?
What		to do for your birthday?	생일에 뭐하고 싶어요?
How		to pay?	계산은 어떻게 하시겠어요?

Level Up Pattern 4

Would you mind if I **join you?**

제가 같이 가도 괜찮을까요?

(제가) ~해도 괜찮을까요? 자신이 하려는 행동이나 일에 대해 상대방이 꺼리지 않는지 물어볼 땐 Would you mind if I ~?를 씁니다. '제가 ~해도 되겠습니까?'라는 뜻의 매우 공손한 표현으로, 낯선 사람에게, 또는 공식적인 자리에서 사용하면 좋아요.

	smoke?	담배를 피워도 괜찮겠습니까?
	bring a friend?	친구를 한 명 데려가도 괜찮을까요?
Would you mind if I	ask your age?	나이가 어떻게 되는지 여쭤 봐도 실례가 안 될까요?
	bow out early?	먼저 인사드리고 물러나도 될까요?
	read your paper?	가지고 계신 신문을 읽어도 될까요?

STEP 1 ▶ 우리말 문장에 맞게 알맞은 단어를 넣어 말해 보세요.

❶ 성함의 철자를 좀 불러 주시겠어요?
🎤 _____ you spell your name?

❷ 저녁 식사 하고 가시겠어요?
🎤 Would you _____ to stay for dinner?

❸ 친구를 한 명 데려가도 괜찮을까요?
🎤 Would you _____ if I bring a friend?

❹ 계란은 어떻게 요리해 드릴까요?
🎤 _____ would you like your eggs?

❺ 저는 뭘 가져갈까요?
🎤 _____ would you like me to bring?

STEP 2 ▶ 우리말 문장에 어울리는 표현을 넣어 말해 보세요.

❻ 본인에 대해서 좀 얘기해 주시겠어요?
🎤 _____ tell me a little bit about yourself?

❼ 방콕까지 야간 비행기로 가시겠어요?
🎤 _____ take the red eye to Bangkok?

❽ 누굴 뽑고 싶어요?
🎤 _____ choose?

❾ 제가 안 마셔도 실례가 안 될까요?
🎤 _____ chose not to drink?

❿ 어디서 일하고 싶은가요?
🎤 _____ work?

STEP 3 ▶ 다음 우리말을 영어로 말해 보세요.

⑪ 당신과 함께 춤을 춰도 될까요?

🎤 _____

⑫ 저희와 함께 하시겠어요?

🎤 _____

⑬ 언제 떠나시겠어요?

🎤 _____

⑭ 저희 집에 들르시겠어요?

🎤 _____

⑮ 한 번 더 말씀해 주실래요?

🎤 _____

⑯ 머리를 어떻게 해드릴까요?

🎤 _____

⑰ 나이가 어떻게 되는지 여쭤 봐도 실례가 안 될까요?

🎤 _____

🎧 04-3.mp3

① 회사 동료를 바비큐 파티에 초대하려고 하는데

A 퇴근하고 저희 집에 들르시겠어요? (come by 들르다)

I'm having a BBQ party.

B Sounds great. 전 뭘 가져갈까요?

A Oh no! Don't worry about it. Just bring yourself.

B 친구를 한 명 데려가도 괜찮을까요?

A Of course not. Be ready to stay up all night.

B Sounds like fun. We'll be there around 7.

② 음식점에서 손님에게 주문을 받으면서

A 음료는 뭘로 하시겠어요?

B I'd like some coffee.

A Okay. 커피는 어떻게 드릴까요?

B Cream and sugar, please.

정답

① **A** Would you like to come by my house after work? 바비큐 파티를 할 거예요. **B** 좋죠. What would you like me to bring? **A** 아니에요! 걱정 마시고 그냥 오세요. **B** Would you mind if I bring a friend? **A** 괜찮고말고요. 밤새울 준비나 하세요. **B** 재밌겠네요. 7시쯤 갈게요.

② **A** What would you like to drink? **B** 커피 주세요. **A** 알겠습니다. How would you like your coffee? **B** 크림과 설탕을 넣어 주세요.

상대방의 상태를 묻고 싶을 땐

05 Are you ~?

강의 및 예문 듣기

Mission Possible

이 말, 영어로 할 수 있나요?

Mission 1

진심이야?

🎤

Mission 2

지금 통화 가능해?

🎤

Mission 3

너 몸무게가 좀 늘고 있니?

🎤

💣 영어로 30초 안에 말해 보세요.

"행복하니?" "긴장되니?" "지금 통화 가능하니?" 상대방의 상태나 상황을 묻는 이런 표현, 정말 많이 쓸 텐데요. 영어로는 Are you ~? 패턴을 이용하면 가뿐하게 해결된답니다. 이 자리에서는 Are you ~?를 이용해 얼마나 다양한 질문들을 쏟아낼 수 있는지를 직접 확인해 보고, 입과 귀에 배도록 열심히 익혀 볼까요?

오늘의 패턴 🎲

"너 (지금) ~야?"   "(지금) ~ 가능해?"   "너 ~하고 있니?"

43

Pattern 1

Are you serious?

진심이야?

너 (지금) ~야?, 너 ~한 상태니? Are you ~?는 상대방에 대해 묻는 질문 중 가장 쉬우면서도 정말 많이 쓰이는 표현이에요. 이 말 뒤에 형용사만 갖다 붙이면 '너 (지금) ~하니?', '너 ~한 상태니?'라고 묻는 말이 됩니다.

Are you	in love?	너 사랑에 빠진 거야?
	worried about the test results?	시험 결과에 대해 걱정이니?
	mad at me or something?	나한테 화난 거야, 뭐야?
	happy to be single?	독신이라서 편해?
	keen to go?	너 정말 가고 싶어?

Pattern 2

Are you free to talk right now?

지금 통화 가능해?

~할 시간[짬] 돼?, (지금) ~ 가능해? 상대방이 뭔가 할 수 있는 상황인지를 물어보는 가장 흔하면서 좋은 표현이 바로 Are you free to ~?입니다. free 대신 ready를 써서 Are you ready to ~?라고 해도 좋아요. 이땐 '~할 준비 됐어?'라고 해석되죠. to 뒤에는 동사원형을 넣어 말하면 됩니다.

Are you	**free to**	catch a movie?	영화 볼 시간 돼?
		pose for some pictures?	사진 모델 좀 해줄 시간 돼?
	ready to	hit the road?	출발할 준비 된 거야?
		order?	주문하시겠습니까?

Pattern 3

Are you seeing **anyone?**　　누구 사귀는 사람 있니?

너 ~하고 있니? Are you 뒤에 -ing형을 붙이면 현재진행형이 돼 상대방의 현재에 대해 질문하는 말이 됩니다. 여기선 동작을 나타내는 동사가 들어가기 때문에 '너 지금 ~하고 있는 거니?'라고 상대방의 '동작'에 대해 질문하는 게 돼요.

	cheating	on her?	너 그녀 모르게 바람피우는 거야?
	thinking	about quitting?	너 그만둘 생각인 거야?
Are you	saving	for a rainy day?	후일을 대비해서 저축하고 있어?
	putting	on some weight?	너 몸무게가 좀 늘고 있니?

Level Up
Pattern 4

What are you talking **about?**　　무슨 소리 하는 거야?

뭘 ~하는 거야? 〈Are you + -ing ~?〉 패턴 앞에 의문사 Who, When, Where, What, How, Why를 넣으면 '너 누구랑, 언제, 어디서, 뭘, 어떻게, 왜 ~하는 거야?'라는 말을 할 수 있어요.

Who		chatting	with on messenger?	메신저로 누구랑 채팅하고 있어?
How	are you	holding	up?	(힘들겠지만) 어떻게 잘 견뎌내고 있어?
Why		doing	this to me?	나한테 왜 이러는 거야?

🐱 함께 알아두기 -

미래를 나타내는 단어가 들어 있지 않더라도 〈be + -ing〉가 미래를 나타내는 경우가 있습니다. 이땐 〈be going to + 동사원형〉과 마찬가지로 '(가까운 미래에) ~할 것이다'라는 뜻이 되죠.

▶ When **are** you **coming** back? (언제 돌아올 건데?)　　▶ Where **are** you **moving** to? (어디로 이사 가는데?)
▶ What **are** you **having** for lunch? (점심으로 뭐 먹을 거야?)

STEP 1 ▸ 우리말 문장에 맞게 알맞은 단어를 넣어 말해 보세요.

❶ 정말이야?

🎤 _____ you sure?

❷ 떠날 준비 된 거야?

🎤 **Are you** _____ **to leave?**

❸ 너 지금도 은행에서 일하고 있어?

🎤 **Are you still** _____ **at the bank?**

❹ 이렇게 밤늦게 어디 가?

🎤 _____ **are you going this late at night?**

❺ 사진 모델 좀 해줄 시간 돼?

🎤 **Are you** _____ **to pose for some pictures?**

STEP 2 ▸ 우리말 문장에 어울리는 표현을 넣어 말해 보세요.

❻ 최신 정보 좀 꿰차고 있어?

🎤 _____ **up to speed?**

❼ 너 지금 나 놀리는 거지?

🎤 _____ **fun of me?**

❽ 출발할 준비 된 거야?

🎤 _____ **hit the road?**

❾ 메신저로 누구랑 채팅하고 있어?

🎤 _____ **with on messenger?**

❿ 영화 볼 시간 돼?

🎤 _____ **catch a movie?**

46

STEP 3 ▶ 다음 우리말을 영어로 말해 보세요.

⓫ 긴장되니?

🎤 ....

⓬ 너 다른 사람들 만날 짬 돼?

🎤 ....

⓭ 내일 바빠?

🎤 ....

⓮ 이제 네 사업을 시작할 준비가 된 거야? (start one's own business 자기 사업을 시작하다)

🎤 ....

⓯ 영어를 전공하세요?

🎤 ....

⓰ 현 직장을 왜 그만두려 하나요?

🎤 ....

🎧 05-3.mp3

① 음식점에서 딴생각을 하고 있는 애인이 못마땅한데

A Hey, 무슨 생각 하는 거야?

B Nothing.

A 나한테 화난 거야, 뭐야?

B No, I'm not. Why would I be mad?

A I don't know. You've been looking at the menu for 10 minutes.

B Oh, I'm sorry. I was thinking about something else.
주문할래? 🎤

② 뭔가 열심히 찾고 있는 친구에게

A 뭘 찾고 있어?

B I can't find my silver necklace. I think I lost it.

A (잃어버린 거) 확실해?

It's your favorite!

B I know! I'm so upset. Will you help me find it?

정답

① **A** 있잖아, what are you thinking about? **B** 아무것도 아냐. **A** Are you mad at me or something? **B** 아니, 화 안 났는데. 내가 왜 화가 났겠어? **A** 나야 모르지. 근데 자기가 메뉴만 10분째 보고 있잖아. **B** 아, 미안해. 잠시 딴생각을 하고 있었어. Are you ready to order?

② **A** What are you looking for? **B** 내 은목걸이를 못 찾겠어. 잃어버렸나 봐. **A** Are you sure? 네가 제일 좋아하는 거 잖아. **B** 그러게! 속상해 죽겠어. 같이 좀 찾아 줄래?

뭔가 해야 하냐, 그렇게 하는 게 맞는 거냐고 물어볼 땐

Should I ~?

강의 및 예문 듣기

이 말, 영어로 할 수 있나요?

 내가 먼저 그에게 전화해야 할까?

 이 상자를 어떻게 하지?

 내가 너한테 일일이 다 말해야 하니?

영어로 30초 안에 말해 보세요.

이렇게 하는 게 맞는 건지, 저렇게 하는 게 좋은 건지 모르겠을 땐 상대에게 조언을 구할 필요가 있겠죠. 바로 그럴 때 '내가 ~해야 할까?'라는 식으로 물어보는 말을 배워 보도록 해요. 여기서 한 걸음 더 나아가, 내가 꼭 이렇게 해야만 하는 거냐며, 안 하면 안 되는 거냐는 강한 어감이 담긴 말까지 입에 착착 붙게 익혀 보도록 해요.

오늘의 패턴

"내가 ~해야 할까?" "어떻게 ~해야 해?"
"내가 (꼭) ~해야만 하니?"

이렇게 배웠더라면

Pattern 1

Should I **call him first?** 내가 먼저 그에게 전화해야 할까?

내가 ~해야 할까? Should I ~?는 그렇게 하는 게 좋을지 상대에게 조언이나 확인을 구하는 질문입니다. should, have to, must 중 일상 회화에서는 어감이 부드러운 should가 제일 많이 쓰이니까 꼭 신경 써 주세요.

Should I	continue?	계속할까요?
	keep silent?	계속 입 다물고 있어야 할까?
	dress up?	정장 입어야 해?
	just forget about it?	그 일 그냥 잊어버려야 하나?
	take this medicine after meals?	이 약은 식후에 먹어야 하나요?

Pattern 2

How should I **know?** 내가 어떻게 알아?

어떻게 ~해야 해? '내가 누구한테, 언제, 어디서, 뭘, 어떻게, 왜 ~해야 하는지' 보다 구체적인 정보를 알고 싶으세요? 그렇다면 Should I ~? 앞에 의문사 Who, When, Where, What, How, Why를 넣어 보세요.

Who		thank for this?	이거 누구한테 감사해야 되는 거야?
When		buy JK stocks?	JK 주식을 언제 사야 할까?
Where	**should I**	go for my honeymoon?	신혼여행은 어디로 가야 할까?
What		do with this box?	이 상자를 어떻게 하지?
Why		give a hoot about that?	내가 왜 그걸 신경 써야 하는데?

Do I have to decide right away?

바로 결정해야만 하나요?

내가 (꼭) ~해야만 하니? Should I ~?와 비슷한 표현이지만, 꼭 그래야만 하냐는 '상황의 불가피성'을 강조하고 싶을 땐 Do I have to ~?를 써요.

	work on Saturdays?	토요일도 일해야만 하나요?
	say yes to him?	그 사람에게 승낙을 해야만 해?
Do I have to	tell you everything?	내가 너한테 일일이 다 말해야 하니?
	reboot my computer?	내 컴퓨터 재부팅해야 할까?
	get rid of this letter?	이 편지 없애 버려야만 할까?

Should we call the police?

우리가 경찰을 불러야 할까?

우리 ~해야 할까?, ~할까? Should I ~?에서 I 대신 we를 넣으면 상대방을 포함해서 함께 어떤 일을 해야 하냐고 물어볼 때 쓸 수 있는 표현이 되죠. 물론 should 대신 have to를 쓰면 불가피성을 강조하는 느낌을 전해요.

Should we	stop now?	우리 이제 그만해야 할까?
	call it a day?	오늘은 그만 마무리할까?
Do we have to	follow his orders?	우리 그의 명령을 꼭 따라야 해?
	go over this again?	우리 이걸 또다시 반복해야 하는 거야?

🐷 함께 알아두기 -

구어체에서 shall은 법률 문서나 고서 외에는 거의 will로 대치돼 쓰이고 있어요. 그럼에도 Shall we ~?가 남은 건 발음 때문입니다. Will we ~?의 경우 w가 연달아 나와 발음이 쉽지 않으니까요.

▶ **Shall we** dance? (춤추실까요?)　　　　　▶ **Shall we** start? (시작할까요?)

STEP 1 ▶ 우리말 문장에 맞게 알맞은 단어를 넣어 말해 보세요.

❶ 나 이거 환불받을까?

🎤 _____ I get a refund?

❷ 어떻게 불러 드려야 할까요?

🎤 _____ should I refer to you?

❸ 나 이 시험 꼭 봐야 하니?

🎤 Do I _____ to take this test?

❹ 우리 그 여자에게 태워다 달라고 부탁해야 할까?

🎤 Should _____ ask her to give us a ride?

STEP 2 ▶ 우리말 문장에 어울리는 표현을 넣어 말해 보세요.

❺ 제가 표를 미리 예약해야 할까요?

🎤 _____ reserve the tickets in advance?

❻ 내가 회의에 대해 전화해 줘야만 하니?

🎤 _____ call you about the meeting?

❼ 내가 왜 신경 써야 돼?

🎤 _____ care?

❽ 우리 그 여자를 이 계획에 꼭 끌어들여야 해?

🎤 _____ get her into this project?

❾ 오늘은 그만 마무리할까?

🎤 _____ call it a day?

STEP 3 ▶ 다음 우리말을 영어로 말해 보세요.

⑩ 내가 너한테 왜 거짓말을 하겠어?

🎤 _____

⑪ 내가 공항에 차로 마중 나가야 하니?

🎤 _____

⑫ 신혼여행 어디로 가야 할까?

🎤 _____

⑬ 내가 너한테 무슨 옷 입어야 할지까지 다 말해 줘야 하니?

🎤 _____

⑭ 우리 이제 그만해야 할까?

🎤 _____

⑮ 자명종 하나 더 맞춰 놔야만 할까?

🎤 _____

⑯ 내일 몇 시에 깨워 줘야 하니?

🎤 _____

정답
① Should ② How ③ have ④ we ⑤ Should I ⑥ Do I have to ⑦ Why should I ⑧ Do we have to
⑨ Should we ⑩ Why should I lie to you? ⑪ Should I pick you up at the airport? ⑫ Where should I go for my honeymoon? ⑬ Do I have to tell you what to wear? ⑭ Should we stop now? ⑮ Do I have to set an extra alarm? ⑯ When should I wake you up tomorrow?

🎧 06-3.mp3

1 회사에서 주최하는 큰 파티를 앞두고

A I have nothing to wear tonight.

정장 입어야 할까? (dress up 정장이나 드레스를 좍 차려 입다)

B You don't have to. Try not to be too casual, though.

A I can't decide. I need your help.

B 내가 너한테 무슨 옷 입어야 할지까지 다 말해 줘야 하니?

A Come on. I really need to look perfect tonight.

모자를 써야 할까?

B All right. Let's do something with your hair first.

2 새로 이사 온 집에 이삿짐을 날라 주면서

A 이 소파는 어디에 놓을까요?

B In the living room. Thank you.

A 이 상자는 어떻게 하죠?

B Just put it on the floor.

정답

❶ A 오늘밤에 입을 게 하나도 없어. Should I dress up? **B** 그럴 필요는 없어. 근데 너무 캐주얼하게는 입지 마. **A** 결정을 못하겠네. 좀 도와줘. **B** Do I have to tell you what to wear? **A** 좀 봐줘라. 오늘밤은 정말 완벽하게 보이고 싶단 말이야. Should I wear a hat? **B** 알았어. 머리부터 어떻게 좀 해보자.

❷ A Where should I put this sofa? **B** 거실에요. 고마워요. **A** What should I do with this box? **B** 그냥 바닥에 내려놓으세요.

54

07

뭔가 할 예정이냐고 상대방의 결심을 물을 땐

Are you going to ~?

강의 및 예문 듣기

이 말, 영어로 할 수 있나요?

그녀에게 데이트 신청할 작정이야?

🎤

인사도 안 할 거야?

🎤

언제 철들래?

🎤

 영어로 30초 안에 말해 보세요.

"그 애한테 데이트 신청할 거야?" "그 애랑 헤어질 생각이야?" "사과 안 할 거야?" "이번 휴가 때 어디 갈 생각이야?" 우리는 조금만 친해지면 뭐는 할 생각이냐, 뭐는 안 할 거냐 하며 상대의 사소한 일상과 행동에 관심을 보이는데요. 오늘은 이렇게 뭔가 할 거냐, 그럴 예정이냐며 상대방이 하려고 마음먹고 있는 일에 대해 이것저것 물어보고 싶을 때 필요한 패턴들을 살펴보도록 하죠.

오늘의 패턴 🎲

"~할 작정이야?"   "안 ~할 거야?"   "언제 ~할래?"

**Pattern
1**

Are you going to ask her out?

그녀에게 데이트 신청할 작정이야?

~할 작정[생각]이야?, ~할 거야? 상대방이 뭘 하려고 마음먹고 있는지를 확인하고 싶다면 '~할 작정[생각]이야?', '~할 거야?'라는 의미의 Are you going to ~?를 이용해 보세요. be going to에는 마음속으로 이미 그렇게 하기로 결심하고 있다는 느낌이 담겨 있어요.

	break up with her?	그녀와 헤어질 생각이야?
	put it on your blog?	그거 블로그에 올릴 작정이야?
Are you going to	tell her the secret?	그녀에게 그 비밀을 말할 작정이야?
	sleep on it?	그거 곰곰이 생각해 볼 거지?
	tell me what happened?	무슨 일인지 내게 말해 줄 거야?

**Pattern
2**

Aren't you going to say hello?

인사도 안 할 거야?

안 ~할 거야? 우리말에서도 종종 '~하지 않을 거야?', '안 ~할래?'라고 묻는 경우가 있죠? 영어로는 Are you going to ~?의 Are 뒤에 not만 넣어 주면 돼요. Aren't가 Are not의 축약형인 건 잘 알고 있죠?

	introduce me?	나 소개 안 시켜 줄 거예요?
	break that habit?	그 습관 안 버릴 거야?
Aren't you going to	take me?	나 안 데려갈 거야?
	be late?	늦지 않겠어?
	apologize?	사과 안 할 거야?

When are you going to grow up?

언제 철들래?

언제 ~할래? Are you going to ~? 앞에 의문사 Who, When, Where, What, How, Why를 넣게 되면 좀 더 구체적인 질문을 할 수 있어요. '누구에게, 언제, 어디서, 뭘, 어떻게, 왜 ~하려고 해[할래]?'라고 묻는 말이 되죠.

Who		side with?	누구 편을 들 거야?
Where		hide it?	그걸 어디에 숨길 작정이야?
What	are you going to	add to the stew?	찌개에 뭘 더 넣을 건데?
How		stop him?	그를 어떻게 말릴 거야?
Why		study abroad?	유학은 왜 가려고 하는데?

Are you planning to go to New York?

뉴욕으로 갈 계획이야?

~할 계획이야? plan이 '계획'이란 뜻인 건 다 알죠? 그 plan이 동사로 쓰여서 Are you planning to ~?가 되면 '~할 계획이니?'라고 묻는 말이 돼요. 맨 앞에 다양한 의문사도 넣어가며 좀 더 구체적인 계획도 물어보세요.

	Are you planning to	bike to work every day?	매일 자전거로 출근할 계획이야?
		back out of this?	여기서 손 뗄 계획인 거야?
Where	are you planning to	pop the question?	어디서 청혼할 계획이에요?
How		clean up this mess?	이 난장판을 어떻게 수습할 계획이야?

 함께 알아두기

pop the question은 직역하면 '갑작스럽게 질문을 하다'지만, 주로 '청혼하다'라는 뜻으로 쓰입니다.

STEP 1 ▶ 우리말 문장에 맞게 알맞은 단어를 넣어 말해 보세요.

❶ 그 제안을 받아들일 거야?

🎤 **Are you** _____ **to take the offer?**

❷ 출근 안 할 거야?

🎤 _____ **you going to go to work?**

❸ 누구한테 투표할 생각이야?

🎤 _____ **are you going to vote for?**

❹ 명절에 고향에 다녀오실 계획인가요?

🎤 **Are you** _____ **to go home for the holidays?**

❺ 그 여자를 어디서 만날 작정이야?

🎤 _____ **are you going to meet her?**

STEP 2 ▶ 우리말 문장에 어울리는 표현을 넣어 말해 보세요.

❻ 그거 블로그에 올릴 작정이야?

🎤 _____ **put it on your blog?**

❼ 그 습관 안 버릴 거야?

🎤 _____ **break that habit?**

❽ 누구 편을 들 거야?

🎤 _____ **side with?**

❾ 언제 나한테 귀띔해 줄 계획인데?

🎤 _____ **clue me in?**

❿ 찌개에 뭘 더 넣을 건데?

🎤 _____ **add to the stew?**

STEP 3 ▸ 다음 우리말을 영어로 말해 보세요.

⓫ 그 집을 사려고?

🎤 _____

⓬ 졸업하면 뭐 할 계획이에요?

🎤 _____

⓭ 걔들한테 말 안 할 거야?

🎤 _____

⓮ 여생을 어디서 보낼 거야? (**the rest of one's life** 여생)

🎤 _____

⓯ 다른 직장을 알아보려고?

🎤 _____

⓰ 늦지 않겠어?

🎤 _____

⓱ 그녀에게 언제 전화하려고 그래?

🎤 _____

🎧 07-3.mp3

① 친구의 결혼 계획에 대해 묻는데

A 언제 청혼할 계획이야?

B I haven't made up my mind yet.

A 걔랑 결혼 안 할 거야? (marry ~와 결혼하다)

B Well, I'm not sure if she's the one.

A What do you mean you're not sure?

걔랑 헤어질 생각이야? (break up with ~와 헤어지다)

B Hey, why are you so interested in my relationship?

② 하루 종일 토라져 있는 친구에게

A 너 하루 종일 뿌루퉁할 거야? (pout 뿌루퉁하다)

B What are you talking about? I'm not upset.

A 무슨 일인지 말 안 해줄 거야?

B Don't act like you don't know.

정답

① **A** When are you planning to pop the question? **B** 아직 마음의 결정을 못 내렸어. **A** Aren't you going to marry her? **B** 그게, 걔가 진짜 내 반쪽인지 잘 모르겠거든. **A** 잘 모르겠다니 무슨 뜻이야? Are you going to break up with her? **B** 야, 넌 내 애정사에 왜 그리 관심이 많냐?

② **A** Are you going to pout all day? **B** 무슨 소리 하는 거야? 나 화 안 났어. **A** Aren't you going to tell me what happened? **B** 모른 척하지 마.

08 뭔가 해도 괜찮은지 아닌지 묻고 싶을 땐
Is it okay if ~?

강의 및 예문 듣기

이 말, 영어로 할 수 있나요?

Mission 1 전화해도 돼요?

🎤

Mission 2 사진을 찍어도 괜찮나요?

🎤

Mission 3 주문을 취소하는 게 가능한가요?

🎤

💣 영어로 30초 안에 말해 보세요.

파티에서 처음 만난 매력적인 이성, 이런저런 얘기를 나눠보니 말도 참 잘 통해요. 데이트를 하고 싶단 말이죠. 이럴 땐 "전화해도 돼요?"라고 스윽— 물어보면서 전화번호를 받아 봐요. 또 친구 집에 갔는데 냉장고에 달랑 하나 남아 있는 우유 한 팩이 마시고 싶단 말이죠. 이럴 땐 "이 우유 마셔도 괜찮아?"라고 물어보고 마시는 게 예의겠죠? 오늘은 이렇게 뭔가 해도 괜찮은지 상대방의 허락/양해를 구할 때 유용한 패턴들을 배워 볼 거랍니다.

오늘의 패턴 🎲

"~해도 돼?" "~해도 괜찮아?" "~하는 게 가능해요?"

Is it okay if I **call you?**

전화해도 돼요?

~해도 돼[괜찮아]? 이런 식으로 양해를 구하거나 상대방의 의중을 알아보고 싶다면 Is it okay if I ~?를 활용하세요. 여기서의 if는 '만일 ~한다 해도'의 뜻이지만, 우리말로 해석할 땐 '만일'을 생략해도 상관없어요.

	ask you out?	데이트 신청해도 돼요?
	pay you back next month?	다음 달에 갚아도 괜찮아?
Is it okay if I	call you back in 5 minutes?	5분 후에 전화해도 괜찮아?
	move your bags?	네 가방 치워도 괜찮아?

Is it okay to **take pictures?**

사진을 찍어도 괜찮나요?

~해도 돼[괜찮아]? Is it okay to ~? 역시 1번 패턴과 마찬가지 뜻이에요. 다만, if 대신 to가 들어간 게 다를 뿐이죠. to 뒤에는 자신이 하고자 하는 동작(동사원형)을 넣어 주기만 하면 됩니다. 참고로 It's (totally/perfectly) okay to ~ 하면 '~해도 (정말) 괜찮다'고 하는 말이 되죠.

	drink this milk?	이 우유 마셔도 괜찮은 거니?
	feed the animals?	동물들에게 먹이를 줘도 괜찮나요?
Is it okay to	duck that question?	그 질문을 피해도 될까요?
	call you by your first name?	(성 말고) 이름으로 불러도 돼요?
	leave our car here?	우리 차를 여기 두고 가도 되나요?

Is it possible for me to **cancel my order?**

주문을 취소하는 게 가능한가요?

…가 ~하는 게 가능해요? 〈Is it possible for 사람 to ~?〉는 누가 뭔가를 하는 게 가능한지, 할 수 있는지를 묻는 표현이에요. Is it okay if ~?보다는 약간 더 딱딱한 어감이죠.

Is it possible for me to	see Dr. Johnson?	존슨 박사님을 뵐 수 있을까요?
	change the room?	방을 바꿀 수 있나요?
Is it possible for you to	finish that by Friday?	너 그거 금요일까지 끝낼 수 있겠어?
	switch shifts?	너 근무조 바꾸는 거 가능해?

Would it be okay if I **had another drink?**

한 잔 더 마셔도 괜찮을까요?

~해도 괜찮을까요? Is it okay if I ~?의 좀 더 공손한 버전이죠. 이때 okay 대신 all right을 써도 좋습니다. would 때문에 if 뒤에는 동사의 과거형을 써야 하지만 구어체에서는 현재형이 쓰이기도 해요.

Would it be okay if I	had a pet?	애완동물을 키워도 괜찮을까요?
	used your car?	제가 당신 차를 써도 괜찮을까요?
Would it be all right if I	changed my schedule?	제 일정을 변경해도 될까요?
	caught up with you later?	나중에 합류해도 괜찮을까요?

함께 알아두기

'~하는 게 필요할까요?'라고 말하고 싶을 땐 okay 대신 **necessary**를 넣으면 됩니다.
▶ **Would it be necessary to** let him know about this? (그 사람한테 이 일을 알릴 필요가 있을까요?)

63

STEP 1 ▶ 우리말 문장에 맞게 알맞은 단어를 넣어 말해 보세요.

① 와이파이를 계속 켜 놔도 괜찮아요?

🎤 Is it okay _____ I leave my WIFI on?

② 저녁 안 먹어도 괜찮아?

🎤 Is it okay _____ skip dinner?

③ 너 쉬지 않고 운전하는 게 가능하겠어?

🎤 Is it _____ for you to drive straight?

④ 내가 솔직한 답변을 받을 수 있을까?

🎤 Is it possible for _____ to get a straight answer?

⑤ 애완동물을 키워도 괜찮을까요?

🎤 _____ it be okay if I had a pet?

STEP 2 ▶ 우리말 문장에 어울리는 표현을 넣어 말해 보세요.

⑥ 걔네들 안 끼워 줘도 괜찮지?

🎤 _____ I count them out?

⑦ 소리 내서 읽어도 괜찮아요?

🎤 _____ read it aloud?

⑧ 그 여자가 오늘 내 대신 일할 수 있을까?

🎤 _____ sit in for me today?

⑨ 냉장고에 남은 음식 먹어도 될까요?

🎤 _____ ate the leftovers in the fridge?

STEP 3 ▶ 다음 우리말을 영어로 말해 보세요.

⑩ 네 차 좀 빌려도 돼? (if절 활용)

🎤 _____

⑪ 방을 바꿀 수 있어요?

🎤 _____

⑫ 열차에서 휴대폰을 사용해도 괜찮나요? (to 동사원형 활용)

🎤 _____

⑬ 그거 나중에 돌려줘도 괜찮아? (if절 활용)

🎤 _____

⑭ 너 운전하면서 TV 봐도 괜찮은 거야? (to 동사원형 활용)

🎤 _____

⑮ 너 그거 금요일까지 끝낼 수 있겠어?

🎤 _____

⑯ 12시 넘어서 집에 가도 괜찮을까요? (all right 활용)

🎤 _____

🔊 08-3.mp3

1 손님이 종업원에게 금연석으로 자리를 바꿔 줄 것을 요청하는데

A 자리를 바꿔 주실 수 있나요?

B I'm sorry but non-smoking seats are all taken.

A Please, I'm begging you. I can't breathe here.

B We have one, but 화장실 바로 앞에 앉아도 괜찮으시겠어요?

(right in front of ~ 바로 앞에)

A That's okay. Thanks. 지금 바로 옮겨도 될까요?

B Will you wait a second? We'll set the table for you.

2 아는 사람에게 차를 빌리러 왔는데

A 제가 차를 좀 써도 괜찮을까요?

B Sure, but 오늘밤에 다시 가져올 수 있겠어요?

A No problem. I'll be back by 9 pm.

B Great. I need to go to work very early tomorrow morning.

정답

1 **A** Is it possible for me to change the table? **B** 죄송하지만 금연석은 자리가 다 찼는데요. **A** 부탁 좀 드릴게요. 여기서는 숨을 못 쉬겠어요. **B** 자리가 하나 있긴 한데, would it be okay if you sit right in front of the restroom? **A** 괜찮아요. 고마워요. Is it okay to move right away? **B** 잠시만 기다려 주시겠어요? 테이블을 준비해 드리겠습니다.

2 **A** Would it be okay if I used your car? **B** 물론이죠. 근데 is it possible for you to bring it back tonight? **A** 문제 없어요. 9시까지는 돌아올게요. **B** 그럼 됐어요. 내일 아침에 아주 일찍 출근해야 해서요.

09

상대방에게 뭔가 권유할 땐

Why don't you ~?

강의 및 예문 듣기

이 말, 영어로 할 수 있나요?

Mission 1

선생님께 여쭤 보지 그러니?

🎤

Mission 2

우리 다음 주에 한번 뭉치자.

🎤

Mission 3

만나서 점심이나 하는 게 어때?

🎤

💣 영어로 30초 안에 말해 보세요.

혼자서 수학 문제를 푸느라 끙끙대는 친구에게 대뜸 "선생님께 여쭤봐."라고 하는 것보단 "선생님께 여쭤 보지 그러니?"라며 권유조로 말하는 게 듣기 좋죠. 또 식당에서 뭐 먹을지 고민하는 친구에겐 "이거 먹어."라고 명령조로 강요하기보단 "이거 어때?"라며 메뉴를 권유해 주는 게 좋겠죠. 같은 말이라도 내가 좋다고 생각하는 것을 상대에게 강요하기보다는 권유하는 쪽이 인간관계를 부드럽게 만들어 주잖아요.

오늘의 패턴 🎲

"~하지 그래?" "우리 ~하자" "~하는 게 어때?"

Why don't you **order it online?**

인터넷으로 주문하지 그래?

~하지 그래? Why don't you ~?는 '~하지 그래?'라는 뜻으로, 상대방에게 권유할 때 사용하는 가장 일반적인 표현입니다. 뒤에 여러 가지 동사를 넣어 이것저것 열심히 권유해 보세요.

Why don't you	ask your teacher?	선생님께 여쭤 보지 그러니?
	retweet it?	그거 리트윗하면 되잖아?
	do it yourself?	혼자서 해결하지 그래?
	feel like eating?	먹고 싶지 않아?

Why don't we **get together next week?**

우리 다음 주에 한번 뭉치자.

우리 ~하자, 우리 ~하는 게 어때? Why don't you ~?에서 you 대신 we를 넣어 Why don't we ~?라고 하면 '우리 같이 하자'고 권유하는 말이 됩니다. 이제 Let's ~만 쓰지 말고 Why don't we ~?도 맘껏 활용해 보세요.

Why don't we	get started right now?	지금 당장 시작하자.
	join a gym together?	우리 같이 운동하는 게 어때? (우리 같이 헬스클럽에 등록하자.)
	get discount coupons through TMon?	우리 티몬에서 할인 쿠폰 받는 게 어때?
	start over again?	우리 새롭게 다시 출발하는 게 어때?

Pattern
3

How about meeting for lunch?

만나서 점심이나 하는 게 어때?

~(하는 게) 어때? How about ~?은 상대방에게 뭔가를 제안할 때 쓸 수 있는 쉽고도 유용한 표현입니다. about 뒤에는 명사나 -ing형이 올 수 있죠. 이런 상대방의 제안에 대해서는 That's a good idea.(그거 좋은 생각인데.) 정도로 맞장구를 칠 수 있겠네요.

How about	some hot sauce?	매운 소스는 어때?
	a double espresso for you?	넌 더블 에스프레소 어때?
	going running tonight?	오늘밤 조깅 어때?
	going shopping this afternoon?	이따 오후에 쇼핑가는 게 어때?

Level Up
Pattern
4

How does a movie sound?

영화 어때?

~(는) 어때[어떤 것 같니]? How about ~?이 주로 새로운 아이디어 등 뭔가 제안을 할 때 쓰이는 반면, How does ~ sound?(이때 sound는 '~하게 들리다')는 전에 익히 경험해 본 적이 있는 것에 '지금 구미가 당긴다'는 뉘앙스로 제안한다는 느낌입니다. 물론, 그렇다고 일부러 가려 써야 하는 건 아녜요.

How does	5 o'clock	sound?	5시 어때?
	black pasta		먹물 파스타 어때?
	a 30% discount		30퍼센트 할인 어때요?

🐷 함께 알아두기

sound를 이용해서 아래 예문처럼 상대방의 의견을 물을 수도 있습니다.
▶ **Does** pizza **sound** okay? (피자 괜찮니?)　　▶ **Does** 9 pm **sound** good? (9시 좋아?)

STEP 1 ▶ 우리말 문장에 맞게 알맞은 단어를 넣어 말해 보세요.

❶ 선생님께 여쭤 보지 그러니?

🎤 _____ don't you ask your teacher?

❷ 오늘 저녁은 외식하자.

🎤 Why don't _____ eat out tonight?

❸ 체스 한판 어때?

🎤 How _____ a game of chess?

❹ 오늘밤 조깅 어때?

🎤 How about _____ running tonight?

❺ 목요일은 어떤 것 같니?

🎤 How does Thursday _____ ?

STEP 2 ▶ 우리말 문장에 어울리는 표현을 넣어 말해 보세요.

❻ 어머니께 애들을 돌봐 달라고 하지 그래?

🎤 _____ ask your mom to babysit the kids?

❼ 우리 고양이 기르자.

🎤 _____ get a kitten?

❽ 술 한잔 어때?

🎤 _____ a drink?

❾ 피자 시키는 게 어때?

🎤 _____ pizza?

❿ 중국 음식은 어때?

🎤 _____ Chinese sound?

STEP 3 ▸ 다음 우리말을 영어로 말해 보세요.

⑪ 그걸 글로 써 보지 그래?

🎤 _____

⑫ 우리 뭔가 다른 걸 하는 게 어때?

🎤 _____

⑬ 넌 더블 에스프레소 어때?

🎤 _____

⑭ 내일은 어때? (sound 활용)

🎤 _____

⑮ 이따 오후에 쇼핑 가는 게 어때?

🎤 _____

⑯ 좀 더 있다 가지 그래?

🎤 _____

🎧 09-3.mp3

① 연휴 때 잔뜩 먹어서 살이 찐 두 친구가 운동을 시작하려고 하는데

A I gained so much weight during the holidays. I really need to exercise.

B Me too!
우리 같이 헬스클럽에 등록하자.
🎤

It's more fun to work out together!

A I'm short on cash this month. I don't think I can afford it.

B Look, your birthday is coming up, so 이번 달은 내가 내주면 어때?
🎤

A Hmmmm, well... that would be really nice of you, thanks.

B 지금 당장 시작하자. 🎤

② 친구에게 옷 살 돈을 꾸려는데

A I want to get a new sweater but it's too expensive.

B 인터넷으로 주문하지 그래? 🎤
It's cheaper.

A 나한테 돈 좀 빌려 주는 게 어때? 🎤

B Are you kidding? You still owe me 100,000 won!

정답

① **A** 연휴 동안 살이 너무 많이 쪘어. 정말 운동을 해야겠어. **B** 나도 그래! Why don't we join a gym together? 같이 운동하면 더 재밌을 거야. **A** 이번 달은 돈이 거의 다 떨어졌어. 돈 낼 여유가 없을 것 같은데. **B** 있잖아. 네 생일이 얼마 안 남았잖아. 그러니까 why don't you let me pay for it this month? **A** 흠음. 글쎄… 그래주면 정말 고맙지. **B** Why don't we get started right now?

② **A** 새 스웨터를 하나 사고 싶은데 너무 비싸. **B** Why don't you order it online? 더 싸잖아. **A** How about lending me some money? **B** 농담하나? 너 십만 원 빌려간 것도 아직 안 갚았잖아!

72

이 말, 영어로 할 수 있나요?

Mission
1

근처에 화장실이 있나요?

🎤

Mission
2

더 싼 건 없나요?

🎤

Mission
3

생각하고 있는 거라도 있어?

🎤

💣 *영어로 30초 안에 말해 보세요.*

"근처에 화장실이 있나요?" 낯선 곳으로 여행을 떠날 때 반드시 챙겨가야 할 한 마디 표현이죠. 피할 수도 거부할 수도 없는 인간의 가장 기본적인 생리욕구를 충족시키는 장소이니까요. 또 우리네 서민들의 쇼핑 제1 덕목은 '최소의 비용으로 최고의 득템을!'일 텐데요. 요럴 때 알아 두면 좋은 한 마디 표현은 바로 "더 싼 건 없나요?"일 거예요. 이런 표현들, 영어로 어떻게 하냐고요? 역시 간단한 패턴만 알면 부담 없이 슥슥 할 수 있답니다. 한번 볼까요?

오늘의 패턴 🅐🅑🅒

"~이 있나요?"   "~한 건 없나요?"   "~한 거라도 있나요?"

Pattern
1

Is there **a bathroom around here?**

근처에 화장실이 있나요?

~이 있나요? '~가 있나요?'의 뜻으로 가장 간단하고 쉬운 표현이 바로 Is there ~?입니다. 이때 there 뒤에는 단수명사가 오죠. 참고로 복수명사가 올 땐 Are there ~?를 써야 해요. 여기서 there가 '거기에'라는 뜻이 아니라는 점에 주의하세요.

Is there

a service charge?	수수료가 있나요?
any way around this?	여기에 다른 방법은 없어?
a cure for this type of cancer?	이런 종류의 암에 대한 치료법이 있나요?
an EV charging station around here?	근처에 전기차 충전소가 있나요?

Pattern
2

Is there anything **cheaper?**

더 싼 건 없나요?

~한 건 없나요?, (뭔가) ~한 게 있나요? Is there anything ~?이라고 하면 '다른 ~은 없나요?', '뭔가 ~한 게 있나요?'라고 묻는 표현이 됩니다. anything 뒤에 비교급을 써 주게 되면 '더 ~한 것'을 찾는 표현이 되고요. 아래 예문을 보면 금방 이해될 거예요.

Is there anything

else?	그 밖에 다른 건 뭐 없나요?
harder than diamond?	다이아몬드보다 더 강한 게 있어요?
you want to add?	더 하고 싶은 말 있어요?
you should let me know?	나한테 알려 줘야 할 거 없어?

Is there something **on your mind?**

생각하고 있는 거라도 있어?

~한 게[거라도] 있나요? Is there something ~?을 직역하면 '~한 뭔가가 있나요?'로 anything이 올 때와 비슷한 말인 것처럼 느껴지지만 뉘앙스가 약간 달라요. anything은 '뭐가 있는지 모르는 상태에서' 묻는 표현이고, something은 '뭔가가 있다는 추측을 한 상태에서' 묻는 표현이에요.

Is there something	on my face?	내 얼굴에 뭐 묻었어?
	better than Kakao Talk?	카카오톡보다 더 나은 게 있어?
	more you'd like to know?	더 알고 싶은 게 있나요?
	you're afraid of?	두려워하는 거라도 있어?

Is there anyone who **remembers her name?**

그녀의 이름을 기억하는 사람 있어?

~하는 사람 있나요? 어떤 것을 기억하는 사람이 있는지, 뭔가를 할 줄 아는 사람이 있는지 등등, 구체적인 내용과 관련된 사람이 있는지를 파악하고 싶을 땐 Is there 뒤에 anyone who를 넣어 말하면 돼요.

Is there anyone who	can drive?	운전할 줄 아는 사람 있나요?
	is allergic to nuts?	견과류에 알레르기 있는 사람 있어?
	likes pineapple on pizza?	파인애플 피자 좋아하는 사람 있어요?

 함께 알아두기

우리가 '알레르기'라고 하는 allergy의 정확한 발음은 [앨러쥐]입니다. [알레르기]는 일본식 발음에 따른 것이죠. '~에 알레르기가 있다'는 3가지 방법으로 표현할 수 있는데요. 예로 '나는 우유에 알레르기가 있다'를 말해 보면 아래와 같습니다.

▶ I **have an allergy to** milk.　　▶ I **have a** milk **allergy**.　　▶ I'm **allergic to** milk.

75

STEP 1 ▸ 우리말 문장에 맞게 알맞은 단어를 넣어 말해 보세요.

① 10명이 먹을 만한 음식이 있나요?

🎤 Is _____ enough food for 10 people?

② 엔진에 잘못된 거라도 있어?

🎤 Is there _____ wrong with the engine?

③ 트렁크에 뭐가 있어?

🎤 Is there _____ in the trunk?

④ 스페인어 하시는 분 있나요?

🎤 Is there _____ who speaks Spanish?

STEP 2 ▸ 우리말 문장에 어울리는 표현을 넣어 말해 보세요.

⑤ 오늘밤 써니네 집에서 파티 있어?

🎤 _____ at Sunny's house tonight?

⑥ 사후에 다른 세계가 있을까?

🎤 _____ after death?

⑦ 제가 잊어버리고 안 한 건 없나요?

🎤 _____ I forgot to do?

⑧ 다이아몬드보다 더 강한 게 있어요?

🎤 _____ than diamond?

⑨ 견과류에 알레르기 있는 사람 있어?

🎤 _____ is allergic to nuts?

STEP 3 ▶ 다음 우리말을 영어로 말해 보세요.

⑩ 이 근처에 은행이 있나요?

🎤 _____

⑪ 넌 도대체 못하는 게 뭐냐? (못하는 게 있기나 해?)

🎤 _____

⑫ 여기 무슨 일 있는 거야?

🎤 _____

⑬ 집까지 나 태워다 줄 수 있는 사람 있어요?

🎤 _____

⑭ 뭔가 또 내가 할 수 있는 일이 있을까요?

🎤 _____

⑮ 누구 저 좀 도와주실 분 안 계신가요?

🎤 _____

⑯ 생일 선물로 받고 싶은 거 있니?

🎤 _____

정답
❶ there ❷ anything ❸ something ❹ anyone ❺ Is there a party ❻ Is there something ❼ Is there anything
❽ Is there anything harder ❾ Is there anyone who ❿ Is there a bank around here? ⑪ Is there anything you can't do? ⑫ Is there something going on here? ⑬ Is there anyone who can drive me home? ⑭ Is there something else I could do? ⑮ Is there anyone who can help me? ⑯ Is there anything you want for your birthday?

도전! 실전 스피킹

배운 내용을 떠올리면서 다음 대화를 영어로 완성하세요!

🎧 10-3.mp3

---

① 친구가 생일 선물로 컴퓨터를 원한다고 하는데

A 생일 선물로 받고 싶은 거 있니?

B I want a new computer, but I know it's too expensive.
So, never mind.

A 네 컴퓨터에 무슨 문제라도 있어?

B I don't know. It crashed yesterday.

A I might be able to fix it. Can I take a look?

B Sure! Wow! 넌 못하는 게 뭐니?

② 손님이 종업원에게 화장실 위치를 묻는데

A Can I help you?

B Yes, please. 이 근처에 화장실이 있나요?

A Yeah, the ladies' room is downstairs.
뭐 다른 건 필요하지 않으세요?

B No, thank you.

정답

① **A** Is there anything you want for your birthday? **B** 새 컴퓨터를 갖고 싶은데. 너무 비싸잖아. 그러니까. 뭐 신경 쓰지 마. **A** Is there something wrong with your computer? **B** 모르겠어. 어제 완전 맛이 갔다니까. **A** 내가 고칠 수 있을지도 모르는데. 한번 봐도 될까? **B** 물론이지! 왜 Is there anything you can't do?

② **A** 도와 드릴까요? **B** 네. Is there a bathroom around here? **A** 네. 여자 화장실은 아래층에 있습니다. Is there anything else? **B** 아뇨, 감사합니다.

누군가의 경험을 물을 땐

Have you ever ~?

강의 및 예문 듣기

Mission Possible

이 말, 영어로 할 수 있나요?

Mission 1

전에 여기 와 본 적 있어?

🎙

Mission 2

숙제 다 끝냈니?

🎙

Mission 3

왜 (계속) 내 전화를 피해?

🎙

💣 영어로 30초 안에 말해 보세요.

"거기 가 봤어?" "이거 해 봤어?" "그거 먹어 봤어?" 여행과 먹거리, 맛집 이야기는 그 어느 때보다도 핫한 대화의 소재가 되는 요즘이잖아요. 그러니까 이럴 때 필요한 영어 패턴, 빼먹으면 섭섭하겠죠? 지금부터는 서로의 경험과 추억을 나눌 때 가장 기본이 되는 영어 패턴, 뭔가를 해 봤냐고 상대방의 경험을 물어보는 질문 패턴을 곱씹어 볼 거예요.

오늘의 패턴

"~해 본 적 있어?" "~했어?" "왜 (계속) 해?"

Have you ever **loved someone?**

누굴 사랑해 본 적 있어요?

~해 본 적 있어?, ~해 봤어? Have you ever ~?는 상대방이 뭘 해 봤는지, 뭘 먹어 봤는지, 어디에 가 봤는지 등을 물어볼 때 유용한 패턴입니다. ever 뒤에 오는 동사가 과거분사 형태라는 점에 주의하세요.

Have you ever	tried Thai food?	태국 음식 먹어 봤어?
	been here before?	전에 여기 와 본 적 있어?
	gone boating?	보트 타러 가 본 적 있어요?
	heard of such a thing?	그런 거 들어 본 적 있어?
	asked for her phone number?	그 여자 전화번호 물어본 적 있어?

Have you **thought about your future?**

자네 장래에 대해 생각해 봤나?

~해 봤어?, ~했어? 1번 패턴의 문장들에서 ever를 빼도 의미는 같아요. 다만 ever를 넣으면 경험치가 강조되는 거죠. 근데 ever를 빼고 그냥 Have you ~?가 되면 경험을 물을 때뿐 아니라 지금까지 계속 하고 있는 일이나 죽 진행하다가 최근에 막 끝낸 일에 대해서도 물어볼 수 있죠.

Have you	finished your homework yet?	숙제 다 끝냈니?
	eaten all the ice cream?	아이스크림을 다 먹어 치운 거야?
	tried calling her home number?	그녀 집 전화번호로 걸어 봤어?
	signed the contract?	계약서에 사인했어?
	purchased your ticket?	네 표는 구입했어?

Pattern 3

Why have you **been avoiding my calls?**

왜 (계속) 내 전화를 피해?

왜 (계속) ~해[했어, 한 거야]? 어떤 경험이나 지금까지 죽 이어지고 있는 상태에 대한 구체적인 정보(누가, 언제, 어디서, 무엇을, 어떻게, 왜)를 알고 싶다면 Have you ~? 앞에 상황에 따라 알맞은 의문사를 넣어 물어보면 돼요.

When		worked in a team?	팀으로 일해 본 적은 언제인가요?
Where		been hiding lately?	요즘 어디에 숨어 지냈어?
What	**have you**	been doing?	지금까지 무슨 일을 한 거야?
How		been?	(그동안) 어떻게 지냈니?
How much		drunk tonight?	오늘밤 얼마나 마신 거야?

Level Up Pattern 4

Have I ever **lied to you?**　　내가 너한테 거짓말한 적 있어?

내가 ~한 적 있어? Have 뒤에 I나 we를 써 주면 '내가 ~한 적 있어?', '우리가 ~한 적이 있던가?'라는 의미가 됩니다. 여기에 ever를 넣어 말하면 '도대체 ~한 적이'라고 강조하는 표현이 되죠.

Have I	told you lately that I love you?	내가 최근에 사랑한다고 말했던가?
	ever offended you?	내가 너 기분 상하게 한 적 있어?
Have we	met somewhere before?	우리 전에 어디서 만난 적 있던가요?
	ever heard the whole story?	우리가 도대체 전체 얘기를 들은 적이 있던가?

🐷 함께 알아두기

여행지에서 만난 사람이 전에 여기 와 본 적이 있는지 물을 경우엔 No, this is my first time in America.(아뇨, 미국은 이번이 처음이에요.), 혹은 Yes, I came here last summer.(네, 작년 여름에 왔어요.)와 같이 대답해 보세요.

81

STEP 1 ▶ 우리말 문장에 맞게 알맞은 단어를 넣어 말해 보세요.

❶ 그 소포 부쳤어?

🎤 _____ you mailed the package yet?

❷ 수상 스키 타 본 적 있어요?

🎤 Have you _____ tried water skiing?

❸ 요즘은 어디서 일하고 있어?

🎤 _____ have you been working these days?

❹ 오늘밤 얼마나 마신 거야?

🎤 _____ much have you drunk tonight?

❺ 우리 전에 어디서 만난 적 있던가요?

🎤 Have _____ met somewhere before?

STEP 2 ▶ 우리말 문장에 어울리는 표현을 넣어 말해 보세요.

❻ 유학 가는 거 생각해 본 적 있어?

🎤 _____ thought about studying abroad?

❼ 피자를 다 먹어 치운 거야?

🎤 _____ all the pizza?

❽ 지금까지 무슨 일을 한 거야?

🎤 _____ been doing?

❾ 내가 너 기분 상하게 한 적 있어?

🎤 _____ offended you?

STEP 3 ▸ 다음 우리말을 영어로 말해 보세요.

⑩ 한국에 오신 지 얼마나 되셨습니까?

🎤 _____

⑪ 내가 열쇠를 또 잃어버렸나?

🎤 _____

⑫ 아기 보는 사람은 구했어?

🎤 _____

⑬ 우리가 도대체 전체 얘기를 들은 적이 있던가?

🎤 _____

⑭ 전에 여기 와 본 적 있어?

🎤 _____

⑮ 계약서에 사인했어?

🎤 _____

⑯ 요즘 어디에 숨어 지냈어?

🎤 _____

🎧 11-3.mp3

① 아직 음식점에 안 온 친구를 기다리는데

A Sally doesn't answer her cell phone. Where is she?

B 집 전화번호로도 해 봤어?

She knows we're here, right?

A I think so. I left a message anyway. She'll be here.

B OK. Let's take a look at the menu then.

너 태국 음식 먹어 본 적 있어? 🎤

A No, this is my first time.

넌 전에 여기 와 봤어? 🎤

B A couple of times. Everything is so good here.

② 애인이 약속 시간보다 늦게 나타났는데

A 어디 갔었어? 🎤

I thought I got stood up.

B I'm so sorry.

온 지 얼마나 됐어?

🎤

A Almost an hour now. What happened?

B I was reading comic books and I lost track of time. So sorry.

정답

① **A** 샐리가 휴대폰을 안 받아. 어디 갔지? **B** Have you tried her home number? 걔 우리 여기 있는 거 알지? **A** 그럴 걸. 어쨌든 메시지 남겼으니까 오겠지. **B** 좋아. 그럼 메뉴나 살펴보자. Have you ever tried Thai food? **A** 아니, 이번이 처음이야. Have you been here before? **B** 두 번 정도. 여기 음식은 전부 진짜 맛있다니까.

② **A** Where have you been? 바람맞은 줄 알았네. **B** 정말 미안해. How long have you been here? **A** 이제 한 시간쯤 됐어. 어떻게 된 거야? **B** 만화책 읽다가 시간 가는 줄 몰랐어. 정말 미안해.

12 You ~?

격의 없이 뭔가를 묻고 싶을 땐

강의 및 예문 듣기

이 말, 영어로 할 수 있나요?

Mission 1

그녀가 한 말을 믿어?

🎤

Mission 2

그거 몰랐어요? (알지 못했어요?)

🎤

Mission 3

시간 좀 있어?

🎤

💣 *영어로 30초 안에 말해 보세요.*

세계 어느 나라든 일상생활에서 말을 할 때면 되도록 편하고 짧게 하려고 하는 게 인지상정 (人之常情)이죠. 영언들 다르겠습니까? 상대방에게 궁금한 걸 물어볼 때도 좀 더 편리한 방법으로, 좀 더 간단하게 질문하는 방법이 당연 있지요. 오늘은 바로 그 방법을 알아볼 건데요. 잘 연습해 뒀다 편안한 자리나 편한 사람 앞에서 편하게 써 보자고요!

오늘의 패턴 🎲

> "너 ~니?"   "~하지 않았어?"   "너 ~있어?"

Pattern 1

You need some help?

좀 도와줄까?

너 ~니? 위 문장을 물음표 없이 그대로 해석하면 '넌 도움이 좀 필요해'라는 말이 되죠. 그런데 구어체에서는 이런 평서문에 물음표를 붙이고 문장 끝만 살짝 올려 읽으면 '너 도움 필요해? 좀 도와줄까?'라는 말이 됩니다. 단, 반말의 느낌이니 주의하세요.

You	knew about this?	넌 이것에 대해 알고 있었단 말이야?
	want some company?	같이 가 줄까? (동행이 필요하니?)
	know him?	너 그 사람 알아?
	gave him permission?	네가 그 사람한테 허락을 했어?
	believe what she says?	그녀가 한 말을 믿어?

Pattern 2

You didn't know that?

그거 몰랐어요? (알지 못했어요?)

~하지 않았어?, 안 ~했어? 1번 패턴과 마찬가지로 문장 끝만 올려 읽어서 의문문이 된 표현인데요. 상대방의 행동이나 말이 믿기지 않는다거나 놀라움을 나타내는 의미가 담겨 있어요.

You didn't	even try it?	해 보지도 않았어?
You don't	love me any more?	이젠 날 사랑하지 않는다고?
You're not	going?	안 간다고?
You can't	find your phone?	네 휴대폰을 못 찾겠다고?
You didn't	think to ask anyone?	누구한테도 물어볼 생각을 안 했다고?

You got a minute?

시간 좀 있어?

너 ~있어? 여기서 got은 have got이 줄여진 말이에요. 말을 빨리 하다 보니 have가 점점 약화되어 결국 got만 남게 된 거죠. 회화에서는 때로 주어인 You마저도 생략하고 그냥 Got a minute?으로 말하기도 해요.

You got		
	a girlfriend?	여자친구 있어?
	a light?	불 있어?
	some money?	돈 좀 있어?
	any ideas?	무슨 생각이라도 있어?
	an extra pen?	펜 하나 더 있어?

(You're) Going up?

올라가요?

너 (지금) ~하니? 위 문장은 교과서대로라면 Are you going up?이라고 해야겠지만 평서문의 문장 끝만 살짝 올려 You're going up?이라고 말할 수도 있죠. 그런데 이 경우엔 You're마저 생략하고 그냥 Going up?이라고 하는 게 보통이에요. 다음은 이런 식으로 자주 쓰이는 예문들입니다.

Having	fun?	재밌니?
Living	alone?	혼자 살아?
Going	out?	외출하니?
Taking	a break?	쉬는 중이야?
Sending	a text?	문자 보내는 중이야?

STEP 1 ▶ 우리말 문장에 맞게 알맞은 단어를 넣어 말해 보세요.

1 커피 좀 줄까?

🎤 _____ want some coffee?

2 누구한테도 물어볼 생각을 안 했다고?

🎤 You _____ think to ask anyone?

3 아직 다 못했어?

🎤 You _____ finished it?

4 뭐 좋은 생각이라도 있어?

🎤 You _____ any good ideas?

5 학교 가니?

🎤 _____ to school?

STEP 2 ▶ 우리말 문장에 어울리는 표현을 넣어 말해 보세요.

6 룸메이트 있어?

🎤 _____ a roommate?

7 이젠 날 사랑하지 않는다고?

🎤 _____ love me any more?

8 안 간다고?

🎤 _____ going?

9 해 보지도 않았어?

🎤 _____ even try it?

STEP 3 ▸ 다음 우리말을 영어로 말해 보세요.

❿ 재밌니?

🎤 _____

⓫ 직장은 있어?

🎤 _____

⓬ 수영을 못 한다고?

🎤 _____

⓭ 넌 이것에 대해 알고 있었단 말이야?

🎤 _____

⓮ 쉬는 중이야?

🎤 _____

⓯ 돈 좀 있어?

🎤 _____

⓰ 네 휴대폰을 못 찾겠다고?

🎤 _____

도전!
실전 스피킹

배운 내용을 떠올리면서 다음 대화를 영어로 완성하세요!

🎧 12-3.mp3

① 친구에게 뭔가 꺼내기 어려운 부탁이 있어 보이는데

A 시간 좀 있냐?

B I'm kind of busy writing my essay. What do you want?

A 좀 도와줄까?

B No, thanks. I can do this alone. Did you want something?

A Nothing. I was just wondering...

불 있어?

B You know I don't smoke. What are you up to?

② 외출 준비를 하고 있는 친구를 보고

A 외출하니?

B Yeah. I got a date.

A 너 여자친구 생겼어?

B Not really. This is our second date.

정답

① **A** You got a minute? **B** 작문 숙제 하느라 좀 바쁜데. 왜? **A** You need some help? **B** 아니, 괜찮아. 혼자서도 할 수 있어. 근데 뭐 할 말 있어? **A** 아냐. 그냥 좀 궁금해서… You got a light? **B** 나 담배 안 피우는 거 알잖아. 도대체 무슨 일인데 그래?

② **A** Going out? **B** 응. 데이트가 있어. **A** You got a girlfriend? **B** 아니, 그렇다기보다는. 오늘이 두 번째 데이트야.

90

이 말, 영어로 할 수 있나요?

그렇게 생각 안 해?

🎤

그냥 잊어버릴 수 없어? (그냥 넘어가면 안 돼?)

🎤

그거 불가사의하지 않니?

🎤

💣 *영어로 30초 안에 말해 보세요.*

한창 소설책에 빠져 있는데 친구가 와서 이렇게 물어요. "이거 재미있지 않냐?(Isn't it interesting?)" 이미 이 책을 재미있게 읽은 친구가 나의 동의를 기대하며 묻는 말인 거죠. 오늘은 이렇게 상대의 동의나 호응을 기대하며 던질 수 있는 질문 패턴을 배워 보도록 해요. 이와 함께 쓸데없는 데 집착하거나 어처구니없는 행동을 하는 친구에게 "그만 좀 할 수 없냐?", "그만하면 안 되냐?"라는 식으로 제동을 걸 때 필요한 패턴도 배워 볼 거예요.

오늘의 패턴 🎲

> "(너) ~안 해?"   "~할 수 없어?"   "(그거) ~하지 않니?"

Pattern 1

Don't you think so?

그렇게 생각 안 해?

(너) ~하지 않니? ~안 해? Do you ~?가 아닌 Don't you ~?로 질문을 하게 되면 '~하지 않니?'라는 뜻이 되는데요. 이건 '~하지? 그렇지?'라고 상대방에게 동의를 구하는 표현이 됩니다. 따라서 위 문장은 결국 '너도 그렇게 생각하지?'라는 뜻이 돼요.

Don't you	know me?	너 나 몰라? (너 나 알지 않니?)
	agree with me?	내 생각에 동의 안 해?
	ever knock?	넌 생전 노크도 안 하니?
	have feelings for her?	너 그녀한테 호감 있지 않아?
	care what happens?	무슨 일이 일어나든 신경 안 써?

Pattern 2

Can't you hear me?

내 말 안 들려?

(너) ~할 수 없어?, ~하면 안 돼? Don't 대신에 Can't가 들어가면 '~해 줄 수 없니?', '~할 수 없니?'라는 말이 되는데요. 이렇게 부정문으로 시작하면 매우 강하게 호소하는 느낌을 주게 됩니다. 아래 예문을 통해 그 느낌을 이해해 보세요.

Can't you	understand?	이해 좀 해주면 안 돼?
	just forget it?	그냥 잊어버릴 수 없어? (그냥 넘어가면 안 돼?)
	just let it go?	그냥 놔줄 수 없어?
	wait your turn?	네 차례를 기다리면 안 돼?
	keep a secret?	비밀 좀 지킬 수 없어?

Isn't it mysterious?   그거 불가사의하지 않니?

(그거) ~하지 않니? Isn't it ~? 역시 '그거 ~하지 않니?'라고 자신의 의견을 말하면서 상대방이 이에 응해 주길 바라는 표현입니다. Isn't it 뒤에는 형용사가 와요. 참고로, 이런 질문에는 Of course it is.(당연하지.)나 It sure is.(정말 그래.)라고 대답해 보세요.

Isn't it	amazing?	놀랍지 않니?
	incredible?	훌륭하지 않니?
	obvious?	당연한 거 아냐?
	fabulous?	멋지지 않니?
	breathtaking?	그거 숨 막힐 정도로 멋지지 않니?

Aren't you curious about it?   그것에 대해 궁금하지 않아?

(너) ~하지 않니? Aren't you ~?도 '~하지 않니?'라고 하면서 상대방의 동의를 구하는 표현입니다. Don't you와 Can't you 뒤에는 동사원형이 오지만, Aren't you 뒤에는 형용사가 오죠.

Aren't you	excited to go abroad?	외국에 나가게 되어 설레지 않아요?
	glad that I'm here?	내가 와서 좋지 않나?
	excited that you passed the test?	시험에 합격했는데 신나지 않아?
	sorry for what you did?	네가 한 짓에 대해 미안하지도 않아?

 함께 알아두기 -

Aren't you?는 부가의문문으로 쓰이기도 해요. 부가의문문이란 앞 문장의 뒤에 붙어서 '그렇지?' 하고 자신이 한 말에 동의를 구하는 표현입니다. ▶ You're hungry, **aren't you?** (너 배고프구나, 그치?)

93

STEP 1 ▶ 우리말 문장에 맞게 알맞은 단어를 넣어 말해 보세요.

❶ 넌 생전 노크도 안 하니?
🎤 _____ you ever knock?

❷ 그거 숨막힐 정도로 멋지지 않니?
🎤 Isn't _____ breathtaking?

❸ 그냥 놔줄 수 없어?
🎤 _____ you just let it go?

❹ 멋지지 않니?
🎤 _____ it fabulous?

❺ 날 만나서 기쁘지 않아?
🎤 _____ you glad to see me?

STEP 2 ▶ 우리말 문장에 어울리는 표현을 넣어 말해 보세요.

❻ 이 식당 너무 맘에 들지 않니?
🎤 _____ just love this restaurant?

❼ 나 공부하는 거 안 보여?
🎤 _____ see I'm studying?

❽ 훌륭하지 않니?
🎤 _____ wonderful?

❾ 나 약혼했는데 기쁘지 않아?
🎤 _____ happy that I'm engaged?

STEP 3 ▶ 다음 우리말을 영어로 말해 보세요.

⑩ 그냥 잊어버릴 수 없어?

🎤 _____

⑪ 너 나 안 좋아해?

🎤 _____

⑫ 시험에 합격했는데 신나지 않아?

🎤 _____

⑬ 내 생각에 동의 안 해?

🎤 _____

⑭ 네 차례를 기다리면 안 돼?

🎤 _____

⑮ 놀랍지 않니?

🎤 _____

⑯ 네가 한 짓에 대해 미안하지도 않아?

🎤 _____

정답
① Don't ② it ③ Can't ④ Isn't ⑤ Aren't ⑥ Don't you ⑦ Can't you ⑧ Isn't it ⑨ Aren't you ⑩ Can't you just forget it? ⑪ Don't you like me? ⑫ Aren't you excited that you passed the test? ⑬ Don't you agree with me? ⑭ Can't you wait your turn? ⑮ Isn't it amazing? ⑯ Aren't you sorry for what you did?

🔊 13-3.mp3

① 시험이 코앞인데 친구가 눈치 없이 계속 공부를 방해하는데

A Hey, what do you think of my new sweater?

B You scared me!
넌 생전 노크도 안 하니? 🎤

A I'm sorry, but I think this is too tight.
그렇게 생각 안 해? 🎤

B Listen, I have an important exam tomorrow.
Can we do this later?

A Okay, okay. Do you think I should return this?

B 나 공부하는 거 안 보여? 🎤
I don't have time for this.

② 결별 선언을 하는 애인에게

A 날 용서해 줄 수 없겠어? 🎤
Give me another chance.

B I've already made my decision, so don't waste your time.

A Everyone makes mistakes.
이해 좀 해주면 안 돼? 🎤

B No, this time you went too far.

정답

① **A** 야, 내 새 스웨터 어때? **B** 놀랐잖아! Don't you ever knock? **A** 미안. 근데 옷이 너무 꽉 끼는 거 같아. Don't you think so? **B** 저기, 나 내일 중요한 시험이 있거든. 나중에 얘기하면 안 될까? **A** 알았어. 알았다고. 근데 이거 반품해야 할까? **B** Can't you see I'm studying? 이럴 시간 없다고.

② **A** Can't you forgive me? 한 번만 더 기회를 줘. **B** 난 이미 결정 내렸어. 그러니까 시간 낭비하지 마. **A** 누구나 실수는 하는 거잖아. Can't you understand? **B** 아니. 너 이번엔 너무했어.

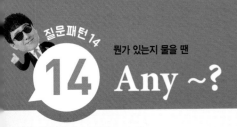

강의 및 예문 듣기

이 말, 영어로 할 수 있나요?

Mission 1

나한테 온 메시지 있어?

🎤

Mission 2

(누구) 스마트폰 가진 사람 있어?

🎤

Mission 3

나에 대해 뭐 알고 싶은 거라도 있어?

🎤

 영어로 30초 안에 말해 보세요.

"나한테 온 메시지 있어?" "질문 있어?" "지금 노트북 갖고 있는 사람 있어?" "요새 관심 가는 사람 있어?" 등등등. 이처럼 뭐가 있냐, 이런저런 사람이 있냐는 류의 질문은 우리말로도 끝도 없이 만들 수 있을 정도로 일상생활에서 많이 쓰는 말들인데요. 영어로는 이런 말들 어떻게 하면 될까요? 사실 아주 간단하고 쉽게 할 수 있단 말이죠. 바로 지금부터 그 비법을 알려 드릴게요!

오늘의 패턴 🎲

"~있어?" "(누구) ~한 사람 있어?"
"(뭐) ~하는 거라도 있어?"

97

Pattern 1

(Are there) Any messages for me?

나한테 온 메시지 있어?

~있어?. (뭐) ~라도 있어? 원래 Are there로 시작되는 문장인데 워낙 많이 쓰다 보니 편의상 이 부분을 생략하고 말합니다. 그래서 주로 〈Any + (복수)명사〉의 형태로 쓰죠.

Any	suggestions?	뭐 제안할 거라도 있어요?
	serious concerns?	심각한 걱정거리라도 있어?
	questions so far?	지금까지 질문 있어요?
	thoughts about the meeting?	회의에 대해서 무슨 생각이라도 있어?
	good movies playing tonight?	오늘밤에 뭐 재밌는 영화 하는 거 있어?

Pattern 2

(Is there) Anybody with a smartphone?

(누구) 스마트폰 가진 사람 있어?

(누구) ~한 사람 있어? anybody가 단수로 취급되기 때문에 앞에 Are there 대신 Is there가 옵니다. 하지만 어차피 그 부분은 생략되는 게 보통이니까 그냥 알아만 두세요.

Anybody	for New York?	뉴욕 가시는 분 있어요?
	listening?	누구 듣고 있는 사람?
	needing a ride?	태워다 줄 건데 원하는 사람?
	you're interested in?	관심 있는 사람 있어?
	else?	누구 또 없어요?

Pattern 3

(Is there) Anything you **want to say?**

뭐 하고 싶은 말 있어?

(뭐) ~하는 거라도 있어?, ~하는 거 없어? Anything you 뒤에 heard, need, want 등의 동사를 넣으면 상대방이 '뭔가 들은 것, 필요한 것, 원하는 것'이 있는지 물어볼 수 있어요.

Anything you

heard from Steve?	스티브한테서 뭐 들은 거 없어?
need from the store?	가게에서 뭐 필요한 거 없어?
want to know about me?	나에 대해 뭐 알고 싶은 거라도 있니?
have to do before we go?	우리가 가기 전에 너 해야 할 일이라도 있어?
regret about your job?	네 직업에 대해 후회하는 거라도 있어?

Level Up
Pattern 4

(Is there) Anything I **need to know?**

내가 알아야 할 게 있을까?

(내가) ~할 게 있을까?, ~할 거 없어? 상대방이 필요로 하는 것이나 원하는 뭔가가 궁금할 수도 있지만, 내가 뭔가 할 수 있는 일이 있는지 물어볼 수도 있겠죠? 이땐 Anything I ~?를 써서 말합니다.

Anything I

can do to help?	내가 뭐 도와줄 거 없어?
should prepare?	내가 준비할 게 있을까?
should check before the show?	쇼 시작 전에 확인할 거라도 있어?
ought to ask the lawyer?	변호사한테 물어봐야 할 거라도 있어?

STEP 1 ▸ 우리말 문장에 맞게 알맞은 단어를 넣어 말해 보세요.

❶ 사람 뽑는 데 있나요? (자리 비는 데 있나요?)

🎤 _____ job openings?

❷ 누구 또 없어요?

🎤 _____ else?

❸ 내가 같이 뭐 도와줄 거 없어?

🎤 _____ I can help you with?

❹ 나에 대해 뭐 알고 싶은 게 있니?

🎤 Anything you _____ to know about me?

❺ 지금까지 질문 있어요?

🎤 Any _____ so far?

STEP 2 ▸ 우리말 문장에 어울리는 표현을 넣어 말해 보세요.

❻ 파리에서 뭐 사다 줄까?

🎤 _____ want from Paris?

❼ 오늘밤에 뭐 재밌는 영화 하는 거 있어?

🎤 _____ playing tonight?

❽ 서울에서 오신 분 안 계세요?

🎤 _____ Seoul?

❾ 내가 준비할 게 있을까?

🎤 _____ should prepare?

STEP 3 ▸ 다음 우리말을 영어로 말해 보세요.

⑩ 관심 있는 사람 있어?

🎤 ....

⑪ 오늘밤 뭐 하고 싶은 거 있어?

🎤 ....

⑫ 뭐 제안할 거라도 있어요?

🎤 ....

⑬ 파티에 가져갈 게 있나요?

🎤 ....

⑭ 스티브한테서 뭐 들은 거 없어?

🎤 ....

⑮ 뉴욕 가시는 분 있어요?

🎤 ....

⑯ 회의에 대해서 무슨 생각이라도 있어?

🎤 ....

정답

① Any ② Anybody ③ Anything ④ want ⑤ questions ⑥ Anything you ⑦ Any good movies
⑧ Anybody from ⑨ Anything I ⑩ Anybody you're interested in? ⑪ Anything you want to do tonight?
⑫ Any suggestions? ⑬ Anything I should bring to your party? ⑭ Anything you heard from Steve?
⑮ Anybody for New York? ⑯ Any thoughts about the meeting?

🎧 14-3.mp3

❶ 지긋지긋한 중간고사에서 해방된 후

A The midterms are finally over!

B Shouldn't we do something? Let's celebrate!

A Yeah, sure. What can we do?

무슨 생각이라도 있어?

B We could go to the movies.

A 오늘밤에 뭐 재밌는 영화 하는 거 있어?

B I don't know. I have to check on the Internet.

❷ 퇴근 후 집에 돌아와서

A 집에 아무도 없나?

B Hi, Dad. You're home early.

A Yeah, where's Mom?

전화 온 데는 없었고?

B Mom's not home, and uncle Richard called.

정답

❶ A 드디어 중간고사가 끝났다! **B** 우리 뭔가 해야 하는 거 아니야? 축하해야지! **A** 그럼, 물론이지. 뭘 할까? Any ideas? **B** 영화를 보러 가도 좋고. **A** Any good movies playing tonight? **B** 글쎄, 모르겠네. 인터넷에서 찾아봐야겠다.

❷ A Anybody home? **B** 아, 아빠. 일찍 오셨네요. **A** 그래. 엄마는 어디 계시니? Any messages for me? **B** 엄마는 집에 안 계세요. 그리고 리처드 삼촌한테서 전화 왔었어요.

질문패턴 15

15 '무엇'인지 알고 싶을 땐
What ~?

강의 및 예문 듣기

이 말, 영어로 할 수 있나요?

Mission 1 뭐가 그렇게 오래 걸렸어?

🎤

Mission 2 문제가 뭐야?

🎤

Mission 3 무슨 노래 듣고 싶으세요?

🎤

💣 영어로 30초 안에 말해 보세요.

영어로 질문을 잘하려면 꼭 빼먹지 않고 챙겨 둬야 하는 필수 아이템이 있습니다. 바로 What, How, When, Where, Who, Why와 같은 의문사가 그렇죠. 이 의문사들을 잘 쓸 줄 알아야 숨은 정보, 구체적인 정보까지 낱낱이 밝혀낼 수 있으니까요. 지금부터는 의문사를 중심으로 한 질문 패턴들을 익혀 볼 텐데요. 오늘은 우선 '무엇'인지를 밝혀내는 What ~? 패턴부터 연습해 보죠.

오늘의 패턴

"뭐가 ~했어?" "~가 뭐야?" "무슨 …가/를 ~하니?"

103

Pattern 1

What happened **to you?**

무슨 일 있어? (네게 무슨 일이 있었던 거야?)

뭐가 ~했어?, 뭐가 ~한 거야? What 뒤에 동사만 넣으면 '뭐가 ~했어?', '뭐가 ~한 거야?'라는 표현을 할 수 있어요. 이때 과거의 일을 묻고 싶다면 동사의 과거형을, 현재의 일을 묻고 싶다면 현재형을 쓰면 됩니다.

	took	you so long?	뭐가 그렇게 오래 걸렸어? (왜 이제 와?)
	bothers	you the most?	뭐가 제일 신경 쓰이니?
What	**makes**	you think so?	왜 그렇게 생각해? (뭐가 그렇게 생각하게 했어?)
	comes	with the main dish?	메인 요리에 뭐가 같이 나오죠?
	possessed	you to do that?	뭐가 씌었길래 그렇게 했어?

Pattern 2

What's **the problem?**

문제가 뭐야?

~가 뭐야? What's로 시작해서 그 뒤에 자신이 궁금한 내용을 넣기만 하면 '~가 뭐야?'라고 물을 수 있습니다. What's 뒤에 여러 가지 말들을 붙여 가면서 연습해 보세요.

	the difference?	차이점이 뭐야?
	your blood type?	혈액형이 뭐니?
What's	the point?	요점이 뭐야?
	her excuse?	그녀의 변명은 뭔데?
	the forecast for tonight?	오늘밤 예상 가능한 일정이 어떻게 돼?

What kind of food **do you like?**

어떤 종류의 음식을 좋아하세요?

무슨[어떤] …가/를 ~하니? 이번에는 What 뒤에 명사를 붙여 볼까요? What do you like? 하면 그냥 '뭘 좋아해?'가 되지만 What 뒤에 kind of food를 넣으면 구체적으로 '어떤 종류의 음식'을 좋아하는지 물을 수 있죠.

	kind of answer	is that?	무슨 대답이 그러냐?
	time	did it start?	몇 시에 시작했어?
What	movie	are we going to see?	우리 무슨 영화 볼 건데?
	project	are you working on?	어떤 프로젝트를 진행하고 있니?
	song	would you like to hear?	무슨 노래 듣고 싶으세요?

What if **I'm wrong?**

내가 생각한 게 틀리면 어떡하지?

~면 어떡하지? What 뒤에 if를 붙이면 '만일 ~이라면 어떡하지?'라는 의미로, 불확실한 상황에 대해 가정하는 표현이 됩니다. What if 뒤에는 항상 〈주어 + 동사〉가 포함된 문장이 오죠.

	we're late?	우리가 늦으면 어떡하지?
	you get laid off?	해고되면 어쩌려고?
What if	she doesn't call me back?	그녀가 전화 안 하면 어떡하지?
	the car breaks down?	차가 고장 나면 어쩌려고?

 함께 알아두기

어떤 종류의 음식을 좋아하느냐는 질문에 I like spicy food.(전 매운 음식을 좋아해요.), I like Italian food.(전 이탈리아 음식을 좋아해요.)와 같이 대답해 보세요. 뭐든 안 가리고 잘 먹는다고요? 그럼 I eat everything.이라고 하면 됩니다.

STEP 1 ▶ 우리말 문장에 맞게 알맞은 단어를 넣어 말해 보세요.

❶ 제목이 뭐야?

🎤 _____ the title?

❷ 뭐가 제일 신경 쓰이니?

🎤 What _____ you the most?

❸ 무슨 색깔 좋아해?

🎤 What _____ do you like?

❹ 그가 맘에 안 들어 하면 어떡하지?

🎤 What _____ he doesn't like it?

❺ 뭐가 잘못된 거야?

🎤 What _____ wrong?

STEP 2 ▶ 우리말 문장에 어울리는 표현을 넣어 말해 보세요.

❻ 뭐가 그렇게 오래 걸렸어? (왜 이제 와?)

🎤 _____ you so long?

❼ 뭐 때문에 해 보지도 못하는 거야? (keep someone from -ing ～가 …하지 못하게 하다)

🎤 _____ you from trying?

❽ 표가 매진되면 어떡하지?

🎤 _____ all the tickets are sold out?

❾ 무슨 책을 얘기하는 거야?

🎤 _____ are you talking about?

STEP 3 ▶ 다음 우리말을 영어로 말해 보세요.

⑩ 왜 그렇게 생각해?

🎤 _____

⑪ 요점이 뭐야?

🎤 _____

⑫ 우리 무슨 영화 볼 건데?

🎤 _____

⑬ 우리가 늦으면 어떡하지?

🎤 _____

⑭ 메인 요리에 뭐가 같이 나오죠?

🎤 _____

⑮ 무슨 노래를 듣고 싶은데?

🎤 _____

⑯ 그 애(여자)가 전화 안 하면 어떡하지?

🎤 _____

정답
① What's ② bothers ③ color ④ if ⑤ went ⑥ What took ⑦ What keeps ⑧ What if ⑨ What book ⑩ What makes you think so? ⑪ What's the point? ⑫ What movie are we going to see? ⑬ What if we're late? ⑭ What comes with the main dish? ⑮ What song would you like to hear? ⑯ What if she doesn't call me back?

🎧 15-3.mp3

① 영화를 보기 위해 영화관 앞에서 만났는데

A 왜 이제 와?

B I'm sorry for keeping you waiting. Let me get the tickets first.

A 우리 무슨 영화 볼 건데?

B The one with Benedict Cumberbatch.

제목이 뭐더라?

A *Doctor Strange*?

B Yeh, that's it. I'll be right back.

② 친구에게 근황을 물으며

A 어떤 프로젝트를 진행하고 있니?

B I'm between projects. I quit the last one.

A 뭐가 씌였길래 그렇게 했어? (**possess** (귀신 등이) 홀리다)

B The boss hates me.

정답

❶ **A** What took you so long? **B** 기다리게 해서 미안해. 표부터 먼저 사 올게. **A** What movie are we going to see?
B 베네딕트 컴버배치 나오는 거. What's the title? **A** '닥터 스트레인지'? **B** 맞아, 그거야. 금방 올게.

❷ **A** What project are you working on? **B** 쉬는 중이야. 마지막에 하던 거 그만뒀어. **A** What possessed you to do
that? **B** 사장이 날 싫어해.

강의 및 예문 듣기

Mission Possible

이 말, 영어로 할 수 있나요?

Mission 1

너희 둘 어떻게 만나게 됐어?

Mission 2

파리 여행은 어땠어?

Mission 3

매운 소스를 얼마나 넣은 거야?

영어로 30초 안에 말해 보세요.

이번에는 우리말의 '어떻게'로 대표되는 How ~? 패턴을 연습해 볼 텐데요. 여기서 '어떻게' 란 어떤 일을 하는 '방법'이 될 수도, 어떤 상황이 벌어진 '경위나 과정'이 될 수도, 괜찮은지 어떤지를 묻는 '상태'가 될 수도 있어요. 또 양이나 수가 얼마나 되는지, 시간이 얼마나 걸리 는지, 어떤 일을 얼마나 자주 하는지 등과 같이 '얼마나'와 관련된 질문을 할 때도 How ~?를 쓰면 되는데요. 어떻게 쓰면 되는지 지금부터 살펴볼까요?

오늘의 패턴

"너 어떻게[어쩌다] ~했어?" "~은 어땠어?" "얼마나 ~?"

이렇게
배웠더라면

Pattern 1

How did you **two meet?** 너희 둘 어떻게 만나게 됐어?

너 어떻게[어쩌다] ~했어? How did you ~? 뒤에 상대방이 한 행동만 넣어 주면 됩니다. 알고 보면 세 단어로 이루어진 쉬운 말인데 막상 입 밖으로 꺼낼 땐 잘 안 되죠? 큰 소리로 많이 말해 보는 게 최선입니다!

	get fired?	어쩌다 해고됐어요?
	get my number?	내 전화번호는 어떻게 알았어요?
How did you	come up with that idea?	어떻게 그런 생각을 해냈어?
	figure things out?	일은 어떻게 해결했어?

Pattern 2

How was **your trip to Paris?**
파리 여행은 어땠어? (파리 잘 갔다 왔니?)

~은 어땠어?. ~은 어때? 영화는 어땠냐, 여행은 어땠냐, 음식 맛은 어떠냐 등과 같은 상태를 묻고 싶다면 How 뒤에 be동사를 넣어 주면 됩니다. 과거에 어땠는지 묻고 싶다면 과거형을, 현재 어떤지 묻고 싶다면 현재형을 써서 말하면 돼요.

	the interview?	면접은 어땠어? (면접 잘했어?)
How was	your day?	오늘 하루 어땠니?
	your performance?	네 공연은 어땠니? (공연은 잘했어?)
How is	the salmon?	연어 맛이 어때?
	married life?	결혼 생활은 어때?

How much hot sauce did you use?

매운 소스를 얼마나 넣은 거야?

얼마나 ~? How many(수가 얼마나 많이), How much(양이 얼마나 많이), How long(얼마나 오래), How often(얼마나 자주)처럼 How 뒤에 정도를 나타내는 말을 붙이면 좀 더 구체적인 질문을 할 수 있어요.

	many	miles did we hike?	우리 몇 마일이나 하이킹을 한 거지?
	often	do you change your hair style?	헤어스타일은 얼마나 자주 바꿔?
How	**often**	do you eat out?	얼마나 자주 외식해?
	long	did you stay there?	거기 얼마나 있었어요?

How can you do this to me?

너 어떻게 나한테 이럴 수 있니?

(너) 어떻게 ~할 수 있니? How can you ~? 하면 상대방이 한 행동이나 일 등에 대해 약간 놀라워하거나 '네가 어떻게 그럴 수 있냐'며 따지는 듯한 의미가 담겨 있으니 주의해서 쓰세요.

	put up with that?	아니, 그걸 어떻게 참을 수 있어?
	prove it?	그걸 어떻게 증명할래?
How can you	just look the other way?	어떻게 다른 쪽만 볼 수가 있어?
	stand this weather?	넌 이런 날씨를 어떻게 견뎌?

 함께 알아두기

How가 '왜?'라는 뜻으로 쓰일 때도 있는데, 바로 How come으로 문장이 시작될 때 그래요. How come ~?은 Why ~? 와 달리 순수하게 이유를 묻는 질문이라기보다 '도대체 왜?'라고 짜증이나 실망, 원망, 놀라움 등의 감정이 담긴 표현입니다.

▶ **How come** you never call me? (아니, 왜 생전 전화를 안 해?)

STEP 1 ▶ 우리말 문장에 맞게 알맞은 단어를 넣어 말해 보세요.

❶ 어쩌다 무릎을 다쳤어요?

🎤 _____ did you hurt your knee?

❷ 직장은 어때? (일은 잘돼?)

🎤 How _____ work?

❸ 남자 형제가 몇이야?

🎤 How _____ brothers do you have?

❹ 어떻게 그렇게 무례할 수가 있니?

🎤 How _____ you be so rude?

❺ 헬스클럽에서 얼마나 자주 운동하니?

🎤 How _____ do you work out at the gym?

STEP 2 ▶ 우리말 문장에 어울리는 표현을 넣어 말해 보세요.

❻ 그걸 어떻게 알았어요?

🎤 _____ know that?

❼ 영화 어땠어?

🎤 _____ the movie?

❽ 손가락 몇 개 보여?

🎤 _____ do you see?

❾ 헤어스타일은 얼마나 자주 바꿔?

🎤 _____ your hair style?

❿ 그걸 어떻게 증명할래?

🎤 _____ prove it?

STEP 3 ▸ 다음 우리말을 영어로 말해 보세요.

⓫ 그걸 어떻게 찾았어요?

🎤 _____

⓬ 거기 얼마나 있었어요?

🎤 _____

⓭ 어떻게 그렇게 확신해?

🎤 _____

⓮ 네 공연은 어땠니? (공연은 잘했어?)

🎤 _____

⓯ 결혼 생활은 어때?

🎤 _____

⓰ 얼마나 자주 외식해?

🎤 _____

⓱ 어쩌다 해고됐어요?

🎤 _____

🔊 16-3.mp3

① 여행 다녀온 걸 알고 친구가 찾아왔는데

A 파리 잘 갔다 왔니?

B 너 어떻게 알았어?

It was supposed to be a secret.

A I have my sources. Did you have fun?

B Yeah, it was fantastic. I fell in love with the city, you know.

A 거기 얼마나 있었는데?

B Two weeks. I'm telling you, I had the time of my life.

② 친구에게 직접 만든 음식을 내놓으며

A So, 연어 맛이 어때?

B 매운 소스를 얼마나 넣은 거야?

A Hey, I thought you liked spicy food.

B How about if I cook next time?

정답

① **A** How was your trip to Paris? **B** How did you know that? 아무도 몰래 다녀온 건데. **A** 다 아는 수가 있지. 재밌었어? **B** 그럼, 끝내줬지. 정말 파리가 너무 좋아졌어. **A** How long did you stay there? **B** 2주. 정말이지 내 생애 가장 행복한 순간이었어.

② **A** 그래, how's the salmon? **B** How much hot sauce did you use? **A** 야, 난 네가 매콤한 음식을 좋아하는 줄 알았는데. **B** 다음번엔 내가 요리하는 게 어떨까?

17

'언제'인지를 알고 싶을 땐

When ~?

강의 및 예문 듣기

이 말, 영어로 할 수 있나요?

오늘 언제 퇴근해?

쉬는 날이 언제야?

언제 찾으러 오면 되죠?

영어로 30초 안에 말해 보세요.

퇴근은 언제 하는지, 휴가여행은 언제 떠나는지, 생일은 언제인지, 빅뱅의 콘서트는 언제인지, 세탁소에 맡긴 드라이클리닝은 언제 찾으러 오면 되는지… 이런 것들이 궁금하다면 언제나 When부터 먼저 내뱉으면 되죠. 문제는 그 뒤에 어떤 단어들을 나열해야 하나 하는 것일 텐데요. 걱정할 것 없어요! 지금부터 When 질문을 쉽게 할 수 있도록 도와주는 패턴들을 알아두면 되니까요!

오늘의 패턴

"언제 ~해?" "~은 언제야?" "언제 ~하면 돼요?"

Pattern 1

When do you get off today?

오늘 언제 퇴근해요?

언제 ~해? '언제'와 관련된 질문을 할 땐 무조건 When으로 시작합니다. 이때 현재의 일을 묻는다면 When do you ~?, 과거의 일을 묻는다면 When did you ~?로 말해요.

When	do you	leave for vacation?	휴가는 언제 떠나요?
		turn in at night?	밤에 언제 잠자리에 들어?
	did you	get back?	언제 돌아왔어?
		last see him?	그 사람 마지막으로 본 게 언제였냐?
		graduate from college?	대학교는 언제 졸업했어?

Pattern 2

When is the wedding?

결혼식은 언제야?

~은 언제야?, 언제 ~야? 이번에는 When 뒤에 be동사를 붙인 패턴입니다. When do/did you 뒤에 동사원형이 온다면, When is/are 뒤에는 명사나 형용사가 오죠.

When	is	your day off?	쉬는 날이 언제야?
		convenient for you?	언제가 편해?
		the best time to meet?	언제 만나면 가장 좋을까요?
	was	your son's birthday?	아들 생일이 언제였어?
		the last time you saw it?	그걸 가장 마지막으로 본 게 언제였어요?

When can I **get my money back?**

내 돈은 언제 돌려받을 수 있냐?

(내가) 언제 ~할 수 있죠?, 언제 ~하면 돼요? 내가 뭔가를 할 수 있는 때, 하면 되는 때가 궁금하다면 When can I ~?로 물어보세요. 다음 예문들처럼 뒤에 여러 동사를 원형으로 넣어 말하면 돼요.

When can I		
	pick it up?	언제 찾으러 오면 되죠?
	meet you again?	언제 다시 만날 수 있을까요?
	see your fiance?	약혼자는 언제 보여 줄 거야?
	redeem this coupon?	이 쿠폰은 언제 현금으로(현물로) 교환되죠?
	expect your call?	언제 전화 주실 거라 생각하면 되나요?

When do I have to **return this book?**

이 책은 언제 돌려줘야 해요?

언제 ~해야 해요? 도서관에서 책을 빌릴 때면 '이거 언제까지예요?'라고 물어보게 되죠. 이럴 때 바로 When 뒤에 '~해야만 한다'는 의무를 나타내는 have to를 넣어 When do I have to ~?로 말해 보세요.

When do I have to		
	water the plants?	화분에 물은 언제 줘야 해요?
	talk to him about that?	그것에 대해 언제 그와 상의해야 하죠?
	renew my passport?	여권은 언제 갱신해야 하지?

🐱 **함께 알아두기** -

'언제까지 제출해야 해요?'라는 말을 할 때 due라는 단어를 이용해서 간단히 표현할 수도 있어요. When is it due?, When is the due date?이라고 하면 '언제까지 내야 해요?', '언제까지예요?'라는 말이 됩니다. 이 due는 출산 예정일에도 쓸 수 있어서 When is your baby due?라고 하면 '출산 예정일이 언제예요?'라고 묻는 표현이 돼요.

STEP 1 ▶ 우리말 문장에 맞게 알맞은 단어를 넣어 말해 보세요.

❶ 밤에 언제 잠자리에 들어?

🎤 _____ do you turn in at night?

❷ 개 밥 언제 줬어?

🎤 When _____ you feed the dog?

❸ 생일이 언제예요?

🎤 When _____ your birthday?

❹ 결과는 언제 알 수 있을까요?

🎤 When _____ I get the results?

❺ 돈을 언제까지 갚아야 하죠?

🎤 When do I _____ to pay you back?

STEP 2 ▶ 우리말 문장에 어울리는 표현을 넣어 말해 보세요.

❻ 가게 문은 언제 닫으세요? (몇 시까지 영업하세요?)

🎤 _____ close?

❼ 거기는 여행하기 가장 좋은 때가 언제예요?

🎤 _____ the best time to travel there?

❽ 대학교는 언제 졸업했어?

🎤 _____ graduate from college?

❾ 화분에 물은 언제 줘야 해요?

🎤 _____ water the plants?

❿ 언제 찾으러 오면 되죠?

🎤 _____ pick it up?

STEP 3 ▶ **다음 우리말을 영어로 말해 보세요.**

⓫ 언제 돌아왔어?

🎤 _____

⓬ 쉬는 날이 언제야?

🎤 _____

⓭ 네 책은 언제 읽어 볼 수 있니?

🎤 _____

⓮ 휴가는 언제 떠나요?

🎤 _____

⓯ 그걸 가장 마지막으로 본 게 언제였어요?

🎤 _____

⓰ 언제 다시 만날 수 있을까요?

🎤 _____

⓱ 그 보고서는 언제 끝내야 하죠?

🎤 _____

🔊 17-3.mp3

① 직장 동료의 생일을 뒤늦게 알고서

A 그 시계 언제 샀어?

B Oh, Sam gave it to me for my birthday.

A 생일이 언제였는데?

B Last Friday.

A Baby, I didn't know that!

오늘 언제 퇴근해? (**get off** 퇴근하다)

I'll buy you a drink.

B Too late. I'm meeting Sam after work.

② 결혼을 앞둔 친구에게

A So, 네 약혼자는 언제 만날 수 있는 거야?

B You'll see him at the wedding.

A Oh, I was hoping to meet him before that.

결혼식은 언제야?

B In three weeks. Can you believe it?

정답
① **A** When did you buy that watch? **B** 아, 샘이 생일 선물로 준 거야. **A** When was your birthday? **B** 지난 금요일.
A 오, 몰랐었네! When do you get off today? 내가 술 한잔 살게. **B** 너무 늦었어. 퇴근하고 샘을 만나기로 했거든.

② **A** 그래, when can I meet your fiance? **B** 결혼식에서 봐. **A** 아, 그 전에 만났으면 했는데. When is the wedding?
B 3주 후. 믿어지니?

이 말, 영어로 할 수 있나요?

어디 가고 싶어?

🎤

현금 인출기가 어디에 있지?

🎤

택시는 어디서 잡으면 되나요?

🎤

💣 영어로 30초 안에 말해 보세요.

"리모컨이 어디 있지?" 하며 물건을 찾을 때도, "여기서 가까운 주유소가 어디 있어요?" 하며 거리에서 길을 물을 때도 Where is 어쩌고저쩌고 하면 된다는 건 어쩜 쉽게 할 수 있는 말일지도 몰라요. 그러면 외국인 여자친구랑 데이트 장소를 잡으면서 "어디 가고 싶어?"라고 물어보는 건요? 또 낯선 곳에서 행인에게 "택시는 어디서 잡으면 돼요?"라고 물어보는 건요? 이런 질문도 할 수 있어야 Where로 말 좀 한다고 할 수 있어요.

오늘의 패턴 🎲

"어디서/로 ~해?" "~은 어디 있지?"
"어디서/로 ~하면 되지?"

121

Pattern 1

Where do you **want to go?**

어디 가고 싶어?

어디서/로 ~해? '어디'와 관련된 질문이라면 무조건 Where로 시작합니다. 이때 시제에 따라서 현재라면 Where do you ~?, 과거라면 Where did you ~?로 말하면 돼요.

Where	do you	work?	어디서 일해?
		hang out with friends?	친구들하고 어디서 시간을 보내?
		learn how to do that?	그렇게 하는 건 어디서 배웠어?
	did you	get those earrings?	그 귀걸이 어디서 났어?
		lose your wallet?	지갑을 어디서 잃어버렸어?

Pattern 2

Where is **my phone recharger?**

내 휴대폰 충전기가 어디에 있지?

~은 어디 있지? Where is ~?만으로 '~은 어디에 있지?'라는 표현을 할 수 있어요. 이 간단한 패턴만 외우면 사람, 물건 모두 찾을 수 있다는 말씀! 단, 뒤에 오는 명사에 따라 be동사는 알맞게 바꿔 주세요.

Where	am	I?	여기가 어디지?
	is	the remote control?	리모컨은 어디에 있는 거야?
	are	my car keys?	내 차 열쇠가 어디 있지?
	are	the ATMs?	현금 인출기가 어디에 있지?
	was	I?	내가 어디까지 얘기했지?

Where can I reach you?
어디로 연락하면 되나요?

어디서/로 ~할 수 있지[하면 되지]? 이번에는 Where 뒤에 can I를 붙여 보세요. Where can I ~?는 내가 뭔가를 할 수 있는 곳을 물어볼 때 간편하게 쓸 수 있는 표현입니다.

	sleep?	저 어디서 자요?
	grab a taxi?	택시는 어디서 잡으면 되나요?
Where can I	get some info?	어디서 정보를 좀 얻을 수 있지?
	plug in my tablet PC?	내 태블릿 PC를 어디에 꽂아야 하지?
	buy things like that?	그런 건 어디서 살 수 있지?

Where would you like to spend your vacation?
휴가는 어디서 보내시겠습니까?

어디서 ~하시겠어요? 어디서 뭘 할 거냐는 질문을 좀 더 부드럽고 공손하게 하고 싶다면 Where do you like to ~?에서 do 대신 would를 넣어 주면 됩니다. to 뒤에는 동사원형을 쓴다는 거 너무 잘 알고 있죠?

	sit?	어디 앉으시겠어요?
	have dinner?	저녁은 어디서 드시겠습니까?
Where would you like to	return the car?	차는 어디로 반납하시겠습니까?
	take a stroll?	어디로 산책을 하고 싶어?
	go for your honeymoon?	신혼여행은 어디로 가시겠습니까?

STEP 1 ▶ 우리말 문장에 맞게 알맞은 단어를 넣어 말해 보세요.

① 어느 학교 다녀요?

🎤 _____ do you go to school?

② 퇴근하고 어디 갔었어?

🎤 Where _____ you go after work?

③ 이 사진을 어디에 걸지?

🎤 Where _____ I hang this picture?

④ 어디서 묵으시겠어요?

🎤 Where _____ you like to stay?

⑤ 내가 어디까지 얘기했지?

🎤 Where _____ I?

STEP 2 ▶ 우리말 문장에 어울리는 표현을 넣어 말해 보세요.

⑥ 어디서 일해?

🎤 _____ work?

⑦ 여기가 어디지?

🎤 _____ I?

⑧ 현금 인출기가 어디에 있지?

🎤 _____ the ATMs?

⑨ 저 어디서 자요?

🎤 _____ sleep?

⑩ 어디로 산책을 하고 싶어?

🎤 _____ take a stroll?

STEP 3 ▸ 다음 우리말을 영어로 말해 보세요.

⓫ 내 안경 어디 갔지?

🎤 _____

⓬ 그런 건 어디서 살 수 있지?

🎤 _____

⓭ 신혼여행은 어디로 가시겠습니까?

🎤 _____

⓮ 그렇게 하는 건 어디서 배웠어?

🎤 _____

⓯ 리모컨은 어디에 있는 거야?

🎤 _____

⓰ 저녁은 어디서 드시겠습니까?

🎤 _____

🎧 18-3.mp3

① 룸메이트가 아르바이트를 한 돈으로 새 오디오를 샀는데

A 새로 산 오디오 어디에 놓을까?

B Wow, cool!
그거 어디서 났어?

A I bought it. Hmm, how about here beside the TV?

B Put it anywhere you want.
돈은 어디서 났어?

A I got a job. I'm a part-time English tutor now.

B That's totally awesome!

② 지갑을 잃어버린 친구에게

A 지갑을 어디서 잃어버렸어? 🎤

B If I knew that, it wouldn't be lost.

A Right. Well, 오늘 친구들하고 어디서 시간 보냈어?
(**hang out with** ~와 시간을 보내다)

B Maybe I left it at the coffee shop.

정답

① **A** Where can I put my new stereo? **B** 와, 멋진데! Where did you get it? **A** 샀지. 흠, 여기 TV 옆은 어떨까?
B 네가 놓고 싶은 데 아무데나 놔. Where did you get the money? **A** 일 구했거든. 영어 과외 아르바이트를 하고 있어.
B 그거 정말 멋지다!

② **A** Where did you lose your wallet? **B** 그걸 알면 잃어버린 게 아니지. **A** 그렇네. 음, where did you hang out
with your friends today? **B** 커피숍에 두고 왔을지도 모르겠다.

126

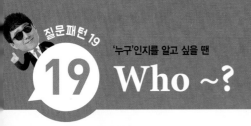

이 말, 영어로 할 수 있나요?

Mission 1

누가 이랬어?

Mission 2

여기 책임자가 누구야?

Mission 3

누가 이기고 있어?

영어로 30초 안에 말해 보세요.

퇴근하고 돌아와 보니 집이 난장판이에요. 한마디로 사고는 쳤는데 사고 친 당사자가 누구인지는 모른단 말이죠. 이럴 땐 "누가 이랬어?"라며 사고 친 사람을 찾아 결자해지(結者解之)를 명해야죠. 또 한창 진행 중인 축구 경기 중계를 중간에 보기 시작해요. 친구들 틈바구니로 스윽 들어가 "누가 이기고 있어?" 하고 물어보면서요. 이런 모든 상황들에서 핵심은 바로 '누구 Who ~?'랍니다. 오늘은 '누구'인지를 확인하고 밝혀내는 질문 패턴들, 배워 봐요.

오늘의 패턴

"누가 ~했어?" "~은 누구야?" "누가 ~하고 있어?"

Pattern 1

Who did this?

누가 이랬어?

누가 ~했어?, 누가 ~해? '누구', 혹은 '누가'로 시작하는 의문문이라면 무조건 Who를 떠올리세요. 아래 예문은 Who 뒤에 자주 오는 동사들만 골라서 정리해 둔 거니까 외워 두면 편리할 겁니다!

Who	wants ice cream?	아이스크림 먹을 사람?
	started the fight?	먼저 싸움 건 사람이 누구야?
	took my coffee?	누가 내 커피 가져갔어?
	knows about computers?	누가 컴퓨터에 대해 알고 있지?
	told you that?	누가 그래?

Pattern 2

Who's next?

다음 누구야?

~은 누구야? 범인을 색출하거나 어떤 사람의 정체를 알고 싶을 때 '~은 누구야?'라는 말을 하죠? Who 뒤에 be동사만 넣으면 바로 그 표현이 됩니다. 그래서 '너 누구야?'라고 할 때 Who are you?라고 말하면 되는 거죠.

Who am	I?	내가 누구게?
Who's	the lucky guy?	그 행운아는 누구야? (주로 약혼자를 물어볼 때)
Who's	in charge around here?	여기 책임자가 누구야?
Who are	these people in the picture?	사진에 있는 이 사람들은 누구야?
Who were	you talking to?	누구랑 얘기[통화]하고 있었어?

Who's calling, please?

(전화 받으면서) 누구세요?

누가 ~하고 있어?, 누가 ~할 거야? Who's 뒤에 -ing형이 오면 '누가 ~하고 있지?'라는 의미가 됩니다. 또 상황에 따라 '누가 ~할 거예요?'와 같이 가까운 미래의 일을 묻는 표현이 되기도 해요.

	winning?	누가 이기고 있어요?
	coming with me?	저랑 같이 가실 분 계세요?
Who's	**waving** at us?	누가 우리한테 손 흔들고 있는 거야?
	yelling outside?	누가 밖에서 소리 지르고 있는 거야?
Who	**else is coming?**	또 누가 오는데?

Who cares?

누가 신경이나 써? (아무도 신경 안 써.)

누가 ~해? (수사적인 표현) Who cares?는 '누가 신경이나 써?'라고 해석이 되지만 실은 '아무도 신경 쓰지 않는'다는 뜻이에요. Who doesn't?(안 그런 사람도 있나?) 같은 말도 속뜻은 '누구나 다 그래'라는 말이죠. 이런 패턴들은 짧지만 활용도가 높습니다.

	isn't?	안 그런 사람 있어? (누구나 다 그래.)
Who	**can't?**	누가 못해? (누구나 할 수 있어.)
	doesn't want to live forever?	누가 영생하고 싶지 않겠어?
	believes that?	누가 그걸 믿겠어?

함께 알아두기

Who knows? 하면 '누가 알까?'라는 뜻이 되는데, Nobody knows.(아무도 모른다.)를 이런 식으로 표현한 거예요. 하지만 이 말 속에는 '누가 또 알아?', '혹시 알아?'라는 뉘앙스도 들어 있습니다.

STEP 1 ▶ 우리말 문장에 맞게 알맞은 단어를 넣어 말해 보세요.

❶ 누가 제일 먼저 할래?

🎤 _____ goes first?

❷ 저 사람들은 다 누구야?

🎤 Who _____ those people?

❸ 무대에서 노래하는 사람은 누구야?

🎤 Who's _____ on the stage?

❹ 누가 이 똥차를 갖고 싶겠어?

🎤 Who _____ this lemon?

❺ 또 누가 오는데?

🎤 Who else _____ coming?

STEP 2 ▶ 우리말 문장에 어울리는 표현을 넣어 말해 보세요.

❻ 사진에 있는 이 사람들은 누구야?

🎤 _____ these people in the picture?

❼ 저랑 같이 가실 분 계세요?

🎤 _____ with me?

❽ 누가 영생하고 싶지 않겠어?

🎤 _____ want to live forever?

❾ 내가 누구게?

🎤 _____ I?

STEP 3 ▸ 다음 우리말을 영어로 말해 보세요.

⑩ 깡통따개 누가 가지고 있어?

🎤 _____

⑪ 누가 나 학교에 데려다 줄 거예요?

🎤 _____

⑫ 누가 그걸 믿겠어?

🎤 _____

⑬ TV에 나온 저 여자 누구야?

🎤 _____

⑭ 누가 못해? (누구나 할 수 있어.)

🎤 _____

⑮ 누가 이기고 있어요?

🎤 _____

⑯ 누구랑 얘기하고 있었어?

🎤 _____

정답
① Who ② are ③ singing ④ wants ⑤ is ⑥ Who are ⑦ Who's coming ⑧ Who doesn't ⑨ Who am ⑩ Who has the can opener? ⑪ Who's taking me to school? ⑫ Who believes that? ⑬ Who's that girl on TV? ⑭ Who can't? ⑮ Who's winning? ⑯ Who were you talking to?

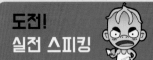

배운 내용을 떠올리면서 다음 대화를 영어로 완성하세요!

🎧 19-3.mp3

① 여자친구와 통화하다가 들켰는데

A Hey, 누구랑 통화하고 있었어?

B Nobody. Just a friend of mine.

A It was Jennifer, right? Is it true that you're dating her?

B 누가 그래? 🎤

A You are? I can't believe this. Do you have any idea how selfish she is?

B 누구는 안 그러냐? 🎤

I mean everybody is selfish. I'm staying with her no matter what.

② 좋아하는 영화배우에 대한 얘기를 나누며

A 좋아하는 배우가 누구야? 🎤

I like Leonardo Di Caprio.

B 그 배우 싫어하는 사람도 있냐? 🎤

I've seen all of his movies.

A Me too. 또 누구 좋아해? 🎤

B Ben Affleck. I think he's really handsome.

정답

① **A** 야, who were you talking to? **B** 아무도 아냐. 그냥 친구. **A** 제니퍼지, 그치? 너 걔랑 사귄다는 거 사실이야? **B** Who told you that? **A** 그런 거야? 세상에. 걔가 얼마나 이기적인지 알기나 해? **B** Who isn't? 사람은 누구나 다 이기적이잖아. 누가 뭐라든 난 걔랑 사귈 거야.

② **A** Who's your favorite actor? 난 레오나르도 디카프리오 좋아해. **B** Who doesn't? 난 그 사람 영화 다 봤다니까. **A** 나도. Who else do you like? **B** 벤 애플렉. 그 사람 정말 잘생긴 것 같아.

132

강의 및 예문 듣기

이 말, 영어로 할 수 있나요?

Mission 1

직장은 왜 그만뒀어?

🎤

Mission 2

왜 나한테 그렇게 화가 난 거야?

🎤

Mission 3

난 왜 가면 안 되는데?

🎤

💣 영어로 30초 안에 말해 보세요.

왜 그랬는데? 도대체 왜 그랬어? 이유를 묻고 싶을 땐 언제나 Why ~?부터 떠오릅니다. 여기까진 좋아요. 그런데 이 뒤에 도대체 무슨 말을 이어줘야 갑자기 직장을 그만둔 친구에게 "직장은 왜 그만뒀냐?"고 물어볼 수 있으며, 나한테 씩씩대는 동료에게 "왜 나한테 그렇게 화가 난 거냐?"며 물어볼 수 있을까요? 바로 지금부터 알아보겠습니다!

오늘의 패턴 🎲

"왜 ~했어?"   "왜 ~인 거야?"   "왜 ~하면 안 되는데?"

Pattern 1

Why did you kiss me?

왜 나한테 키스했어?

왜 ~했어?, 왜 ~한 거야? 왜 그랬냐며 상대방이 한 일에 대해 의문을 제기하고 싶다면 Why did you ~?로 물어보세요. 반대로, '왜 ~ 안 했어?'라고 하려면 not을 넣어 Why didn't you ~?라고 말하면 되죠.

Why	did you	quit your job?	직장은 왜 그만뒀어?
		delete the file?	그 파일은 왜 삭제했어?
	didn't you	tell me?	왜 말 안 했어?
		show up last night?	어젯밤에 왜 안 나왔어?
		schedule ahead?	왜 미리 일정 안 잡았어?

Pattern 2

Why are you so mad at me?

왜 나한테 그렇게 화가 난 거야?

왜 ~야?, 왜 ~인 거야? 상대방의 현재 상황이나 상태에 대해 의문을 제기하거나 이유를 묻고 싶다면 Why are you 뒤에 형용사나 -ing형, 또는 장소 부사 등을 넣어 말해 보세요.

Why are you	here?	여긴 왜 왔어?
	still single?	왜 아직 미혼이에요?
	saying this?	왜 이런 말을 하는 거야?
	staring at me?	왜 날 째려보는 거야?
	so quiet today?	오늘은 왜 그렇게 조용한 거니?

Why can't I go?

난 왜 가면 안 되는데? (가고 싶어.)

왜 ~하면 안 되는데? 이 말은 '왜 그걸 하지 못하는지'에 대한 이유가 궁금해서일 수도 있지만, 실은 '난 ~을 하고 싶다'라는 속뜻이 숨겨져 있습니다. 즉 같은 말을 의문문으로 표현해 강하게 호소하는 거죠.

	can't I	ask her out?	그녀에게 왜 데이트 신청하면 안 되는데? (데이트 신청하고 싶어.)
Why		remember what I practiced?	왜 연습한 게 기억 안 날까?
		be friends?	우린 왜 친구가 될 수 없나요? (친구가 되고 싶어요.)
	can't we	get back together?	우리가 왜 다시 만나면 안 되는 거지? (다시 만나고 싶어.)
		make an agreement?	우린 왜 합의를 못하는 거지?

Why bother?

왜 신경 써? (무슨 상관이야?)

왜 ~해야 하는데?, 왜 ~해? Why 뒤에 동사원형을 넣어 '왜 ~해야 하는데?'라며 현실에 대해 저항할 수 있어요. 또 '왜 ~하면 안 되는데?', '~하는 게 어때서?'라고 하려면 〈Why not 동사원형 ~?〉으로 반문하면 되죠. 그런데 Why not ~?은 '~해 보는 게 어때?'라는 제안의 말로도 쓰이니까 잘 알아두세요.

Why	be normal?	왜 평범해야 되는데?
	bellyache?	왜 투덜대? (투덜대 봐야 소용없어.)
Why not	try this?	이걸 해 보는 게 어때?
	dream big?	꿈을 크게 꾸는 게 어때서?

상대방이 뭐 좀 해도 되냐고 부탁하거나 양해를 구할 때 Why not?이라고 대답하면 '왜 안 되겠어? 되지'라고 강하게 긍정하는 표현이 돼요. 물론 상대방이 어떤 일을 하면 안 된다고 엄포를 놓는 경우에 '왜 안 되냐?'고 반문하는 의미로도 쓰죠.

STEP 1 ▸ 우리말 문장에 맞게 알맞은 단어를 넣어 말해 보세요.

① 직장은 왜 그만뒀어?

🎤 Why _____ you quit your job?

② 왜 아직 미혼이에요?

🎤 Why _____ you still single?

③ 왜 늦게 자면 안 되는데? (밤새우고 싶어.)

🎤 Why _____ I stay up late?

④ 왜 평범해야 되는데?

🎤 Why _____ normal?

⑤ 여기서 잠시 쉬는 게 어때?

🎤 Why _____ take a rest here?

STEP 2 ▸ 우리말 문장에 어울리는 표현을 넣어 말해 보세요.

⑥ 왜 미리 일정 안 잡았어?

🎤 _____ schedule ahead?

⑦ 왜 늦었어?

🎤 _____ late?

⑧ 왜 연습한 게 기억 안 날까?

🎤 _____ remember what I practiced?

⑨ 꿈을 크게 꾸는 게 어때서?

🎤 _____ dream big?

⑩ 우리가 왜 다시 만나면 안 되는 거지? (다시 만나고 싶어.)

🎤 _____ get back together?

STEP 3 ▶ 다음 우리말을 영어로 말해 보세요.

⓫ 왜 아직도 집이야?

🎤 _____

⓬ 저는 왜 그 차를 운전하면 안 돼요? (저도 운전하고 싶어요.)

🎤 _____

⓭ 내가 왜 그 생각을 못했지?

🎤 _____

⓮ 이걸 해 보는 게 어때?

🎤 _____

⓯ 어젯밤에 왜 전화했니?

🎤 _____

⓰ 왜 그 여자애한테 데이트 신청하면 안 되는데? (데이트 신청하고 싶어.)

🎤 _____

⓱ 왜 공부를 해야 하는 건데?

🎤 _____

정답

① did ② are ③ can't ④ be ⑤ not ⑥ Why didn't you ⑦ Why are you ⑧ Why can't I ⑨ Why not
⑩ Why can't we ⓫ Why are you still home? ⓬ Why can't I drive that car? ⓭ Why didn't I think of that?
⓮ Why not try this? ⓯ Why did you call me last night? ⓰ Why can't I ask her out? ⓱ Why study?

🎧 20-3.mp3

1 거짓말을 한 애인에게 화가 났는데

A 왜 나한테 그렇게 화가 난 거야? (be mad at ~에게 화가 나다)

B Because you're a liar.

왜 나한테 거짓말했어?

A I don't know what you're talking about. When did I lie to you?

B Stop it. Ron told me everything.

2 허락도 없이 파일을 삭제한 친구에게 화가 났는데

A 왜 날 째려봐? (stare at ~를 째려보다, 노려보다)

B You know.

그 파일을 왜 삭제했어?

A It's too late, now.

투덜대 봐야 소용없다고. (bellyache 투덜거리다)

B That was my file, not yours.

정답

❶ **A** Why are you so mad at me? **B** 넌 거짓말쟁이니까. Why did you lie to me? **A** 무슨 소린지 모르겠네. 내가 언제 거짓말을 했다는 거야? **B** 관둬. 론이 다 말해 줬어.

❷ **A** Why are you staring at me? **B** 알잖아. Why did you delete the file? **A** 이제 너무 늦었어. Why bellyache? **B** 내 거잖아. 네 게 아니고.

영어회화의 나머지 절반을 해결해주는
대답 패턴 20

회화의 절반은 질문, 나머지 절반은 대답!
질문은 열심히 했는데 상대방의 대답을
알아듣지 못한다면 그것은 회화가 아니죠.
이번에는 내 얘기는 물론이고 상대의 말도 확실히
알아들을 수 있게 해줄 20가지 대답 패턴을 배워 보겠습니다.

Try
again!

21 I can ~

할 수 있다고, 해줄 거라고 자신 있게 말하고 싶을 땐

강의 및 예문 듣기

Mission Possible

이 말, 영어로 할 수 있나요?

Mission 1

척 보면 알 수 있어.

🎤

Mission 2

그녀를 잊을 수가 없어.

🎤

Mission 3

네가 그녀를 찾다니 믿을 수 없어.

🎤

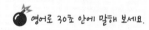 영어로 30초 안에 말해 보세요.

"척 보면 알 수 있어." "내가 손금 봐줄 수 있어." 이렇게 할 수 있다거나 해줄 수 있다는 표현, 영어로 어떻게 할 수 있을까요? 또 할 수 없다거나 못 한다는 얘기는 어떻게 하면 될까요? 이미 눈치 챘다고요? 네네, 그럴 거예요. (호호) 오늘 배울 표현은 평소 아주 흔히 접해봤을지도 모를 영어 패턴인데요. 외국인 친구랑 이야기할 때 자신 있게 쓸 수 있나요? 자신 없다고요? 그렇다면 지금부터 연습하면 되죠 뭐!

오늘의 패턴 🎲

"~할 수 있어." "~할 수가 없어." "~라니 믿을 수 없어."

Pattern 1

I can drive you home.

내가 집까지 태워다 줄 수 있는데.

~할 수 있어, ~해 줄 수 있어. I can ~은 '난 ~을 할 수 있어'라는 표현으로, 자신의 능력을 나타내는 말인데요. '내가 ~해 줄게', '내가 ~해 줄 수 있어'라고 상대방의 부탁을 들어주거나 호의를 베푸는 경우에도 쓸 수 있습니다.

	read your palm.	내가 손금 봐 줄 수 있어.
	understand that.	그건 이해할 수 있어.
I can	fix you up with someone.	내가 소개팅 시켜 줄 수 있어.
	put two and two together.	척 보면 알 수 있다니까. (2 + 2 = 4처럼 아주 쉽게 추측할 수 있다는 뜻)
	do magic with tofu.	내가 두부로 마술을 좀 부리지. (두부 요리를 아주 잘한다는 의미)

Pattern 2

I can't get over her.

그녀를 잊을 수가 없어.

~할 수(가) 없어, ~못해. 사람이 너무 장점만 있어도 매력이 없죠? 자신이 할 수 없는 일을 솔직하게 말하는 사람이 때론 더 인정받는 법! I can't ~로 '~을 할 수 없어', '~은 못해'라고 말해 보세요.

	hear you.	잘 안 들려요.
	pluck up the courage.	용기가 나질 않아.
I can't	live without her.	난 그녀 없이는 못 살아.
	agree with you more.	네 말에 전적으로 동의해. (이보다 더 네 말에 동의할 순 없지.)
	let this go.	이걸 그냥 넘길 수는 없지. (용서하지 않겠어.)

I can't believe (that) you dumped her.
네가 그녀를 찼다니 믿을 수 없어.

~라니 믿을 수 없어[말도 안 돼]. I can't believe (that) ~은 뜻밖의 일이 벌어졌을 때, 또는 기대하지 않던 일이 생겼을 때 '세상에 ~이라니 믿을 수 없어, 말도 안 돼'라는 의미로 쓸 수 있는 표현입니다.

I can't believe (that)	you forgot my name.	내 이름을 까먹었다니 믿을 수 없어.
	you said that to him.	어떻게 걔한테 그렇게 말할 수 있니!
	she left me.	그녀가 날 떠났다니 믿을 수 없어.
	nobody showed up.	아무도 안 나타났다니 말도 안 돼.

You can keep the change.
잔돈은 가지세요(가져도 돼요).

~해도 좋아[돼]. can이 능력을 나타낸다고 했는데, can 자체도 능력이 많아서 다른 여러 가지 뜻을 갖고 있어요. 여기서는 '~해도 좋다'는 허락의 의미를 가지죠. 상대방이 '~해도 될까요?'라고 물었을 때 허락한다면 You can ~(~해도 좋아), 허락할 수 없다면 You can't ~(~하면 안 돼)로 말하면 되죠.

You can	drive my car.	내 차 운전해도 좋아.
	sleep late tomorrow morning.	내일 아침에 늦잠 자도 좋아.
You can't	change anything.	넌 아무것도 바꾸면 안 돼.
	deny the facts.	넌 사실을 부인할 수 없어.

 함께 알아두기

can이 나오긴 하지만 능력이나 허락과는 거리가 좀 먼 경우도 있습니다. You can say that again.이라는 표현이 바로 그런데요. 이건 상대방이 한 말에 대해서 '그렇지, 내 말이 그 말이야'라고 맞장구칠 때 쓰는 말이에요.

STEP 1 ▸ 우리말 문장에 맞게 알맞은 단어를 넣어 말해 보세요.

❶ 내가 집까지 태워다 줄 수 있는데.

🎤 I _____ drive you home.

❷ 네 말에 전적으로 동의해.

🎤 I _____ agree with you more.

❸ 네가 복권에 당첨됐다는 게 믿기지 않아.

🎤 I can't _____ (that) you hit the jackpot.

❹ 오늘은 일찍 가도 좋아.

🎤 _____ can leave early today.

STEP 2 ▸ 우리말 문장에 어울리는 표현을 넣어 말해 보세요.

❺ 내가 소개팅 시켜 줄 수 있는데.

🎤 _____ fix you up with someone.

❻ 그녀가 보고 싶어 죽겠어.

🎤 _____ wait to see her.

❼ 걔가 너 모르게 바람을 피웠다니!

🎤 _____ she cheated on you.

❽ 원한다면 그 앨범 가져가도 좋아.

🎤 _____ that album if you want.

❾ 넌 아무것도 바꾸면 안 돼.

🎤 _____ anything.

144

STEP 3 ▸ 다음 우리말을 영어로 말해 보세요.

⑩ 지금은 말할 수 없어요.

🎤 _____

⑪ 그건 이해할 수 있어.

🎤 _____

⑫ 그녀가 날 떠났다니 믿을 수 없어.

🎤 _____

⑬ 아무도 믿으면 안 돼.

🎤 _____

⑭ 내 차 운전해도 좋아.

🎤 _____

⑮ 어떻게 그 사람한테 그렇게 말할 수 있니!

🎤 _____

⑯ 잘 안 들려요.

🎤 _____

🎧 21-3.mp3

① 여자친구와 헤어진 친구를 위로하는데

A 그 애가 날 떠났다니 믿을 수 없어.

B Come on. It's been months since you guys broke up.

A I've been trying really hard, but 그 애를 잊을 수가 없어.

B 넌 아무것도 바꿀 수 없어.

She's with someone else now.

A I know. I should stop thinking about her.

B Cheer up. There are plenty of fish in the sea.

② 손금 얘기를 나누며

A I don't believe in fortune-telling. But I was always curious.

B Give me your hand. 내가 손금 봐 줄 수 있어. (**read someone's palm** 손금을 보다)

A Really? Where did you learn how to do that?

B From my grandmother. 더 얘기해 줄 수도 있어

                              if you pay.

정답

① **A** I can't believe (that) she left me. **B** 진정해. 너희들 헤어진 지 벌써 몇 달 됐잖아. **A** 진짜 열심히 애는 썼지만, I can't get over her. **B** You can't change anything. 걘 지금 다른 사람을 만나고 있다고. **A** 알아. 그 애 생각은 이제 그만해야지. **B** 기운 내. 세상에 여자가 어디 걔 하나뿐이냐?

② **A** 난 점 같은 거 믿진 않지만 항상 궁금하긴 했어. **B** 손 좀 줘봐. I can read your palm. **A** 정말? 그런 건 어디서 배웠어? **B** 할머니한테서. I can tell you more 돈 내면.

146

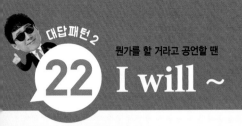

대답패턴 2

22

뭔가를 할 거라고 공언할 땐

I will ~

강의 및 예문 듣기

이 말, 영어로 할 수 있나요?

Mission 1

내가 계산할게.

Mission 2

네 수호천사가 될게.

Mission 3

다신 안 그럴게.

영어로 30초 안에 말해 보세요.

"내가 계산할게." "내가 너의 수호천사가 되어 줄게." "다신 안 그럴게." "너 실망 안 시킬게." 이 순간 나의 의지를 불태우며 뭔가를 '할게' 또는 '안 할게'라고 말하고 싶을 때 쓸 수 있는 패턴을 알아볼까요? '할게/안 할게'라는 우리말만큼이나 영어 패턴 역시 아주 간결하고 쉽답 니다. 쉽다고 무시하면 안 돼요~! 쉬운 말이라고 필요할 때 입 밖으로 쌀라쌀라 나오는 건 아니니까, 오늘도 열심히!!!

오늘의 패턴

"내가 ~할게." "~가 될게." "안 ~할게."

I'll pick up the tab.

내가 계산할게.

내가 ~할게, 내가 ~할 거야. 이렇게 말하고 싶다면 I'll ~을 쓰면 돼요. 정말 간단하죠? I'll 뒤에는 어떤 동사든 다 올 수 있는데 여기서는 자주 쓰이는 단어와 예문을 골라 정리했어요.

I'll	always love you.	언제까지나 널 사랑할게.
	let it slide this time.	이번엔 봐줄게.
	treat you next time.	다음번엔 내가 살게.
	get it done by this evening.	오늘 저녁까지 끝내 놓을게.
	put it all behind me.	모든 걸 뒤로 하고 다 그만둘게.

I'll be right back.

금방 올게.

내가 ~할게, ~가 될게. 미래에 뭔가 하겠다는 의지를 나타내는 will은 I'll be ~ 형태로 가장 많이 쓰입니다. 유명한 영화 대사 I'll be back.(다시 돌아올게.)이나 노래 가사에 주로 등장하는 I'll be there.(내가 거기 있을게.)가 바로 그런 예죠.

I'll be	your guardian angel.	네 수호천사가 될게.
	home for Christmas.	크리스마스에 집에 갈게요.
	there in a heartbeat.	당장 그리로 갈게.
	more careful.	더 조심할게요.
	straight with you.	단도직입적으로 말할게.

I won't do it again.

다신 안 그럴게.

~하지 않을게, 안 ~할게. I won't는 I will not의 준말로, I'll만큼이나 자주 쓰이는 표현이죠. 단, 발음이 어려우니 주의해야 합니다. 그냥 [원트]라고 하면 want와 헷갈리기 쉬우니 꼭 [워운ㅌ]라고 발음해 주세요.

I won't	forget that.	안 잊어버릴게.
	sign the contract.	계약서에 서명 안 할 거야.
	let you down.	너 실망 안 시킬게.
	make the same mistake twice.	같은 실수를 두 번 하진 않을 거야.
	put all my eggs in the same basket.	모든 계란을 한 바구니에 담진 않겠어. (분산투자를 하겠어.)

It will be okay.

괜찮을 거예요.

(아마) ~일 거예요. I will ~에서 will은 자신의 의지를 나타내는 거였죠? 그런데 이 will이 의지가 아닌 '추측'을 나타낼 때 사용되기도 합니다. It will ~이 바로 그런 경우죠. 여기서 It은 구체적인 '그것'을 나타낸다기보다 어떤 상황이나 날씨 등을 나타내는 경우가 많아요.

It will	rain tomorrow.	내일 비가 올 거예요.
	cost you an arm and a leg.	그거 아마 엄청 비쌀 거예요.
	bring a tear to your eye.	네 눈에 눈물 맺히게 될 거야.
	break if you twist it.	그거 비틀면 깨질 거야.

🐾 함께 알아두기 -

It will cost you an arm and a leg.는 직역하면 '팔 하나와 다리 하나 값이 들 거다'로, 즉 '그거 엄청나게 비쌀 거다'라는 말이에요. 비싸다는 걸 팔다리 값이라고 설명한 표현이죠.

149

STEP 1 ▶ 우리말 문장에 맞게 알맞은 단어를 넣어 말해 보세요.

❶ 내가 구급차 부를게.

🎤 I'll _____ an ambulance.

❷ 난 영화배우가 될 거야.

🎤 I'll _____ a movie star.

❸ 다신 이런 일 없도록 하겠습니다.

🎤 I _____ let it happen again.

❹ 잘될 거예요.

🎤 _____ will turn out all right.

STEP 2 ▶ 우리말 문장에 어울리는 표현을 넣어 말해 보세요.

❺ 뭐가 잘못됐는지 알아볼게.

🎤 _____ out what's wrong.

❻ 네 수호천사가 될게.

🎤 _____ your guardian angel.

❼ 너 안 기다릴 거야.

🎤 _____ wait for you.

❽ 그거 아마 엄청 비쌀 거예요.

🎤 _____ cost you an arm and a leg.

❾ 크리스마스에 집에 갈게요.

🎤 _____ for Christmas.

STEP 3 ▶ 다음 우리말을 영어로 말해 보세요.

⑩ 언제까지나 널 사랑할게.

🎤 _____

⑪ 더 조심할게요.

🎤 _____

⑫ 안 잊어버릴게.

🎤 _____

⑬ 내일 비가 올 거예요.

🎤 _____

⑭ 금방 그리로 갈게.

🎤 _____

⑮ 이 책을 읽으려면 적어도 일주일은 걸릴 거예요.

🎤 _____

⑯ 계약서에 서명 안 할 거야.

🎤 _____

🎧 22-3.mp3

1 접시를 또 깨뜨려 식당 주인에게 혼이 나는데

A This is the fifth plate you broke this week.

B I'm terribly sorry. 더 조심할게요. 🎤

A You always say that but look what you've done.

B I promise. 다신 이런 일 없도록 하겠습니다.

🎤

Trust me.

A 이번만 봐준다. (**let it slide** 봐주다) 🎤

but this is the last time. Understand?

B I understand. Thank you, ma'am.

2 서로 술값을 내려고 하는데

A 내가 계산할게. (**pick up the tab** 값을 지불하다)

🎤

B No, don't worry about it. This is on me.

A Oh well, if you insist.

다음번엔 내가 살게.

🎤 Okay?

B Yeah, you owe me one.

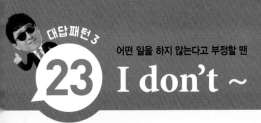

강의 및 예문 듣기

이 말, 영어로 할 수 있나요?

Mission **1**

난 담배 안 피워.

🎤

Mission **2**

너한테 거짓말하고 싶지 않아(하기 싫어).

🎤

Mission **3**

무슨 말을 해야 할지 모르겠네요.

🎤

💣 *영어로 30초 안에 말해 보세요.*

"담배 안 피워." "신경 안 써." "주말에 일 안 해." 이렇게 어떤 일을 하지 않는다고 부정할 땐 간단히 I don't ~으로 말을 시작하면 돼요. 오늘은 이 간단한 패턴을 머리에 저장만 해 놓는 게 아닌 입 밖으로 툭툭 내뱉을 수 있는 습관을 키우는 연습을 할 거고요. 이 간단한 패턴에서 발전된 아주 실용적인 패턴, '~하고 싶지 않아', '뭘, 어떻게, 언제, 어디서 ~해야 할지 모르겠다'까지 말하는 연습을 해 볼 거랍니다.

> **오늘의 패턴** 🎲
>
> ### "난 ~하지 않아." "~하고 싶지 않아."
> ### "뭘 ~해야 할지 모르겠어."

I don't **smoke.**

난 담배 안 피워.

난 ~하지 않아[안 해]. '난 ~하지 않아', '난 ~ 안 해'라고 말하려면 I 뒤에 don't만 붙여 주면 됩니다. 간단한 말이지만 입에 붙어야 툭툭 튀어나오는 법! 아래 예문을 큰 소리로 반복해서 읽어 보세요.

I don't	hate you.	나 너 싫어하지 않아.
	care.	신경 안 써.
	work on weekends.	난 주말에 일 안 해.
	follow you.	네가 무슨 말 하는지 모르겠다(못 따라가겠다).
	believe everything I read.	내가 읽는 것을 다 믿진 않아.

I don't want to **lie to you.**

너한테 거짓말하기 싫어.

~하고 싶지 않아, ~하기 싫어. I don't 뒤에는 어떤 동사든지 다 올 수 있지만 가장 많이 쓰이는 것은 바로 want입니다. 사람마다 하고 싶은 일도 많겠지만 하기 싫은 일도 많으니까요. I don't want to 뒤에는 동사원형을 말해 주세요.

I don't want to	know.	알고 싶지 않아.
	take any chances.	어떠한 모험도 하고 싶지 않아.
	miss a thing.	하나도 놓치고 싶지 않아.
	give you the wrong idea.	네게 잘못된 생각을 심어 주고 싶지 않아.

I don't know what to **say.** 무슨 말을 해야 할지 모르겠네요.

뭘 ~해야 할지 모르겠어. I don't know.(몰라요.)만큼 많이 쓰이는 표현도 없죠. 여기에 〈who, when, where, what, how + to 동사원형〉을 붙이게 되면 '누굴, 언제, 어디서, 뭘, 어떻게 ~해야 할지 모르겠어'라는 말이 됩니다.

I don't know	who to	trust.	누굴 믿어야 할지 모르겠어요.
	when to	stop.	언제 멈춰야 할지 모르겠어.
	where to	begin.	어디서부터 시작해야 할지 모르겠어.
	what to	think about this.	이게 무슨 말인지 생각조차 못하겠어.
	how to	use this gizmo.	이 장치를 어떻게 쓰는지 모르겠어.

I didn't **say anything.** 난 아무 말도 안 했어.

난 ~하지 않았어[안 했어]. I don't ~는 지금 하지 않는다는 의미로 주로 현재 사실을 부정할 때 썼잖아요. 그럼, '난 ~하지 않았어'라고 과거의 사실을 부정할 땐 어떻게 말할까요? 바로 don't 대신 didn't를 쓰면 됩니다.

I didn't	order this.	저 이거 안 시켰는데요.
	suspect a thing.	전혀 눈치 못 챘어.
	mean to hurt your feelings.	네 기분을 상하게 할 뜻은 없었어.

🦏 함께 알아두기 -

I didn't mean it.이라는 말이 있는데요. 이건 자신이 말실수를 하고 나서 '그런 뜻이 아니었어', '진심이 아니었어'라고 둘러댈 때 많이 쓰는 표현입니다. 반대로, I mean it.(진짜야.)이라고 하면 자신이 한 말이 마음에서 우러나온 것임을 강조하는 말이 돼요.

STEP 1 ▸ 우리말 문장에 맞게 알맞은 단어를 넣어 말해 보세요.

❶ 난 부패한 정치인을 싫어해.

🎤 I _____ like corrupt politicians.

❷ 듣고 싶지 않아.

🎤 I don't _____ to hear it.

❸ 전 요리할 줄 몰라요.

🎤 I don't _____ how to cook.

❹ 그 친구 사투리 알아들을 수가 없었어.

🎤 I _____ understand his accent.

❺ 언제 멈춰야 할지 모르겠어.

🎤 I don't know _____ to stop.

STEP 2 ▸ 우리말 문장에 어울리는 표현을 넣어 말해 보세요.

❻ 난 주말에 일 안 해.

🎤 _____ work on weekends.

❼ 어떠한 모험도 하고 싶지 않아.

🎤 _____ take any chances.

❽ 네 기분을 상하게 할 뜻은 없었어.

🎤 _____ mean to hurt your feelings.

❾ 이 장치를 어떻게 쓰는지 모르겠어.

🎤 _____ use this gizmo.

STEP 3 ▶ 다음 우리말을 영어로 말해 보세요.

❿ 너랑 얘기하고 싶지 않아.

🎤 _____

⓫ 어디로 가야 할지 모르겠어요.

🎤 _____

⓬ 나 네 재킷 안 가져갔어.

🎤 _____

⓭ 그녀의 변명 따윈 듣고 싶지 않아.

🎤 _____

⓮ 누굴 믿어야 할지 모르겠어요.

🎤 _____

⓯ 난 그것에 대해 아무것도 몰랐어.

🎤 _____

⓰ 내가 읽는 것을 다 믿진 않아.

🎤 _____

정답

❶ don't ❷ want ❸ know ❹ didn't ❺ when ❻ I don't ❼ I don't want to ❽ I didn't ❾ I don't know how to ❿ I don't want to talk to you. ⓫ I don't know where to go. ⓬ I didn't take your jacket. ⓭ I don't want to listen to her excuses. ⓮ I don't know who to trust. ⓯ I didn't know anything about it. ⓰ I don't believe everything I read.

🎧 23-3.mp3

❶ 어제 일로 단단히 화가 난 애인에게 용서를 빌러 왔는데

A What are you doing here?

B I have something to tell you.

A 듣고 싶지 않아.

Just go away.

B I'm really sorry about yesterday. 네 기분을 상하게 할 뜻은 없었어.

A 신경 안 써.

Leave me alone, okay?

B Will you please forgive me?

❷ 주문한 메뉴가 잘못 나왔는데

A Excuse me, 저 이거 안 시켰는데요.

B Are you sure you didn't order cheese cake, Miss?

A Of course I'm sure. 전 치즈 케이크를 안 좋아해요.

I came in here for mango pudding.

B I'm sorry, Miss. Your mango pudding will be here in a minute.

정답

❶ A 네가 여기 웬일이야? **B** 너한테 할 말이 있어서. **A** I don't want to hear it. 그냥 돌아가. **B** 어제 일은 정말 미안해. I didn't mean to hurt your feelings. **A** I don't care. 그냥 나 좀 내버려 둬. 알았어? **B** 제발 용서해 주면 안 되겠니?

❷ A 저기요. I didn't order this. **B** 치즈 케이크 시키지 않으셨어요, 손님? **A** 네, 안 시켰어요. I don't like cheese cake. 전 여기 망고 푸딩을 먹으러 온 거거든요. **B** 죄송합니다. 손님. 곧바로 망고 푸딩을 가져다 드리겠습니다.

대답패턴 4

나에 대해 말하고 싶을 땐

24 I'm ~

강의 및 예문 듣기

Mission Possible

이 말, 영어로 할 수 있나요?

Mission 1

너 만나러 여기 왔어.

🎤

Mission 2

직접 만나 뵙게 돼 기뻐요.

🎤

Mission 3

이렇게 늦게 전화해서 미안해.

🎤

💣 영어로 30초 안에 말해 보세요.

영어를 배울 때 맨 처음 배우는 생기초, 생필수 패턴이 바로 I'm ~이죠. 그런데 의외로 생기초, 생필수 패턴을 실생활에서 자유자재로 쓰기가 힘들어요. 왜냐? 쓰임새의 폭이 너무너무 넓기 때문이죠. '~하러 왔다'며 방문 목적을 밝힐 때도, '~해서 기쁘다'며 감정을 표현할 때도, '~해서 미안하다'며 사과할 때도 모두 I'm ~으로 말을 시작해요. 오늘은 I'm ~ 패턴 가운데서도 이렇게 일상생활에서 활용 빈도가 높은 패턴들을 연습해 보도록 해요.

오늘의 패턴 🎲

> "~하러 (여기) 왔어요."   "~해서 기뻐요."   "~해서 미안해."

이렇게 배웠더라면

Pattern 1

I'm here to **see you.**

너 만나러 여기 왔어.

~하러 (여기) 왔어요. 어떤 곳에 가서 뭘 하러 여길 왔는지 방문 목적을 밝히려면 꼭 I'm here to ~는 알고 있어야 해요. 면접을 보러 온 사무적인 상황에서나 친구네 집에 놀러갔을 때에도 편하게 쓸 수 있죠.

I'm here to	meet your parents.	당신 부모님을 뵈러 왔습니다.
	find my friend.	친구를 찾으러 왔습니다.
	break up with you.	너랑 헤어지려고 왔어.
	take your place.	널 대신하러 여기 왔어.
	get to the bottom of things.	진상을 밝히러 여기 왔어.

Pattern 2

I'm glad to **hear that.**

그 말을 들으니 기쁘군요.

~해서 기뻐요[다행이에요]. I'm glad to ~는 '~해서 기뻐', '~해서 다행이야'라는 말로, to 뒤에 왜 기쁜지 그 이유를 동사원형으로 넣어 주면 됩니다. glad 대신 happy를 써도 좋아요.

I'm glad to	be here.	여기 오게 돼 기뻐.
	meet you in person.	직접 만나게 돼 기뻐요.
I'm happy to	work with you.	같이 일하게 돼 기뻐요.
	throw in some.	나도 십시일반해서 좋은데.

160

I'm sorry I'm late.

늦어서 미안해.

~해서 미안해. 누군가에게 미안하다고 사과할 땐 '~해서 미안해'라고 그 이유를 밝히는 게 보통이죠? 영어에서도 I'm sorry 뒤에 이유를 넣어 주게 되는데요. 〈주어 + 동사〉나 〈to 동사원형〉, 〈for -ing〉 형태로 말합니다.

	I forgot.	미안해. 깜박 잊었어.
	you feel that way.	그런 기분이라니 유감이네요.
I'm sorry	to have troubled you.	폐를 끼쳐서 죄송합니다.
	to let you down.	실망시켜서 미안해요.
	for calling this late.	이렇게 늦게 전화해서 미안해.

I'm in the mood for Chinese food.

중국 음식이 당기는데.

~하고 싶은 기분이야, ~이 당겨. 피곤한 하루 업무가 끝났을 때, 불판 위에 삼겹살을 지글지글 구워 먹고 있을 때 술 한잔 '땡기는' 분들 많죠? 이럴 때 I'm in the mood for ~를 사용하면 딱입니다. mood는 '마음의 상태', '기분'이라는 뜻이에요. for 뒤에는 명사나 -ing형이 옵니다.

I'm in the mood for	something citrusy.	뭔가 신 게 당기는데.
	dancing.	춤추고 싶다.
I'm not in the mood for	joking.	농담할 기분 아냐.

함께 알아두기

'~하고 싶어', '~하고 싶은 기분이야'라는 뜻의 또 다른 표현으로 I feel like -ing가 있어요.
▶ **I feel like going** for a walk. (산책하고 싶어.)　　▶ **I feel like swimming.** (수영하고 싶어.)

STEP 1 ▶ 우리말 문장에 맞게 알맞은 단어를 넣어 말해 보세요.

❶ 친구를 찾으러 왔습니다.
🎤 I'm _____ to find my friend.

❷ 직접 만나게 돼 기뻐요.
🎤 I'm _____ to meet you in person.

❸ 폐를 끼쳐서 죄송합니다.
🎤 I'm sorry _____ have troubled you.

❹ 간식이 먹고 싶어지네.
🎤 I'm in the _____ for a snack.

❺ 빈둥대고 싶은 기분 아냐.
🎤 I'm _____ in the mood for goofing off.

STEP 2 ▶ 우리말 문장에 어울리는 표현을 넣어 말해 보세요.

❻ 포드 씨를 뵈러 왔는데요.
🎤 _____ see Mr. Ford.

❼ 승진했다는 소식 들어서 기뻐.
🎤 _____ hear of your promotion.

❽ 미안해, 깜박 잊었어.
🎤 _____ I forgot.

❾ 실망시켜서 미안해요.
🎤 _____ let you down.

❿ 뭔가 신 게 당기는데.
🎤 _____ something citrusy.

앞에서 배운 대답 패턴들을 활용해서 연습해 보세요. 24-2.mp3

STEP 3 ▸ 다음 우리말을 영어로 말해 보세요.

⓫ 널 도와주러 왔어.

⓬ 커피 마시고 싶다.

⓭ 기다리게 해서 미안해. (to 동사원형 활용)

⓮ 라면이 당기네요.

⓯ 당신 부모님을 뵈러 왔습니다.

⓰ 이렇게 늦게 전화해서 미안해. (for -ing 활용)

⓱ 농담할 기분 아냐.

정답

❶ here ❷ glad ❸ to ❹ mood ❺ not ❻ I'm here to ❼ I'm glad to ❽ I'm sorry ❾ I'm sorry to ❿ I'm in the mood for ⓫ I'm here to help you. ⓬ I'm in the mood for coffee. ⓭ I'm sorry to keep you waiting. ⓮ I'm in the mood for ramen. ⓯ I'm here to meet your parents. ⓰ I'm sorry for calling this late. ⓱ I'm not in the mood for joking.

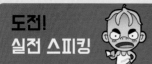
🎧 24-3.mp3

① 친구가 배가 고프다는데

A 늦어서 미안해. 🎤

I missed the bus.

B That's okay. I just got here myself.

A 그 말을 들으니 다행이다. 🎤

Have you eaten? I'm starving here.

B Me too. What are you hungry for?

A 중국 음식이 당기는데. 🎤

What about you?

B You know I love Chinese. Let's go.

② 아픈 친구를 대신해 일을 해주러 왔는데

A 널 대신하러 왔어. (**take someone's place** ~를 대신하다)

B I got hurt, but I'm A-OK now.

A 회복됐다는 말 들으니 기쁘다. (**recovery** 회복)

🎤

But I'll take over from here.

B If you insist. Thanks man.

정답

① **A** I'm sorry I'm late. 버스를 놓쳤어. **B** 괜찮아. 나도 금방 왔는걸. **A** I'm glad to hear that. 밥은 먹었니? 난 배고파 죽겠다. **B** 나도, 뭐 먹고 싶어? **A** I'm in the mood for Chinese food. 넌 어때? **B** 나 중국 음식 좋아하는 거 알잖아. 가자.

② **A** I'm here to take your place. **B** 다치긴 했지만 이제 완전 다 나았는걸. **A** I'm glad to hear of your recovery. 하지만 이젠 내가 할게. **B** 정 그렇다면야. 고마워, 친구.

이 말, 영어로 할 수 있나요?

Mission
1

리필 좀 해 주세요.

🎤

Mission
2

제인과 통화하고 싶습니다.

🎤

Mission
3

제 상황을 이해해 주셨으면 좋겠어요.

🎤

💣 영어로 30초 안에 말해 보세요.

먹고 싶고, 하고 싶다고 하면 제일 먼저 떠오르는 영어 표현이 뭔가요? 아마도 I want ~겠죠? 오늘은 이 I want ~를 연습해 볼 건 아니고요, 이 말의 공손 버전인 I'd like ~를 연습해 보려고 해요. 이 패턴 뒤에 뭐가 오느냐에 따라 식당에서 음식을 좀 달라고 할 수도, 신용카드로 계산하고 싶다고 할 수도, 상대방이 해 주기를 바라는 점을 표현할 수도 있답니다.

오늘의 패턴 🎲

"~해 주세요." "~하고 싶어요." "~해 주셨으면 좋겠어요."

Pattern 1

I'd like more coffee, please.

커피 좀 더 주세요.

~해 주세요, ~하고 싶어요. I'd like ~는 I want ~와 같은 뜻이에요. 다만, 좀 더 공손하고 점잖은 말이기 때문에 평소 친분이 없는 사람을 대할 때나 공식석상에서, 혹은 예의를 차려야 할 필요가 있는 경우에 자주 쓰죠.

I'd like		
	a refill, please.	리필 좀 해 주세요.
	a wake-up call, please.	모닝콜 좀 해주세요.
	two tickets for 7 pm, please.	저녁 7시 걸로 표 2장 주시겠어요?
	a second opinion on that.	그것에 대해 다른 의견을 듣고 싶어요.
	a large pizza to go, please.	피자 큰 걸로 하나 포장해 주세요.

Pattern 2

I'd like to make a collect call.

수신자 부담 전화를 걸고 싶습니다.

~하고 싶어요. I'd like 뒤에 명사가 아닌 동사가 올 땐 to를 붙여 줍니다. 이 거 역시 뜻은 I want to ~와 같다고 생각하면 돼요. 다만, 좀 더 예의바른 표현이라는 게 다를 뿐이죠.

I'd like to		
	propose a toast.	건배를 제안하고 싶습니다.
	go bike riding.	자전거 타러 가고 싶어요.
	put it on my credit card.	신용카드로 계산했으면 하는데요.
	speak to Jane, please.	제인과 통화하고 싶습니다.
	get a closer look at it.	그걸 좀 더 자세히 살펴보고 싶어요.

Pattern 3

I'd like you to **be happy.**

당신이 **행복**하길 바랍니다.

당신이 ~하길 바랍니다. ~해 주셨으면 좋겠어요. 내가 하고 싶은 것을 말하는 게 아니라 상대방에게 '~해 주셨으면 좋겠어요'라고 하려면 I'd like you to ~로 말합니다.

	be there.	당신이 거기 와 주길 바라요.
	mend your ways.	네가 행실을 좀 고쳤으면 좋겠구나.
I'd like you to	get me some aspirin.	아스피린을 좀 갖다 주셨으면 좋겠네요.
	reconsider my offer.	내 제안을 다시 한 번 생각해 봐요.
	understand my situation.	제 상황을 이해해 주셨으면 좋겠어요.

Level Up Pattern 4

I'd love to **go out with you.** 당신과 정말 데이트하고 싶어요.

(정말) ~하고 싶어요. like 대신 love를 넣어서 I'd love to ~라고 해도 '~하고 싶어요'라는 표현이 됩니다. 단, 차이점이 있다면, I'd like to ~는 예의바르지만 조금은 딱딱하고 사무적인 말투인 데 비해, I'd love to ~는 '정말 ~하고 싶어요'라고 자신의 감정을 드러내는 말이에요.

	go to Paris.	파리에 가고 싶어요.
	, but I can't.	저도 그러고 싶은데, 안 되겠네요.
I'd love to	see you in person.	저도 직접 만나 뵙고 싶어요.
	have just one super power?	초능력을 딱 하나만이라도 가지고 싶다.

 함께 알아두기

'우리 ~하지 않을래?'라는 상대방의 제안에 '그거 좋지'라고 대답할 때 I'd love to.라고 말할 수 있어요. 이 외에 I'd like that.이나 Sounds like fun.(재밌을 거 같은데.)이라고 해도 좋고요.

167

STEP 1 ▶ 우리말 문장에 맞게 알맞은 단어를 넣어 말해 보세요.

❶ 버거하고 감자튀김으로 주세요.

🎤 _____ like a burger with french fries, please.

❷ 저녁 7시 걸로 표 2장 주시겠어요?

🎤 I'd _____ two tickets for 7 pm, please.

❸ 당신을 와인 파티에 초대하고 싶습니다.

🎤 I'd like _____ invite you to a wine party.

❹ 네가 행실을 좀 고쳤으면 좋겠구나.

🎤 I'd like _____ to mend your ways.

❺ 나도 너희들과 같이 가고 싶어.

🎤 I'd _____ to join you guys.

STEP 2 ▶ 우리말 문장에 어울리는 표현을 넣어 말해 보세요.

❻ 그것에 대해 다른 의견을 듣고 싶어요.

🎤 _____ a second opinion on that.

❼ 건배를 제안하고 싶습니다.

🎤 _____ propose a toast.

❽ 아스피린을 좀 갖다 주셨으면 좋겠네요.

🎤 _____ get me some aspirin.

❾ 초능력을 딱 하나만이라도 가지고 싶다.

🎤 _____ have just one super power.

STEP 3 ▶ 다음 우리말을 영어로 말해 보세요.

⑩ 리필 좀 해주세요.

🎤 _____

⑪ 집들이에 초대하고 싶어요.

🎤 _____

⑫ 저도 그러고 싶은데, 안 되겠네요.

🎤 _____

⑬ 제 상황을 이해해 주셨으면 좋겠어요.

🎤 _____

⑭ 제인과 통화하고 싶습니다.

🎤 _____

⑮ 모닝콜 좀 해주세요.

🎤 _____

⑯ 저도 정말 당신과 저녁 먹고 싶어요.

🎤 _____

🎧 25-3.mp3

① 집들이 초대를 위해 친구에게 전화를 했는데

A Hello, 제인과 통화하고 싶은데요.

B Speaking. Who's calling?

A This is Jason. How are you?

B I've been busy lately. How's your new apartment?

A It's great. Listen, 집들이에 초대하고 싶은데. (**housewarming party** 집들이)

Can you come?

B 그거 좋지! I'll bring a bottle of wine.

② 친구네 집에 초대받아 와서

A Mom, 제 친구 샘을 소개할게요.

Sam, this is my mother.

B Hello, Mrs. Jackson. Thank you for inviting me.

C You're welcome. Please have a seat.
Can I get you anything to drink?

B 차 한 잔만 주세요.

정답

① **A** 여보세요, I'd like to speak to Jane, please. **B** 전데요. 누구세요? **A** 제이슨이야. 잘 지내? **B** 요즘 바빴어. 새 아파트는 어때? **A** 아주 좋아. 저기, I'd like to invite you to my housewarming party. 올 수 있어? **B** I'd love to. 와인 한 병 가져갈게.

② **A** 엄마, I'd like you to meet my friend, Sam. 샘, 우리 어머니셔. **B** 안녕하세요, 잭슨 아주머니. 초대해 주셔서 감사합니다. **C** 천만에. 어서 앉으렴. 뭐 마실 것 좀 갖다 줄까? **B** I'd like a cup of tea, please.

26

결심한 걸 다른 사람에게 얘기할 땐

I'm going to ~

강의 및 예문 듣기

Mission Possible

이 말, 영어로 할 수 있나요?

Mission 1

내 마음 가는 대로 할 거야.

Mission 2

난 결혼 안 할 거야.

Mission 3

너한테 막 전화 걸려던 참이었어.

💣 영어로 30초 안에 말해 보세요.

'~할 거야', '~ 안 할 거야'라며 나의 결심을 친구나 동료, 가족에게 얘기하고 싶을 땐 I'm going to ~라는 패턴을 쓰면 되는데요. 어라! 이거 '어디로 간다는 얘기 아냐?!'라는 의문이 드는 분 계신가요? 자, 여기서 이 문제 한 가지만 짚어보고 본격적인 패턴 훈련에 들어가도록 할게요. I'm going to 뒤에 장소가 오면 '난 ~에 갈 거예요'라는 의미가 되지만, 오늘 우리가 하고 싶은 말은 to 뒤에 '동사원형'을 넣어서 말하는 경우랍니다. 아셨죠?

오늘의 패턴

"~할 거야." "난 ~안 할 거야." "막 ~하려던 참이었어."

I'm going to **lose 5kg.**

나 5kg 뺄 거야.

(나) ~할 거야. '~할 거야'라는 말을 하려면 I'm going to 뒤에 동사만 써 주면 돼요. 미국인과 대화를 하다 보면 거짓말 좀 보태서 1분에 한 번씩은 튀어나오는 정말 많이 쓰는 표현이니까 꼭! 꼭! 꼭! 익혀 두세요.

	sue you.	널 고소할 거야.
	follow my heart.	내 마음 가는 대로 할 거야.
I'm going to	catch some Zs.	잠깐 눈 좀 붙여야겠다.
	reset my tablet PC.	내 태플릿 PC 리셋할 거야.
	give her a ride.	그녀를 태워다 줄 거야.

I'm not going to **call you again.**

너한테 다신 전화 안 할 거야.

~하지 않을 거야[안 할 거야]. 1번과 반대로 '~하지 않을 거야'라는 표현을 하고 싶을 땐 not을 넣어 I'm not going to ~라고 하면 됩니다. 말할 때 not을 좀 더 강조해서 말해 보세요.

	get married.	난 결혼 안 할 거야.
I'm not going to	worry about that.	그것에 대해 걱정하지 않을 거야.
	ride without a helmet.	헬멧 없이는 안 탈 거야.
	make it in time.	제시간에 도착할 수 없겠는데(도착하지 못할 거야).

I was just going to **call you.**

너한테 막 전화 걸려던 참이었어.

막 ~하려던 참이었어. 과거형으로 I was going to ~라고 하면 '~하려고 했어'라는 뜻이 되는데요. 여기에 just가 들어가면 '막', '금방'이라는 느낌이 더 강조돼서 '막 ~하려던 참이었어'라는 말이 됩니다. 참고로 우리말에서 문맥상 '막' 대신 '그냥'이나 '거의'로 옮기면 어감이 살아나는 경우도 있습니다.

	leave.	막 떠나려던 참이었어요.
	hang up.	막 끊으려던 참이었어.
I was just going to	send you a text message.	너한테 막 문자 메시지 보내려고 했어.
	throw in the towel.	나 거의 포기하려고 했어.
	ask you something.	그냥 뭐 물어보려던 참이었어.

I was about to **say the same thing.**

나도 막 그 얘기를 하려던 참이었어요.

막 ~하려던 참이었어. 방금 앞에서 배웠던 I was just going to ~와 마찬가지 의미로, 형태만 다를 뿐이지 활용하는 데 있어 별 차이는 없으니까 둘 중 편한 걸로 골라 쓰세요.

	start.	막 시작하려던 참이었어요.
	go nuts.	정신 나가기 직전이었어요.
I was about to	kick him out.	그를 막 내쫓으려던 참이었어요.
	fasten my seatbelt.	안전벨트를 매려던 참이었어요.

173

STEP 1 ▶ 우리말 문장에 맞게 알맞은 단어를 넣어 말해 보세요.

❶ 널 고소할 거야.

🎤 _____ going to sue you.

❷ 막 끊으려던 참이었어.

🎤 I _____ just going to hang up.

❸ 결혼 안 할 거야.

🎤 I'm _____ going to get married.

❹ 막 끄려던 참이었어.

🎤 I was _____ going to turn it off.

❺ 정신 나가기 직전이었어요.

🎤 I was _____ to go nuts.

STEP 2 ▶ 우리말 문장에 어울리는 표현을 넣어 말해 보세요.

❻ 오늘 저녁에 파티 열 거야.

🎤 _____ throw a party tonight.

❼ 네 잘못을 그냥 넘어가게 하진 않을 거야.

🎤 _____ let you get away with it.

❽ 막 단추를 누르려고 했어. (going 활용)

🎤 _____ press the button.

❾ 막 자려던 참이었어요. (about 활용)

🎤 _____ go to bed.

STEP 3 ▸ 다음 우리말을 영어로 말해 보세요.

⑩ 난 이길 거야.

🎤 _____

⑪ 그것에 대해 걱정하지 않을 거야.

🎤 _____

⑫ 너한테 막 문자 메시지 보내려고 했어. (going 활용)

🎤 _____

⑬ 마음을 바꾸려던 참이었어. (about 활용)

🎤 _____

⑭ 다신 담배 피우지 않을 거야.

🎤 _____

⑮ 막 경찰을 부르려던 참이었어요. (about 활용)

🎤 _____

⑯ 막 떠나려던 참이었어요. (going 활용)

🎤 _____

정답
① I'm ② was ③ not ④ just ⑤ about ⑥ I'm going to ⑦ I'm not going to ⑧ I was just going to ⑨ I was about to ⑩ I'm going to win. ⑪ I'm not going to worry about that. ⑫ I was just going to send you a text message. ⑬ I was about to change my mind. ⑭ I'm not going to smoke again. ⑮ I was about to call the police. ⑯ I was just going to leave.

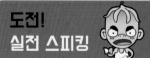
🔊 26-3.mp3

① 파티에 초대하고픈 여자에게 끝내 굴욕을 당하고 마는데

A Hello, Diane. This is John. Do you have a minute?

B John, 나 지금 나가려던 참이었어.
What is it?

A 오늘 저녁에 파티를 열 거야.

Will you come?

B I wish I could go, but I've got plans.

A I know you're avoiding me.
But Diane, 난 너 포기 안 해. (**give up on sb** (~ 에 대해 기대 등을 갖길) 포기하다)

B Listen, I've got to go. Bye.

② 여자친구가 또다시 다이어트를 결심하는데

A What do you want for dessert?

B No, thanks. I'm on a diet.
5kg을 뺄 거야.

A Again? I bet you 5 dollars that it won't last a week.

B This time 포기하지 않을 거야.

정답
① **A** 안녕, 다이앤. 나 존이야. 시간 좀 있니? **B** 존, I was just going to leave. 무슨 일이야? **A** I'm going to throw a party tonight. 올래? **B** 가고는 싶지만, 약속이 있어. **A** 네가 날 피하고 있다는 거 알아. 하지만 다이앤, I'm not going to give up on you. **B** 저기, 나 끊어야 되거든. 안녕.

② **A** 디저트로 뭐 먹을래? **B** 고맙지만 사양하겠어. 다이어트 중이거든. I'm going to lose 5kg. **A** 또 다이어트니? 일주일도 못 간다는 데 5달러 건다. **B** 이번엔 I'm not going to give up.

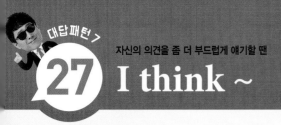

27 I think ~

자신의 의견을 좀 더 부드럽게 얘기할 땐

강의 및 예문 듣기

Mission Possible

이 말, 영어로 할 수 있나요?

Mission 1

그 사람이 날 좋아하는 것 같아.

🎤

Mission 2

그게 중요한 것 같진 않아요.

🎤

Mission 3

일을 그만둘까 생각 중이야.

🎤

💣 영어로 30초 안에 말해 보세요.

"그 사람이 날 좋아해." "그게 중요한 건 아니야." 이런 식으로 말하는 것보다는 "그 사람이 날 좋아하는 것 같아." "그게 중요한 것 같진 않아."처럼 '~인 것 같아'라는 식으로 말하는 게 덜 공격적이고 부드럽죠. 우리도 말끝마다 이런 것 같아, 저런 것 같아 하면서 '~인 것 같아'라는 말을 붙이잖아요. 그러고 보면 상대방에게 어떻게 내 말이 들리는지를 신경 쓰는 건 어디든 마찬가지인가 봐요!

오늘의 패턴 📖

"~인 것 같아." "~인 것 같지 않아." "~할까 생각 중이야."

Pattern 1

I think **I should go on a diet.** 다이어트를 해야 할 것 같아.

~인 것 같아, ~라고 생각해. 우리도 말끝마다 '~인 것 같아'라는 말을 곧잘 붙이는데요. 같은 말이라도 I should go on a diet.(다이어트를 해야 해.)라고 하면 사실을 단정적으로 말하는 느낌이지만, 앞에 I think를 붙이면 '다이어트를 해야 할 것 같아'라고 좀 더 부드럽게 자신의 의견을 전달할 수 있죠.

	I'm in love.	나 사랑에 빠졌나 봐.
	I can handle it.	나 혼자 해결할 수 있을 것 같아.
I think	he's got a crush on me.	그 사람이 날 좋아하는 것 같아.
	she's a stunner.	내 생각에 그녀는 놀랄 정도의 미인이야.
	the ref made a bad call.	내 생각엔 심판이 잘못 본 거야.

Pattern 2

I don't think **it matters.** 그게 중요한 것 같진 않아요.

~인 것 같지 않아[아닌 거 같아], ~은 아니라고 생각해. 그런 것 같은 게 아니라, 아닌 것 같다고 의견을 말하고 싶을 때 don't를 넣어 I don't think ~ 라고 하면 돼요.

	you mean that.	진심으로 하는 말 아닌 것 같은데.
	you have a choice.	너한테 선택권이 있진 않은 것 같은데.
I don't think	he's honest.	그 친구 솔직하진 않은 것 같은데.
	it's funny.	안 웃긴 것 같은데.
	that's a good idea.	좋은 생각이 아닌 것 같아.

I'm thinking about **taking up skiing.**

스키를 배워 볼까 생각 중이야.

~할까 생각 중이야. I'm thinking about -ing는 '~에 대해서 생각 중이야', '~하면 어떨까 생각 중이야'라는 말입니다. 자신이 하려고 맘먹은 일, 혹은 해 보면 어떨까 하고 고려중인 일에 대해 얘기할 때 사용하면 좋아요.

I'm thinking about	moving out.	이사 나갈까 생각 중이야.
	quitting my job.	일을 그만둘까 생각 중이야.
	starting my own business.	내 사업을 시작해 볼까 생각 중이야.
	running for president.	회장 선거에 나가 볼까 생각 중이야.
	going back to school.	다시 학업을 시작할까 생각 중이야.

I suppose **I should apologize.**

내가 사과를 해야 할 것 같군.

~인 것 같아, ~일 듯해. suppose는 '가정하다', '추측하다'라는 뜻. 그래서 I suppose ~ 하면 '~일 것 같네요', '~일 듯합니다'라는 말이 돼요. 확실하진 않지만 정황상 그럴 거라고 추측되는 일에 대해 얘기할 때, 혹은 마지못해 동의할 때 쓸 수 있는 표현이에요.

I suppose	you can put off your homework till Monday.	너 월요일까진 숙제 안 해도 될 것 같다.
	she's one of my students.	그녀는 내 학생들 중 한 명인 것 같은데.
	he came to see me.	그 사람이 날 보러 왔나 봐.
	they're closed on Sundays.	일요일에는 문을 닫는 것 같은데.
	you think he cheated.	넌 그가 속임수를 썼다고 생각하는구나?

STEP 1 ▸ 우리말 문장에 맞게 알맞은 단어를 넣어 말해 보세요.

❶ 가 봐야 할 것 같아.

🎤 I _____ I should get going.

❷ 진심으로 하는 말 아닌 것 같은데.

🎤 I _____ think you mean that.

❸ 회장 선거에 나가 볼까 생각 중이야.

🎤 I'm _____ about running for president.

❹ 일요일에는 문을 닫는 것 같은데. (s-로 시작)

🎤 I _____ they're closed on Sundays.

❺ 다시 학업을 시작할까 생각 중이야.

🎤 I'm thinking about _____ back to school.

STEP 2 ▸ 우리말 문장에 어울리는 표현을 넣어 말해 보세요.

❻ 그 사람이 날 좋아하는 것 같아.

🎤 _____ he's got a crush on me.

❼ 너 뚱뚱한 것 같지 않은데.

🎤 _____ you're fat.

❽ 이사 나갈까 생각 중이야.

🎤 _____ moving out.

❾ 내가 운전을 해야 할 듯하군. (suppose 활용)

🎤 _____ I'll have to drive.

STEP 3 ▸ 다음 우리말을 영어로 말해 보세요.

🔟 너 좋아 보이는 것 같은데.

🎤 _____

⓫ 좋은 생각인 것 같지 않은데.

🎤 _____

⓬ 그 사람이 날 보러 왔나 봐. (suppose 활용)

🎤 _____

⓭ 내 사업을 시작해 볼까 생각 중이야.

🎤 _____

⓮ 안 웃긴 것 같은데.

🎤 _____

⓯ 일을 그만둘까 생각 중이야.

🎤 _____

⓰ 그녀는 내 학생들 중 한 명인 것 같은데. (suppose 활용)

🎤 _____

도전! 실전 스피킹

배운 내용을 떠올리면서 다음 대화를 영어로 완성하세요!

🎧 27-3.mp3

❶ 옷에 맞춰 다이어트를 하겠다는 애인을 말리는데

A 다이어트를 해야 할 것 같아.

I'm getting fat.

B Don't be ridiculous! 보기 좋은 것 같은데 뭘.

A You don't understand. I bought this new dress, but it doesn't fit.

B Why didn't you buy a bigger size?

A No. I'm going to lose weight until it fits me.

B Sweetie, 그건 별로 좋은 생각인 것 같지 않은데 .

❷ 뭔가 석연치 않은 심판의 판정에 대해 얘기를 나누며

A The ref must have made a bad call.

B 내 생각엔 심판이 공정한 것 같지 않은데. (on the level 공명정대하게)

A 넌 그 사람이 속임수를 썼다고 생각하는구나? (cheat 속임수를 쓰다)

B It's obvious, isn't it?

정답

❶ A I think I should go on a diet. 점점 뚱뚱해지고 있어. **B** 말도 안 되는 소리 하지 마! I think you look fine. **A** 네가 몰라서 그래. 이 옷 새로 산 건데 잘 안 맞는다니까. **B** 한 사이즈 큰 걸로 사지 그랬어? **A** 싫어. 옷이 맞을 때까지 살 뺄 거야. **B** 자기야, I don't think that's a good idea.

❷ A 심판이 잘못 본 게 틀림없어. **B** I don't think he's being on the level. **A** I suppose you think he cheated. **B** 빤히 보이지 않아?

182

 **Mission Possible**

이 말, 영어로 할 수 있나요?

 Mission 1

내가 한번 해 볼게.

🎤

 Mission 2

무슨 일 생기면 알려줘.

🎤

 Mission 3

네가 뭘 생각하는지 알려줘.

🎤

💣 영어로 30초 안에 말해 보세요.

적극적으로 "내가 한번 해 볼게."라고 할 때나 선심 쓰듯 "내가 칵테일 한잔 만들어 줄게."라고 할 때, 그리고 "내가 끝까지 말 좀 하게 해줘."라고 부탁할 때도 복잡하게 생각할 필요 없이 Let me ~만 쓰면 모두 해결돼요. 이 Let me가 얼마나 유용하냐 하면 우리가 걸핏하면 쓰는 '~하면 알려줘', '누가, 뭘, 언제, 어디서, 어떻게, 얼마나, 왜 ~하는지 알려줘' 같은 표현도 이 Let me ~를 써서 얼마든지 표현할 수 있답니다.

오늘의 패턴

"내가 ~할게." "~하면 알려줘." "뭘 ~하는지 알려줘."

Pattern 1

Let me give it a shot.

내가 한번 해 볼게.

내가 ~할게, 내가 ~하게 해줘. Let me ~는 크게 두 가지 의미로 해석될 수 있는데요. 하나는 '내가 ~할게'라고 선심 쓰듯 해주겠다는 의미로, 또 하나는 '내가 ~하게 해줘'라고 부탁하는 의미로 해석됩니다. 똑같은 Let me ~인데 뜻은 정반대죠?

Let me	fix you a cocktail.	칵테일 한 잔 만들어 줄게.
	get a word in.	내가 한 마디 보탤게.
	finish.	내 말 끝까지 들어 봐. (내가 끝까지 말 좀 하게 해줘.)
	think about it.	생각 좀 해 볼게요. (생각할 시간을 주세요.)

Pattern 2

Let me know if you need anything.

필요한 게 있으면 내게 알려 줘요.

~하면 (내게) 알려줘. Let me know if ~는 '~하면 내게 알려줘'라고 부탁, 혹은 당부를 할 때 쓸 수 있는 표현이에요. 이 말에는 지금 당장뿐만 아니라 나중에라도 상황이 어떻게 진행되는지 그 추이를 알려 달라는 의미가 담겨 있습니다.

Let me know if	anything comes up.	무슨 일 생기면 알려줘.
	someone's coming.	누가 오면 알려줘.
	you hear the doorbell.	초인종이 울리면 알려줘.
	she asks about me.	그녀가 나에 대해서 물으면 알려줘.

Let me know what you think. 네가 뭘 생각하는지 알려줘.

뭘 ~하는지 알려줘. Let me know 뒤에 의문사 who, when, where, what, how, why를 넣어서 보다 구체적인 부탁을 할 수 있어요. '누굴, 언제, 어디서, 뭘, 어떻게/얼마나, 왜 ~하는지 알려줘'라고 말이죠.

	who	you're going to choose.	누굴 선택할 건지 알려줘.
	when	you're through.	다 끝나면 알려줘.
Let me know	where	you shop.	어디서 쇼핑하는지 알려줘.
	how	much you need.	얼마나 필요한지 알려줘.
	why	he's mad at me.	그가 왜 나한테 화났는지 알려줘.

I'll let you know a.s.a.p. 가능한 한 빨리 알려 줄게.

(내가) ~을 알려 줄게. 지금까지는 나한테 알려 달라고 부탁하는 표현을 배웠는데요. 이번에는 반대로 내가 상대에게 알려 주겠다고 말하는 표현이에요. 이 말 역시 지금 당장 어떤 확실한 사항을 말해 준다기보다는 앞으로 추이를 지켜보면서 변동 사항을 알려 주겠다는 의미가 담겨 있어요.

	when we get there.	우리가 거기 도착하면 알려 줄게.
I'll let you know	if they email me.	그들이 이메일 보내면 알려 줄게.
	as soon as I find out.	내가 알아내는 대로 알려 줄게.

🐶 함께 알아두기

I'll let you ~는 '네가 ~하게 해줄게', '(네가 ~하도록) 내가 …할게'라는 뜻이에요. 따라서 I'll let you win. 하면 '네가 이기게 해줄게', '(네가 이기도록) 내가 저줄게'라는 말이 됩니다. 그렇다면, I won't let you go.는 무슨 말일까요? 이건 '절대로 널 보내지 않겠어', '절대로 네가 가게 내버려 두지 않아'라는 뜻의 표현이에요.

STEP 1 ▶ 우리말 문장에 맞게 알맞은 단어를 넣어 말해 보세요.

❶ 가방 들어 드릴게요.

🎤 _____ me hold your bag.

❷ 뭐가 하나라도 없어지면 알려줘.

🎤 **Let me know** _____ **anything is missing.**

❸ 다 끝나면 알려줘.

🎤 **Let me know** _____ **you're through.**

❹ 그들이 이메일 보내면 알려 줄게.

🎤 **I'll let** _____ **know if they email me.**

❺ 얼마나 필요한지 알려줘.

🎤 **Let me know** _____ **much you need.**

STEP 2 ▶ 우리말 문장에 어울리는 표현을 넣어 말해 보세요.

❻ 내가 한번 볼게.

🎤 _____ **take a look.**

❼ 오타가 있으면 내게 알려줘.

🎤 _____ **there are any typos.**

❽ 어디서 싸게 살 수 있는지 알려줘.

🎤 _____ **to find a good deal.**

❾ 재고가 있는지 (찾아보고) 알려 드릴게요.

🎤 _____ **if we have them in stock.**

STEP 3 ▸ 다음 우리말을 영어로 말해 보세요.

⑩ 한 번만 더 기회를 줘.

🎤 _____

⑪ 그녀한테서 소식 있으면 내게 알려줘.

🎤 _____

⑫ 누굴 선택할 건지 알려줘.

🎤 _____

⑬ 우리가 거기 도착하면 알려 줄게.

🎤 _____

⑭ 어디서 묵게 될지 알려줘.

🎤 _____

⑮ 내가 알아내는 대로 알려 줄게.

🎤 _____

⑯ 누가 오면 알려줘.

🎤 _____

정답

① Let ② if ③ when ④ you ⑤ how ⑥ Let me ⑦ Let me know if ⑧ Let me know where ⑨ I'll let you know ⑩ Let me have another chance. ⑪ Let me know if you hear from her. ⑫ Let me know who you're going to choose. ⑬ I'll let you know when we get there. ⑭ Let me know where you'll be staying. ⑮ I'll let you know as soon as I find out. ⑯ Let me know if someone's coming.

① 하숙집 주인과 하숙생이 처음 만났는데

A Come on in. Did you have any trouble finding our house?

B No, it was actually easy with your directions.
It's a beautiful house!

A Thanks. 가방 이리 주세요. 🎤

B That's okay. It's quite heavy.

A Then 방을 보여 줄게요. 🎤
It's upstairs.

B Do you know when my roommate is going to arrive?

A We're not sure yet.
다음 주에 알려 줄게요. 🎤

② 대화중인 여자의 친구와 데이트를 하고 싶은데

A Will your friend Cathy go out with me?

B I'll check and 바로 알려 줄게. 🎤

A Thanks.
그 애가 나에 대해서 물으면 알려줘.
🎤

B Don't hold your breath.

강의 및 예문 듣기

이 말, 영어로 할 수 있나요?

(우리) 그냥 까놓고 말하자.

🎤

그 얘기는 하지 맙시다.

🎤

일들이 어떻게 결론 나는지 한번 보자.

🎤

💣 *영어로 30초 안에 말해 보세요.*

아무리 혼술에 혼밥이 성행하는 시대라 해도, 인간은 사회적 동물일 수밖에 없죠. 회사에서는 동료와, 회사 밖에서는 친구 또는 가족과 같이 하고 싶은 일이 소소한 것에서부터 거창한 것까지 매번 생기기 마련입니다. 이럴 때 필요한 '우리 ~하자', '우리 ~는 하지 말자'라고 제안하는 말, 오늘 함께 배워보도록 하자고요!

오늘의 패턴 🎲

"(우리) ~하자." "~하지 말자." "어떻게 ~하는지 한번 보자."

Pattern 1

Let's **go steady.**
우리 사귀자.

(우리) ~하자. '~하자'고 다른 사람을 꼬드기는 말은 정말 간단합니다. Let's 뒤에 동작만 넣어 주면 되거든요. 동작은 동사원형으로 말하면 된다는 건 잘 알죠? 자, 그럼 다음 예문을 큰 소리로 반복해 읽어 보세요.

get out of here.	여기서 나가자.
call and find out.	전화해서 알아보자.
call a spade "a spade."	그냥 까놓고 말하자.
take Mom on a cruise.	엄마 크루즈 여행 시켜 드리자.

Let's

Pattern 2

Let's not **forget that.**
그걸 잊지 말자고.

~하지 말자. 하자고 할 때 Let's ~를 쓴다면 '~하지 말자'고 할 땐 어떻게 말하면 될까요? 이 말도 역시나 간단합니다. Let's 뒤에 not만 갖다 붙이면 돼요. 〈Let's not + 동사원형 ~〉 이런 식으로 말이죠.

talk about it.	그 얘기는 하지 맙시다.
cancel it yet.	아직은 취소하지 말자.
go to that restaurant again.	그 식당에 다신 가지 말자.
put the cart before the horse.	마차가 말을 끌도록 하진 말자. (주객을 전도하지 말자.)

Let's not

Let's see how **things turn out.**

일들이 어떻게 **결론 나는지** 한번 보자.

어떻게 ~하는지 한번 보자. Let's see ~는 '어디 한번 보자'라는 뜻으로, 어떤 상황을 지켜볼 때 자주 쓰는 표현인데요. 뒤에 의문사 who, when, where, what, how, why를 붙여 구체적인 내용을 말할 수 있어요.

	who's	wrong.	누가 잘못인지 한번 봅시다.
	when	the program is on.	그 프로그램이 언제 시작되는지 한번 보자.
Let's see	**where**	this road takes us.	이 길로 가면 어디가 나오는지 한번 보자고.
	what	can be done about this.	이 일이 어떻게 처리돼야 할지 한번 보자고.
	why	Nick sides with Jake.	닉이 왜 제이크 편을 드는지 한번 보자.

Let's see if **they break up in six months.**

걔들이 6개월 안에 헤어지는지 어쩌는지 한번 보자고.

~인지 아닌지 한번 보자. 이 말은 Let's see if ~로 표현합니다. Let's see whether ~라고도 할 수 있는데, if가 whether보다 길이도 짧고 발음하기도 편해서 구어체에서 자주 사용돼요. 단, 100% 법칙은 아니니까 둘 다 구어체에서 사용해도 좋습니다.

	if	he lays down his cards.	그가 자기 패를 펼쳐 보일지 한번 보자고. (숨김없이 말하는지 한번 보자고.)
Let's see		they notice.	그들이 눈치 채는지 어쩌는지 한번 보자.
	whether	I can fix it.	내가 고칠 수 있는지 한번 보자.

 함께 알아두기 -

Let's see whether ~에서 whether는 '~인지 아닌지'의 뜻을 갖고 있기 때문에 이 뒤에 **or not**을 붙여 Let's see whether or not ~이라고 해도 같은 말이 됩니다.

STEP 1 ▶ 우리말 문장에 맞게 알맞은 단어를 넣어 말해 보세요.

❶ 성급하게 결론 내리지는 맙시다.

🎤 Let's ＿＿＿＿＿＿＿ jump to a conclusion.

❷ 그가 언제 나타나는지 한번 보자.

🎤 Let's see ＿＿＿＿＿＿＿ he shows up.

❸ 그들이 눈치 채는지 어쩌는지 한번 보자.

🎤 Let's see ＿＿＿＿＿＿＿ they notice.

❹ 영화가 몇 시에 시작하는지 한번 보자.

🎤 Let's see ＿＿＿＿＿＿＿ time the movie starts.

STEP 2 ▶ 우리말 문장에 어울리는 표현을 넣어 말해 보세요.

❺ 전화해서 알아보자.

🎤 ＿＿＿＿＿＿＿ and find out.

❻ 누구도 제외시키지는 말자.

🎤 ＿＿＿＿＿＿＿ single anyone out.

❼ 그가 그 소식에 어떻게 반응하는지 보자고.

🎤 ＿＿＿＿＿＿＿ he reacts to the news.

❽ 비어 있는 자리가 있는지 한번 보자고. (whether 활용)

🎤 ＿＿＿＿＿＿＿ there are seats available.

❾ 이 길로 가면 어디가 나오는지 한번 보자고.

🎤 ＿＿＿＿＿＿＿ this road takes us.

STEP 3 ▶ 다음 우리말을 영어로 말해 보세요.

➓ 가서 확인해 보자.

🎤 _____

⓫ 너무 빨리 포기하지는 말자.

🎤 _____

⓬ 올해는 내 생일을 기억하는지 어디 보자.

🎤 _____

⓭ 외식하자.

🎤 _____

⓮ 뭐가 잘못됐는지 한번 봅시다.

🎤 _____

⓯ 그 얘기는 하지 맙시다.

🎤 _____

⓰ 내가 그 문제를 해결할 수 있는지 한번 보자고.

🎤 _____

정답

❶ not ❷ when ❸ if ❹ what ❺ Let's call ❻ Let's not ❼ Let's see how ❽ Let's see whether ❾ Let's see where ❿ Let's go check. ⓫ Let's not give up too soon. ⓬ Let's see if you can remember my birthday this year. ⓭ Let's eat out. ⓮ Let's see what's wrong. ⓯ Let's not talk about it. ⓰ Let's see whether I can solve the problem.

🎧 29-3.mp3

① 음식점에서 식사를 마치고 계산을 하려는데

A It's getting dark.

여기서 나가자.

B Oh, no. My wallet is missing! Do you think I left it in the car?

A 가서 확인해 보자. if it's there.
I'll take care of the bill.

B Are you sure? Do you have enough money?

A 비자카드가 아직 되는지 한번 보지 뭐. (**work** 효력이 있다)

B I hope it does!

② 문제가 생긴 복사기를 살펴보며

A Something's wrong with this copy machine!

B 내가 고칠 수 있는지 어떤지 한번 보자.

A Well? Is it working?

B I removed the jammed paper, so 어떻게 되는지 한번 보자고.

정답

① **A** 점점 어두워지네. Let's get out of here. **B** 아 이런. 내 지갑이 없어졌어! 차에 놔두고 왔나? **A** Let's go check 거기 있는지 말이야. 계산은 내가 할게. **B** 정말? 돈 충분히 있어? **A** Let's see whether my Visa card still works. **B** 돼야 할 텐데!

② **A** 이 복사기 어디가 고장 났나 봐! **B** Let's see if I can fix it. **A** 어때? 작동되니? **B** 끼어 있던 종이를 빼냈어. 그러니 let's see what happens.

강의 및 예문 듣기

이 말, 영어로 할 수 있나요?

잔돈 여기 있습니다.

방법은 딱 하나야(하나 있어).

이게 다 네 잘못이야.

💣 *영어로 30초 안에 말해 보세요.*

패스트푸드점에서 아르바이트를 하는 점원이 잔돈을 건네면서 "잔돈 여기 있어요." 할 때나 새 고객에게 명함을 내밀면서 "명함 여기 있습니다." 할 때는 영어로 어떻게 말하면 될까요? 그럼 "방법이 딱 하나 있어요." "방법은 없어요." 할 때의 '있다/없다'는 또 어떻게 말할까요? 그리고 '이게 다 내 잘못' 또는 '네 잘못'이라는 등의 '이게 다, 이게 전부 ~'라는 표현까지 어떻게 하면 되는지 바로 지금부터 알아보도록 하죠.

오늘의 패턴

> "~이 여기 있어요."   "~이 있어요."   "이게 다 ~야."

195

Pattern
1

Here's your change.

잔돈 여기 있습니다.

~이 여기 있어요. Here's 뒤에는 어떤 명사든 OK! 물건을 건넬 때도 자신의 생각이나 계획 등을 건넬 때도 모두모두 쓸 수 있습니다. 참고로, Here's to ~라고 하면 건배를 하면서 '~를 위하여!'라고 하는 말이 됩니다. 예컨대 Here's to the happy couple!은 '행복한 한 쌍을 위하여!'라는 말이죠.

Here's	an idea.	나한테 생각이 있어.
	some money.	여기 돈이 좀 있어.
	the deal.	이렇게 하자고.
	the best seat in the house.	저희 집에서 가장 좋은 자리입니다.
	my plan.	이게 내 계획이야.

Pattern
2

There's only one way.

방법은 딱 하나야(하나 있어).

~이 있어요. There's 뒤에 명사만 넣으면 '~이 있어요'라는 표현을 할 수 있습니다. There를 '거기에'라고 해석하지 않도록 주의하세요! 반대로, '~이 없어요'라고 할 땐 There's no ~라고 하면 돼요.

There's	a major market for this.	이 상품은 시장성이 큽니다.
	my way or the highway.	내 방식대로 하든지 아님 나가든지. (내 방식, 아님 나가는 방법이 있지.)
There's no	time to lose.	지체할 시간이 없어요.
	problem we can't solve.	우리가 해결하지 못할 문제는 없어.

Pattern 3

This is all your fault.

이게 다 네 잘못이야.

이게 다 ~야, ~한 건 이게 다야. 이런 식으로 말하고 싶을 땐 This is all ~을 쓰면 돼요. all 뒤에는 명사나 문장이 옵니다. 또 This 대신 That을 넣으면 '그게 전부 ~한 거야', '~한 건 그게 다야'라는 말이 되죠.

This is all	I have.	이게 내가 가진 전부야.
	there is.	이게 있는 거 전부예요.
	I can say.	내가 할 수 있는 말은 그게 다야.
That's all	you need.	너한테 필요한 건 그게 다야.
	hearsay.	그거 모두 전해들은 말이에요.

Level Up Pattern 4

That's not how it works.

그건 그렇게 하는 게 아니야.

그건 ~는 게[~한 방법이] 아니야. That's not ~은 '그건 ~이 아니야'라는 말이에요. 예컨대 That's not the point.(그건 중요한 게 아니야.), That's not my problem.(그건 내 알 바 아니야.)과 같이 쓸 수 있죠. 여기에 의문사 what, how, why를 붙이면 '그건 ~한 게, 방법이, 이유가 아니야'가 되죠.

That's not	what	I meant.	내 말은 그런 뜻이 아니야.
	how	I feel.	내 느낌은 그런 게 아니야.
	why	I wanted to know.	내가 알고 싶었던 이유는 그게 아니에요.

함께 알아두기

That's not ~에서 not을 뺀 That's ~를 활용한 표현 중 하나로 That's it!이 있습니다. '바로 그거야!'라고 상대방의 말에 맞장구를 치는 표현이죠. 또 '내 말이 바로 그거야!'라고 말할 땐 That's exactly what I'm talking about!이라고 해요.

이렇게 연습했더라면

STEP 1 ▶ 우리말 문장에 맞게 알맞은 단어를 넣어 말해 보세요.

1 이게 내 계획이야.
🎤 _____ my plan.

2 이 상품은 시장성이 큽니다.
🎤 _____ a major market for this.

3 그거 모두 전해들은 말이에요.
🎤 That's _____ hearsay.

4 내 느낌은 그런 게 아냐.
🎤 That's not _____ I feel.

5 이게 내가 가진 전부야.
🎤 _____ is all I have.

STEP 2 ▶ 우리말 문장에 어울리는 표현을 넣어 말해 보세요.

6 여기 내 사진이야.
🎤 _____ of mine.

7 여기 그런 분은 안 계십니다.
🎤 _____ here by that name.

8 내 얘기는 그런 게 아냐.
🎤 _____ I'm talking about.

9 내가 할 수 있는 말은 그게 다야.
🎤 _____ I can say.

10 그것 때문에 널 사랑하는 게 아냐.
🎤 _____ I love you.

STEP 3 ▶ 다음 우리말을 영어로 말해 보세요.

⑪ 여기 돈이 좀 있어.

🎤 _____

⑫ 이길 가능성이 높습니다.

🎤 _____

⑬ 너한테 필요한 건 그게 다야.

🎤 _____

⑭ 집만한 곳이 없죠.

🎤 _____

⑮ 내가 알고 싶었던 이유는 그게 아니에요.

🎤 _____

⑯ 내가 아는 건 그게 다야.

🎤 _____

⑰ 그것 때문에 온 게 아냐.

🎤 _____

정답

① Here's　② There's　③ all　④ how　⑤ This　⑥ Here's a picture　⑦ There's no one　⑧ That's not what
⑨ That's all　⑩ That's not why　⑪ Here's some money.　⑫ There's a good chance of winning.　⑬ That's all you need.　⑭ There's no place like home.　⑮ That's not why I wanted to know.　⑯ That's all I know.　⑰ That's not why I'm here.

199

🎧 30-3.mp3

① 호텔 예약이 안 돼 있어 숙소를 찾아야 하는데

A I thought I made a reservation but we're not on the list. They're all booked up.

B 이게 다 네 잘못이야. 🎤
Now what do we do?

A 나한테 생각이 있어. 🎤
Why don't we look for a youth hostel?

B Where can we find one? We don't have any information. It's getting dark.

A Look, there's an Internet cafe across the street.
We might find something on the Net. Let's go.
이러고 있을 시간 없어. (lose (시간을) 허비하다) 🎤

② 퍼즐 게임을 하면서

A 그건 그렇게 하는 게 아니야. 🎤
You have to make a word using the last letter.

B I see. 생각나는 건 이것뿐인데. 🎤
Will it work?

A That's very good actually. Now you've got a bonus point.

B Excellent! Am I winning?

정답
① **A** 난 예약했다고 생각했는데 예약이 안 돼 있다. 방도 다 찼고. **B** This is all your fault. 이제 어떡해? **A** Here's an idea. 유스 호스텔을 찾아보자. **B** 어디서 찾나? 아무런 정보도 없는데. 날도 어두워지고 있고. **A** 저기 봐, 길 건너편에 PC방이 있잖아. 인터넷에서 뭔가 찾을 수 있을 거야. 가자. There's no time to lose.

② **A** That's not how it works. 마지막 철자를 이용해서 단어를 만들어야지. **B** 알았어. This is all I can think of. 이거 면 될까? **A** 정말 잘했어. 이제 보너스 점수를 받을 수 있겠는데. **B** 좋았어! 내가 이기고 있는 거야?

31 Feel free to ~

누군가에게 명령을 할 땐 무조건 동사부터

강의 및 예문 듣기

Mission Possible

이 말, 영어로 할 수 있나요?

Mission 1

언제든 연락 주세요.

Mission 2

즐겨찾기 꼭 해놔.

Mission 3

나한테 이래라저래라 하지 마.

영어로 30초 안에 말해 보세요.

친구나 동료, 가족에게 '~해/하세요'라고 할 때 가장 간단한 방법은 무조건 동사원형으로 말을 시작하는 거죠. 오늘은 이렇게 동사원형으로 시작하는 말 가운데서도 일상생활에서 흔히 쓰는 패턴들을 쏙쏙 뽑아 익혀 볼 거예요. 또 반대로 '~하지 말'라고 주의를 줄 때 유용하게 쓰이는 패턴들도 함께 살펴보도록 해요.

오늘의 패턴

"언제든 ~하세요." "꼭 ~하도록 해." "~하지 마."

Pattern 1

Feel free to **contact us.**   언제든 연락 주세요.

언제든 ~하세요. Feel free to ~는 명령문의 형태이긴 하지만 강요하는 표현이 아닌, '마음 내킬 때 자유롭게 ~해'라는 의미가 담겨 있죠. to 뒤에는 동사원형을 넣어 주면 돼요.

Feel free to	say no.	싫으면 언제든 말해.
	say anything.	할 말 있으면 무슨 얘기든 하세요.
	join us.	언제든 합류하세요.
	put in your two cents.	언제든 덧붙이고 싶은 말 있음 하고.
	make a cup of joe for yourself.	편하게 커피 만들어 마셔도 돼.

Pattern 2

Make sure to **lock the door.**   반드시 문 잠그도록 해.

꼭[반드시] ~하도록 해. 잊지 말고 꼭 하도록 하라고 당부할 때는 Make sure to ~로 표현할 수 있습니다. 예컨대 그냥 Finish this.(이거 끝내.)라고 하는 것보다 Make sure to finish this.(이거 꼭 끝내도록 해.)라고 하면 좀 더 당부하는 느낌을 줄 수 있죠.

Make sure to	finish this.	이거 꼭 끝내도록 해.
	bookmark it.	즐겨찾기 꼭 해놔.
	take all your belongings.	반드시 네 물건들 모두 챙겨.
	take out the garbage.	쓰레기 꼭 내다 놔.
	pass along my message.	제 메시지 꼭 전달하세요.

Don't tell me what to do.

나한테 이래라저래라 하지 마.

~하지 마. '~하라'라고 명령할 땐 동사원형으로 말을 시작하면 되죠. 반대로 '~하지 마'라고 명령할 땐 동사원형 앞에 Don't만 딱 넣어 주면 됩니다. 단, 직접적으로 명령하는 표현이라 친한 동년배나 아랫사람에게 쓸 수 있어요.

Don't	expect too much.	너무 많이 기대하진 마.
	mind me.	난 신경 쓰지 마.
	blame me for that.	그 일로 날 비난하지 마.
	tell me you're serious.	설마, 농담이겠지. (진심이라고 말하진 마.)

Stop staring at me.

그만 좀 째려봐.

그만 좀 ~해, ~하지 마. Stop -ing는 '지금까지 계속하던 것을 멈춰, 이제 그만 좀 해'라는 의미예요. 예컨대 Don't stare at me.라고 하면 그냥 '째려보지 마'라는 말이지만, Stop staring at me.라고 하면 지금까지 날 째려보고 있는 사람에게 '이제 그만 좀 째려봐'라고 말하는 게 되죠.

Stop	whining.	그만 좀 칭얼대.
	making excuses.	핑계 좀 대지 마.
	teasing me.	나 좀 그만 놀려.
	rushing me.	보채지 좀 마.

상대방이 끈질기게 같은 말을 해대거나 놀릴 때 '야, 그만 좀 해.'라고 말할 수 있겠죠. 이때 Stop it!이라는 표현을 쓸 수 있습니다. 같은 뜻을 가진 표현으로, Knock it off!나 Cut it out! 혹은 Quit it!을 쓸 수도 있어요.

STEP 1 ▶ 우리말 문장에 맞게 알맞은 단어를 넣어 말해 보세요.

❶ 언제든 음악 파일을 다운로드 해 가세요.
🎤 _____ free to download music files.

❷ 즐겨찾기 꼭 해놔.
🎤 Make _____ to bookmark it.

❸ 욕 좀 그만해.
🎤 _____ swearing.

❹ 그런 소리 하지도 마.
🎤 _____ even say that.

❺ 내 방에서 담배 좀 그만 피워!
🎤 Stop _____ in my room!

STEP 2 ▶ 우리말 문장에 어울리는 표현을 넣어 말해 보세요.

❻ 언제든 덧붙이고 싶은 말 있음 하고.
🎤 _____ put in your two cents.

❼ 반드시 네 물건들 모두 챙겨.
🎤 _____ take all your belongings.

❽ 핑계 좀 대지 마.
🎤 _____ excuses.

❾ 난 신경 쓰지 마.
🎤 _____ me.

STEP 3 ▶ 다음 우리말을 영어로 말해 보세요.

⑩ 할 말 있으면 무슨 얘기든 하세요.

🎤 _____

⑪ 글 남기는 거 잊지 마.

🎤 _____

⑫ 이거 꼭 끝내도록 해.

🎤 _____

⑬ 이제 그만 좀 째려봐.

🎤 _____

⑭ 주저 말고 전화해.

🎤 _____

⑮ 불 꼭 꺼라.

🎤 _____

⑯ 언제든 합류하세요.

🎤 _____

🔊 31-3.mp3

❶ 자신의 홈페이지를 방문해 줄 것을 친구에게 부탁하는데

A Have you been to my homepage yet?

B No, I think I lost the address.

A Here, let me type it for you.

즐겨찾기 꼭 해놔.

B Sure. Wow, nice pictures!

A Hey, 글 남기는 것도 잊지 마.

The more, the better.

B All right. 보채지 좀 마. **(rush 보채다)**

❷ 쓰레기 버리는 일로 룸메이트에게 잔소리를 하는데

A 쓰레기 꼭 내다 놔.

B 나한테 이래라저래라 하지 마. 🎤

You're not my mother.

A But you always put things off until the last minute.

B I know what I'm doing. Mind your own business.

정답

❶ A 내 홈페이지에 들어가 봤어? **B** 아니. 주소를 잃어버린 것 같아. **A** 자, 내가 쳐줄게. Make sure to bookmark it. **B** 물론이지. 와, 사진들이 멋진데! **A** 야, don't forget to leave comments. 많으면 많을수록 좋거든. **B** 알았어. Stop rushing me.

❷ A Make sure to take out the garbage. **B** Don't tell me what to do. 네가 우리 엄마라도 되냐? **A** 하지만 넌 항상 마지막까지 미루잖아. **B** 난 알아서 하고 있으니까 네 일이나 신경 쓰셔.

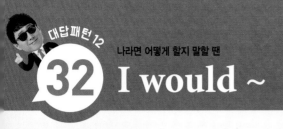

이 말, 영어로 할 수 있나요?

차라리 집에 있을래요.

나 같으면 그렇게 안 하겠어.

내가 돈을 좀 빌려 줄 수도 있는데.

영어로 30초 안에 말해 보세요.

어떻게 하겠다 또는 안 하겠다고 자신의 의지를 피력할 때는 I will ~, I won't ~를 쓴다고 배웠는데요. 오늘은 요거랑 비슷한 거 같으면서 뭔가 다른 영어 패턴을 배워볼 거예요. 어떤 패턴이냐 하면요, 어떤 상황이나 조건일 때 '나라면 이렇게 하겠다', '저렇게는 안 하겠다'라고 가정해서 말하는 경우예요. 이런 패턴이라면 친구의 고민을 들으면서 조언을 해줄 때도 요긴하게 쓸 수 있겠죠?

오늘의 패턴

"차라리 ~할래요." "(나라면) ~하지 않겠어."
"내가 ~해줄 수도 있는데."

Pattern 1

I would rather be alone.

차라리 혼자 있을래요.

차라리 ~할래요. ~하는 게 낫겠어요. would가 나왔다고 해서 미래나 과거의 일을 얘기하는 건 아니에요. 여기서 would는 어떤 일에 대한 자신의 의지를 나타냅니다. 물론, 시제는 현재고요. 여기에 rather를 붙여 I would rather ~가 되면 '~가 차라리 나아', '~을 더 선호해'라는 의미가 되죠.

I would rather

rent a car.	차라리 차를 빌리는 게 낫겠어요.
stay home.	차라리 집에 있을래요.
skip the topic.	그 얘기는 피하는 게 낫겠어.
not answer.	차라리 대답하지 않는 게 낫겠어요.

Pattern 2

I wouldn't do that if I were you.

나 같으면 그렇게 안 하겠어.

(나라면) ~하지 않겠어. ~하지 않을 텐데. I won't go there.는 '난 거기 가지 않을 거야'라고 결심을 바로 보여 주죠. 이때 I won't가 아니라 I wouldn't를 쓰면 '어떤 조건일 때 나라면 안 할 텐데'라는 가정의 느낌이 담겨요. 즉 I wouldn't go there.라고 하면 '나라면 거기 가진 않을 텐데'란 뜻인 거죠.

I wouldn't

miss it for the world.	세상없어도 꼭 가겠어(놓치지 않겠어).
put it that way.	나 같으면 그런 식으로 얘기 안 하겠다.
make him mad.	나 같으면 그를 화나게 하진 않겠어.
normally do this kind of thing.	평소 같으면 이렇게 안 할 텐데.

Pattern
3

I could lend you some money.
내가 돈을 좀 빌려 줄 수도 있는데.

내가 ~할[해줄] 수도 있는데. 자신의 의지를 말하는 게 아니라 '~할 수도 있다'는 가능성을 나타낼 땐 would 대신 could를 씁니다.

I could	walk your dog.	내가 너네 개 산책시켜 줄 수도 있는데.
	work as a part-timer.	시간제로 일할 수도 있을 거야.
	write you a recommendation letter.	내가 추천서를 써줄 수도 있는데.
	handle a mug of cold beer.	시원한 맥주 한 잔 마실 수도 있는데.
	learn something from you.	너한테 뭐 좀 배울 수도 있는데.

Level Up
Pattern
4

I might pop the question tonight.
오늘밤에 청혼할지도 몰라.

난 ~할지도 몰라. would가 자신의 의지를, could가 '~할 수도 있다'는 가능성을 나타낸다면, might는 '~할지도 몰라'라는 가능성이 아주 적은 추측을 나타냅니다. 예를 들어 한번 비교해 볼까요? I would go.는 '난 갈 텐데', I could go.는 '난 갈 수도 있는데', I might go.는 '난 갈지도 몰라'.

I might	win.	내가 이길지도 몰라.
	catch the last subway.	지하철 막차를 탈 수 있을지도 몰라.
	get grounded.	나 외출 금지 당할지도 몰라.
	be convinced to go along.	나 설득당해서 따라갈지도 몰라.

이렇게 연습했더라면

STEP 1 ▶ 우리말 문장에 맞게 알맞은 단어를 넣어 말해 보세요.

❶ 차라리 도시락 싸 가는 게 낫겠어.
🎙 I would _____ pack a sack lunch.

❷ 세상없어도 꼭 가겠어.
🎙 I _____ miss it for the world.

❸ 널 위해 노래를 써 줄 수도 있어.
🎙 I _____ write a song for you.

❹ 내가 한 권 구할 수 있을지도 몰라.
🎙 I _____ get a copy.

❺ 차라리 대답하지 않는 게 낫겠네요.
🎙 I _____ rather not answer.

STEP 2 ▶ 우리말 문장에 어울리는 표현을 넣어 말해 보세요.

❻ 차라리 집에 있을래요.
🎙 _____ stay home.

❼ 평소 같으면 이렇게 안 할 텐데.
🎙 _____ normally do this kind of thing.

❽ 나 시간제로 일할 수도 있을 거야.
🎙 _____ as a part-timer.

❾ 나 외출 금지 당할지도 몰라.
🎙 _____ grounded.

STEP 3 ▸ 다음 우리말을 영어로 말해 보세요.

⑩ 차라리 야구 선수가 될래요.

🎤 _____

⑪ 나라면 그런 짓 안 할 거야.

🎤 _____

⑫ 나 직장을 잃게 될지도 몰라.

🎤 _____

⑬ 차라리 차를 빌리는 게 낫겠어요.

🎤 _____

⑭ 여자친구 몰래 바람을 피우진 않겠어.

🎤 _____

⑮ 나 승진할지도 몰라. (get promoted 승진하다)

🎤 _____

⑯ 내가 추천서를 써 줄 수도 있는데. (recommendation letter 추천서)

🎤 _____

정답

❶ rather ❷ wouldn't ❸ could ❹ might ❺ would ❻ I would rather ❼ I wouldn't ❽ I could work ❾ I might get ❿ I would rather be a baseball player. ⑪ I wouldn't do such a thing. ⑫ I might lose my job. ⑬ I would rather rent a car. ⑭ I wouldn't cheat on my girlfriend. ⑮ I might get promoted. ⑯ I could write you a recommendation letter.

🎧 32-3.mp3

① 친구가 퇴사를 고민 중인데

A I'm thinking about quitting my job.

B Did you get an offer from a better company?

A No, I'm so tired of working.
차라리 집에 있는 게 낫겠어.

B But you love your job. 내가 너라면 그렇게 안 하겠다.

A I know, but 시간제로 일할 수도 있을 거야.

B I don't think so.
Once you quit, you will have to be a full-time wife.

② 너무 늦은 시간이라 차편을 걱정하는데

A It's past midnight. How am I going home?

B 마지막 전철을 탈 수 있을지도 몰라. 🎤
I mean if you run really fast.

A 차라리 택시를 타는 게 낫겠어. 🎤
What about you?

B I live near here. I can walk home.

정답

① **A** 일을 그만둘까 생각 중이야. **B** 더 좋은 데서 오라고 제의받은 거야? **A** 아니. 일하는 게 너무 지겨워서 말이야. I would rather stay home. **B** 그치만 넌 네 일을 좋아하잖아. I wouldn't do that if I were you. **A** 알아. 하지만 I could work as a part-timer. **B** 그렇게는 안 될걸. 일단 그만두면 전업 주부가 되는 수밖엔 없을 거라고.

② **A** 자정이 지났네. 집에 어떻게 가지? **B** You might catch the last subway. 엄청나게 빨리 뛰어간다면 말이야. **A** I would rather take a taxi. 넌 어떡할래? **B** 난 이 근처에 살아. 집까지 걸어가면 돼.

33

You sound ~, It smells ~, It tastes ~

강의 및 예문 듣기

이 말, 영어로 할 수 있나요?

Mission 1

목소리가 풀이 죽은 것 같네.

Mission 2

맛있는 냄새가 나네.

Mission 3

달콤 쌉쌀한 맛이 나는데.

영어로 30초 안에 말해 보세요.

친구 목소리에 왠지 기운이 없어 보일 때면 "너 목소리가 풀 죽은 거 같다."라며 걱정 어린 관심을 보이곤 하죠. 또 배고픔에 지친 상태로 집에 왔는데 맛난 냄새가 솔솔 풍겨요. 이럴 때면 "맛있는 냄새가 나네~" 하며 관심을 보이게 되고요. 음식을 먹을 때면 맛이 달다, 짜다 등과 같은 의견도 자주 말하죠. 오늘은 바로 이런 말들을 자유롭게 하기 위해 필요한 패턴들을 소개합니다!

오늘의 패턴

"목소리가 ~인 것 같네." "~한 냄새가 나." "~한 맛이 나."

213

Pattern 1

You sound just like your sister.

언니랑 목소리가 똑같네요.

목소리가 ~하게 들리네, 들어보니 ~인 것 같네. 상대방의 목소리를 듣고 드는 생각을 얘기하는 표현입니다. 액면 그대로 목소리에 대한 평가를 할 수도 있고, 목소리를 통해 느껴지는 상대의 성격이나 상태 등에 대해 말할 때도 쓰죠. 이때 sound는 '소리가 나다', '~하게 들리다'란 뜻이에요.

You sound	a little different.	말투가 좀 달라진 것 같아요.
	grumpy.	목소리가 성질이 나 있는 것 같은데.
	a little unsure.	목소리가 확실하진 않은 것 같은데.
	depressed.	목소리가 풀이 죽은 것 같네.
	younger than I expected.	목소리가 생각보다 어리네요.

Pattern 2

It smells delicious.

맛있는 냄새가 나네요.

~한 냄새가 나. It smells 뒤에 냄새를 설명하는 형용사를 넣어 주면 '~한 냄새가 나'라는 말이 됩니다. 또 It smells like ~라는 표현도 할 수 있는데요. '~ 같은 냄새가 나'라는 뜻으로, like 뒤에는 명사나 문장이 옵니다.

It smells	so bad.	냄새가 너무 고약해요.
	fishy.	비린내가 나는데.
It smells like	garlic.	마늘 냄새 같은데요.
	something's burning.	뭔가 타는 냄새가 나요.
	freshly cut grass.	막 깎은 잔디 냄새 같은데.

It tastes funny.

맛이 이상해요.

~한 맛이 나. taste는 '맛을 보다', '~한 맛이 나다'라는 뜻이죠. 그래서 It tastes 뒤에 맛을 나타내는 형용사를 넣어 주면 '~한 맛이 나'라는 말이 됩니다. 또 It tastes like ~를 사용해서 '~ 같은 맛이 나'라고 할 수도 있어요.

It tastes	pretty strong.	맛이 꽤 강해요.
	bitter-sweet.	달콤 쌉쌀한 맛이 나는데.
It tastes like	chicken.	닭고기 같은 맛이 나.
	an old shoe.	오래된 신발 같은 맛이 나는데. (푸석해서 별맛이 없을 때)
It tastes just like	it smells.	맛도 냄새랑 똑같은데.

It feels like a dream.

꿈만 같아요.

~인/같은 기분[느낌]이야. It feels 뒤에 relaxing(느긋한), good(좋은) 등과 같이 상태를 보여 주는 형용사를 넣어 주면 '~하는 느낌이야', '~인 기분이야'라는 말이 됩니다. 뒤에 like를 붙여 It feels like ~라고 하면 '~같은 느낌이야', '마치 ~인 기분이야'라는 말이 되고요.

It feels	soft.	부드러운 느낌이야.
	so good.	기분이 너무 좋아요.
It feels like	only yesterday.	어제 일만 같아요.
	you're angry.	화가 나신 것 같네요.

🐾 함께 알아두기

feel like ~를 활용한 표현 중에 I feel like a million dollars(= bucks).라는 말이 있습니다. 직역하면 '나는 백만 달러 같은 기분이다'인데, 이 말은 곧 '나 정말 행복해', '기분 째지는데'라는 의미를 나타내요.

STEP 1 ▶ 우리말 문장에 맞게 알맞은 단어를 넣어 말해 보세요.

❶ 목소리가 좀 이상한 것 같은데.

🎤 You _____ weird.

❷ 비린내가 나는데.

🎤 It _____ fishy.

❸ 달콤 쌉쌀한 맛이 나는데.

🎤 It _____ bitter-sweet.

❹ 막 깎은 잔디 냄새 같은데.

🎤 It smells _____ freshly cut grass.

❺ 화가 나신 것 같네요.

🎤 It _____ like you're angry.

STEP 2 ▶ 우리말 문장에 어울리는 표현을 넣어 말해 보세요.

❻ (말씀하시는 걸로 보아) 속이 좁으신 분 같아요.

🎤 _____ narrow-minded.

❼ 향이 너무 달콤해요.

🎤 _____ so sweet.

❽ 맛이 좀 나아졌네.

🎤 _____ better.

❾ 집에 온 것처럼 편안해요.

🎤 _____ home to me.

STEP 3 ▸ 다음 우리말을 영어로 말해 보세요.

⑩ 목소리가 생각보다 어리네요.

🎤 ....

⑪ 장미꽃 같은 향이 나네요.

🎤 ....

⑫ 맛이 꽤 강해요.

🎤 ....

⑬ 기분이 너무 좋아요.

🎤 ....

⑭ 뭔가 타는 냄새가 나요.

🎤 ....

⑮ (목소리가) 풀이 죽은 것 같네.

🎤 ....

⑯ 닭고기 같은 맛이 나.

🎤 ....

정답

❶ sound ❷ smells ❸ tastes ❹ like ❺ feels ❻ You sound ❼ It smells ❽ It tastes ❾ It feels like ❿ You sound younger than I expected. ⑪ It smells like roses. ⑫ It tastes pretty strong. ⑬ It feels so good. ⑭ It smells like something's burning. ⑮ You sound depressed. ⑯ It tastes like chicken.

🎧 33-3.mp3

① 저녁을 준비하고 있는 아내의 요리 솜씨에 감탄하는데

A 맛있는 냄새가 나네. 🎤

What are you cooking?

B Meatloaf. This is one of my grandmother's recipes.

A 맛도 좋은걸! 🎤

You're an excellent cook.

B Thank you.

A What's this one?

닭고기 같은 맛이 나는데. 🎤

B It's duck. Could you go get the children?
Dinner's almost ready.

② 오랜만에 열린 교교 동창회에서

A I can't believe it's been ten years since we finished high school.

B I know! 바로 어제 일만 같은데

🎤 _____, doesn't it?

A You haven't changed at all. 말투는 좀 변한 거 같아

🎤 _____, though.

B I've been living in Busan for 7 years now. Maybe that's why.

정답

① **A** It smells delicious. 무슨 요리 해? **B** 미트로프야. 우리 할머니 레시피 중 하나지. **A** It tastes good, too! 당신 요리 하나는 진짜 끝내주게 잘한다니까. **B** 고마워. **A** 이건 뭐야? It tastes like chicken. **B** 그건 오리야. 애들 좀 불러 줄래? 저녁 거의 다 됐어.

② **A** 우리가 고등학교를 졸업한 지 벌써 10년이나 됐다니 믿기지 않는걸. **B** 그러게 말이야! It feels like only yesterday, 안 그래? **A** 넌 하나도 안 변했구나. 근데 You sound a little different. **B** 나 부산 산 지 7년 됐거든. 그래서 그런가 보다.

강의 및 예문 듣기

이 말, 영어로 할 수 있나요?

Mission 1

너 되게 피곤해 보여.

🎤

Mission 2

내가 해야 할 것 같군.

🎤

Mission 3

우리 남편 바람피우는 것 같아.

🎤

💣 영어로 30초 안에 말해 보세요.

외국인 친구에게 "너 오늘 되게 예뻐 보인다." "너 되게 피곤해 보여."와 같이 옷차림이나 외모, 기분 등이 딱 보니까 어떤 것 같다며 관심을 드러내고 싶을 땐 어떤 패턴이 안성맞춤일까요? 또 보아하니 "이건 내가 해야 할 것 같구만."이라던가, 보아하니 "저 집 남편 바람피우는 것 같아." 같은 생각이나 추측은 또 어떤 패턴을 쓰면 간단히 해결될까요? 지금부터 알아보도록 합시다.

오늘의 패턴 🎲

"너 ~해 보여." "~인 것 같아." "(내가 보기엔) ~인 것 같아."

219

Pattern 1

You look **gorgeous tonight.** 당신 오늘밤 정말 섹시해 보여.

너 ~해 보여. look은 '~해 보이다'라는 뜻이잖아요. 따라서 You look ~은 '너 ~해 보여'라는 말이 됩니다. 이 표현만 알면 상대방의 옷차림, 외모에서 부터 기분, 상태 등에 대해서까지 말할 수 있어요. 반대로, '너 ~해 보이지 않아'라고 할 땐 You don't look ~이라고 하면 돼요.

You look	terrible.	얼굴이 안 좋아 보이네요. (얼굴이 말이 아니에요.)
	pretty tired.	너 되게 피곤해 보여.
	like a million bucks.	최고로 멋져 보이는데.
You don't look	so good.	너 별로 안 좋아 보인다.
	quite so pleased.	그리 기쁘지는 않아 보이는데.

Pattern 2

It looks like **I'll have to.** 내가 해야 할 것 같군.

~인 것 같아. 상황을 보아하니 어떤 것 같다는 말을 할 때 가장 일반적으로 쓰이는 표현이 바로 It looks like ~입니다. like 뒤에는 명사나 문장이 올 수 있다는 거 이젠 잘 알죠?

It looks like	a pigpen.	돼지우리 같군.
	you were right all along.	네가 쭉 옳았던 것처럼 보이는데.
	the band is breaking up.	아무래도 그 밴드는 해체될 것 같아.
	he's making another mistake.	그가 또 다른 실수를 저지르는 것 같아.
	we're in for a storm.	폭풍이 밀려올 것처럼 보이는데.

Pattern 3

It seems (to me) that **you blew your chance.**

네가 기회를 날려버린 것 같은데.

(내가 보기엔) ~인 것 같아. 내가 보기엔 어떤 것 같다며 나의 의견을 나타
내는 또 다른 표현법이에요. 이때 that 뒤에는 반드시 문장이 와야 한다는
거 잊지 마세요.

I've got the upper hand.	내가 주도권을 쥔 것 같은데.
you have a flat tire.	네 타이어가 펑크 난 것 같은데.
It seems (to me) that he's having fun.	그가 재밌게 놀고 있는 것 같아.
my husband is having an affair.	우리 남편이 바람피우는 것 같아.
everyone has a problem.	누구에게나 문제는 있는 것 같아.

Level Up Pattern 4

It looks as if **you are my old friend.**

당신은 제 오랜 친구 같아요.

~인 것 같아. 이 표현 역시 '~인 것 같아'라는 말인데, 약간 딱딱하고 격식
을 차린 느낌이에요. 영국에서 즐겨 쓰는 표현이죠. if 뒤에는 현재형 문장이
와요. 참고로, 이 경우 as if 뒤에 과거형 문장이 오면 '마치 ~인 것 같아'라
고 가정하는 표현이 돼요. 실제로는 그렇지 않다는 것을 뜻하죠.

you have to cancel it.	너 그거 취소해야 할 것 같은데.
he's fed up.	그 친구 질린 것 같은데.
It looks as if we need to talk.	우리 얘기 좀 해야 할 것 같은데.
things are starting to pick up.	일이 풀리기 시작하는 것 같네요.
the paint is peeling.	페인트가 벗겨지는 것 같아.

STEP 1 ▶ 우리말 문장에 맞게 알맞은 단어를 넣어 말해 보세요.

❶ 얼굴이 안 좋아 보이네요. (얼굴이 말이 아니에요.)

🎤 You _____ terrible.

❷ 네 타이어가 펑크 난 것 같은데.

🎤 It _____ (to me) that you have a flat tire.

❸ 돼지우리 같군.

🎤 It looks _____ a pigpen.

❹ 그 친구 질린 것 같은데.

🎤 It looks _____ if he's fed up.

STEP 2 ▶ 우리말 문장에 어울리는 표현을 넣어 말해 보세요.

❺ 너 정말 멋져 보인다.

🎤 _____ like a million bucks.

❻ 한국 사람처럼 안 보여요.

🎤 _____ like a Korean.

❼ 폭풍이 밀려올 것처럼 보이는데.

🎤 _____ we're in for a storm.

❽ (내가 보기엔) 자네에게 중년의 위기가 닥친 것 같은데.

🎤 _____ you're having a mid-life crisis.

❾ 일이 풀리기 시작하는 것 같네요. (as if 활용)

🎤 _____ things are starting to pick up.

STEP 3 ▸ 다음 우리말을 영어로 말해 보세요.

⑩ 꽤 피곤해 보여요.

🎤 _____

⑪ 그 남자애 재밌게 놀고 있는 것 같은데.

🎤 _____

⑫ 비가 올 것 같아.

🎤 _____

⑬ 그 친구 오늘밤 안 올 모양이야. (as if 활용)

🎤 _____

⑭ 너 별로 안 좋아 보인다.

🎤 _____

⑮ 누구에게나 문제는 있는 것 같아.

🎤 _____

⑯ 이제 우리 떠나야 할 것 같은데. (as if 활용)

🎤 _____

정답

① look ② seems ③ like ④ as ⑤ You look ⑥ You don't look ⑦ It looks like ⑧ It seems (to me) that ⑨ It looks as if ⑩ You look pretty tired. ⑪ It seems (to me) that he's having fun. ⑫ It looks like rain. ⑬ It looks as if he's not coming tonight. ⑭ You don't look so good. ⑮ It seems (to me) that everyone has a problem. ⑯ It looks as if we need to leave now.

① 고속도로 한복판에서 타이어가 펑크 났는데

A What was that noise?

B 네 타이어가 펑크 난 것 같은데.

A Oh, no! Do I have to change tires then?

B 그래야 할 것 같다. 🎤

Do you know how?

A I learned how to do that, but I've never done it.

B 비가 올 것 같은데. 🎤

Why don't we call a tow truck?

② 기분이 몹시 좋아 보이는 친구를 보고

A 오늘 꽤 상기돼 보이는데. 🎤

What's up?

B I feel like a million bucks! I finally got a promotion.

A Congrats! I'm happy for you.

B Thanks.

봉급이 엄청 인상될 것 같아. (**get a big raise** 봉급이 엄청 인상되다)

정답

① **A** 무슨 소리지? **B** It seems (to me) that you have a flat tire. **A** 이런! 그럼 내가 타이어를 갈아 끼워야 하는 거야?
B It looks like you'll have to. 어떻게 하는지는 알아? **A** 갈아 끼우는 법을 배우긴 했는데 한 번도 해 본 적 없어.
B It looks like rain. 그냥 견인차를 부르는 게 어때?

② **A** You look pretty excited today. 무슨 일이야? **B** 나 완전 날아갈 듯 기뻐! 마침내 승진했거든. **A** 축하해! 정말 잘됐다.
B 고마워. It seems (to me) that I'm going to get a big raise.

224

대답패턴 15

35 All you have to do is ~

다른 건 됐고 뭔가 한 가지만 하면 된다고 말할 땐

강의 및 예문 듣기

이 말, 영어로 할 수 있나요?

넌 그냥 내가 하는 대로 따라오기만 하면 돼.

난 단지 괜찮은 사람을 찾고 싶을 뿐이야.

내 말은 난 그 애를 사랑하지 않는다는 얘기야.

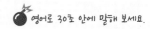

영어로 30초 안에 말해 보세요.

"넌 그냥 연습만 하면 돼." "내가 원하는 건 단지 너야." "난 너와 함께 있고 싶을 뿐이야." 이 처럼 다른 건 됐고 바로 이거 한 가지만 하면 된다거나, 그거 하나만 바란다는 식으로 어감을 좀 강조해서 나의 생각이나 내 마음을 피력해야 할 때가 있죠. 이런 어감을 잘 전달할 수 있는 영어 패턴 역시 있습니다! 특히 이번 패턴은 영어 냄새 풀풀 나는 영어만의 독특한 표현법 이니까요, 잘 익혀 두세요!

오늘의 패턴

"넌 그냥 ~만 하면 돼." "난 단지 ~하고 싶을 뿐이야."
"내 말은 ~라는 얘기야."

Pattern 1

All you have to do is click.

넌 그냥 **클릭**만 하면 돼.

넌 그냥 ~만 하면 돼. 얼핏 보면 have, do, is, click, 이렇게 동사가 4개나 들어 있어서 기겁할지도 모르겠네요. 하지만 복잡하게 생각할 것 없이 그냥 All you have to do is ~라고 외우기만 하면 됩니다. is 뒤에는 동사원형이 와요.

All you have to do is	practice.	넌 그냥 연습만 하면 돼.
	follow my lead.	넌 그냥 내가 하는 대로 따라오기만 하면 돼.
	wait and see.	넌 그냥 굿이나 보고 떡이나 먹으면 돼.
	give the "OK."	넌 그냥 된다고 하기만 하면 돼.

Pattern 2

All I want for Christmas is you.

내가 크리스마스 선물로 원하는 건 단지 너야.

내가 원하는 건 단지 ~야, 난 단지 ~하고 싶을 뿐이야. All I want is ~는 내가 원하는 건 이것뿐이라고 강조할 때 쓸 수 있는 표현이죠. is 뒤에 내가 원하는 물건이나 사람을 넣어 주거나, 혹은 내가 하고 싶은 것을 〈to 동사원형〉으로 넣어 주면 되죠.

All I want is	one dance.	난 단지 춤 한 번 추고 싶을 뿐이야.
	a fat bank account.	난 단지 두둑한 은행 잔고를 원할 뿐이야.
	to be with you.	난 단지 너와 함께 있고 싶을 뿐이야.
	to find a nice guy.	난 단지 괜찮은 사람을 찾고 싶을 뿐이야.

Pattern
3

What I mean is **I'm through.**

내 말은 됐다는 얘기야.

내가 의미하는 건 ~야. 내 말은 ~라는 얘기야. What I mean is 뒤에는 자신이 진짜 말하고자 하는 내용을 넣어 주면 되죠. 상대방이 내 말을 잘못 알아들었거나 오해할 때, 혹은 자신의 요점을 다시 한 번 강조해서 말하고 싶을 때 사용하면 좋아요.

What I mean is	I'm not a bad person.	내 말은 난 나쁜 사람이 아니란 얘기야.
	I don't love her.	내 말은 난 그녀를 사랑하지 않는다는 얘기야.
	you shouldn't be here.	내 말은 네가 여기 있으면 안 된다는 얘기야.
	he's as tough as nails.	내 말은 그가 아주 강인하다는 거야.

Level Up
Pattern
4

What I'm trying to say is **I love you.**

그러니까 내가 하려는 말은 널 사랑한다는 거야.

그러니까 내가 하려는 말은 ~라는 거야. 하고 싶던 말을 차마 하지 못하고 빙빙 돌리다가, 혹은 잘 표현하지 못해서 헤매다가 '그러니까 내가 지금까지 이렇게 구구절절 늘어놓은 건 다 이 말이 하고 싶어서야'라는 의미로 하는 말이죠.

What I'm trying to say is	I missed you.	그러니까 내가 하려는 말은 네가 보고 싶었다고.
	you bug me.	그러니까 내가 하려는 말은 네가 날 성가시게 한다는 거야.
	it's my fault.	그러니까 내가 하려는 말은 그게 내 잘못이라고.

 함께 알아두기 -

위의 패턴에서처럼 What 뒤에 문장을 넣어 '~하는 것은'이라는 뜻의 표현을 만들 수 있어요.

▶ **What you don't understand is** his true colors. (네가 이해하지 못하는 건 그의 본색이야.)
▶ **What I want to know is** your next plan. (내가 알고 싶은 건 너의 다음 계획이야.)

STEP 1 ▶ 우리말 문장에 맞게 알맞은 단어를 넣어 말해 보세요.

❶ 플러그만 꽂으면 돼요.

🎤 _____ you have to do is plug it in.

❷ 난 단지 너랑 좀 더 친해지고 싶을 뿐이야.

🎤 All I _____ is to get to know you better.

❸ 그러니까 내가 하려는 말은 그게 내 잘못이라고.

🎤 What I'm _____ to say is it's my fault.

❹ 내 말은 내가 돈이 없단 얘기야.

🎤 What I _____ is I have no money.

❺ 넌 그냥 최선을 다하기만 하면 돼.

🎤 All you have to _____ is do your best.

STEP 2 ▶ 우리말 문장에 어울리는 표현을 넣어 말해 보세요.

❻ 넌 그냥 그걸 읽기만 하면 돼.

🎤 _____ read it.

❼ 난 단지 두둑한 은행 잔고를 원할 뿐이야.

🎤 _____ a fat bank account.

❽ 내 말은 네가 틀렸다는 거야.

🎤 _____ you're wrong.

❾ 그러니까 내가 하려는 말은 네가 상관할 바 아니라고.

🎤 _____ it's none of your business.

STEP 3 ▶ 다음 우리말을 영어로 말해 보세요.

⑩ 넌 그냥 연습만 하면 돼.

🎤 _____

⑪ 난 단지 너와 함께 있고 싶을 뿐이야.

🎤 _____

⑫ 내 말은 네가 걱정된다는 얘기야.

🎤 _____

⑬ 그러니까 내가 하려는 말은 네가 보고 싶었다고.

🎤 _____

⑭ 내 말은 네가 여기 있으면 안 된단 얘기야.

🎤 _____

⑮ 넌 그냥 이 버튼을 누르기만 하면 돼.

🎤 _____

⑯ 그러니까 내가 하려는 말은 너무 늦었다는 거야.

🎤 _____

정답

❶ All ❷ want ❸ trying ❹ mean ❺ do ❻ All you have to do is ❼ All I want is ❽ What I mean is ❾ What I'm trying to say is ❿ All you have to do is practice. ⑪ All I want is to be with you. ⑫ What I mean is I'm worried about you. ⑬ What I'm trying to say is I missed you. ⑭ What I mean is you shouldn't be here. ⑮ All you have to do is press this button. ⑯ What I'm trying to say is it's too late.

① 친구에게 춤을 추자고 권하는데

A 난 단지 춤 한 번 추고 싶을 뿐이야.

Is that so much to ask?

B I don't know how to dance.

A Well, I do. 넌 그냥 내가 하는 대로 따라오기만 하면 돼.

B I don't think so. I don't want to make a fool of myself.

A It's really easy. Just hold my hand and move your feet like this.

B James, 그러니까 내가 하려는 말은 춤추기 싫다고.

 OK?

② 친구에게 얘기 좀 들어달라고 사정하며

A What do you want from me?

B 난 단지 얘기할 사람을 원할 뿐이야.

A Well, I'm not much of a talker. You'd better find someone else.

B 넌 그냥 듣기만 하면 돼.

I'll do the talking.

정답

① **A** All I want is one dance. 그게 그렇게 무리한 부탁이니? **B** 난 춤 못 춰. **A** 내가 출 줄 알아. All you have to do is follow my lead. **B** 됐어. 웃음거리가 되고 싶진 않아. **A** 아주 쉬워. 그냥 내 손을 잡고 발을 이렇게 움직여 봐. **B** 제임스, what I'm trying to say is I don't want to dance. 알겠어?

② **A** 도대체 나한테 원하는 게 뭐야? **B** All I want is someone to talk to. **A** 글쎄. 난 말주변이 없잖아. 다른 사람을 찾아 봐. **B** All you have to do is listen. 얘기는 내가 할 테니까.

대답 패턴 16

일어날 가능성이 있는 일을 말할 땐

36 It could be ~

이 말, 영어로 할 수 있나요?

Mission 1

더 나빴을 수도 있어. (그만하길 다행이야.)

🎤

Mission 2

좀 더 머물면 좋을 텐데.

🎤

Mission 3

조심해서 나쁠 건 없어.

🎤

💣 *영어로 30초 안에 말해 보세요.*

친구가 계단에서 심하게 넘어졌는데 다행히 발목만 살짝 삐었다면? '휴~ 그만하길 다행'이라는 생각이 절로 들겠죠. 사태가 더 나빴을 수도 있는데 말예요. 이럴 때 친구에게 "그만하길 다행이야."라는 말, 영어로는 어떻게 할까요? 이땐 우리말을 액면 그대로 옮기는 게 아니라 "더 나빴을 수도 있어."라는 식으로 생각해서 could를 잘 쓰면 간단히 해결돼요. 그럼 본격적으로 오늘의 패턴 속으로 들어가 볼까요?

오늘의 패턴 🎲

"~할 수도 있어." "~일 텐데." "~해서 나쁠 건 없어."

231

It could be **worse.**
더 나빴을 수도 있어. (그만하길 다행이야.)

~할 수도 있어. It could be ~는 '~할 수도 있어'라고 일어날 가능성이 있는 일에 대해 조심스럽게 언급할 때 씁니다. be 뒤에는 형용사나 명사가 와요. 또 not을 넣어서 It couldn't be ~가 되면 '~할 수는 없어'라는 말이 돼요.

It could be	a while.	시간이 좀 걸릴 수도 있어요.
	anything.	뭐라도 될 수 있죠.
	nothing at all.	아무것도 아닐 수도 있어.
It couldn't be	better.	이보다 더 좋을 수 없을 거야. (더할 나위 없이 좋아.)
	more frustrating.	더 이상 좌절감을 주는 일은 없을 거야. / 이보다 더 짜증나는 일은 없을 거야.

It would be **hard to believe.**
믿기 힘들 거예요.

~할 텐데, ~일 텐데. It's hard to believe.가 '믿기 힘들어'라고 단정적으로 말하는 표현이라면, It would be hard to believe.는 '믿기 힘들 텐데'라고 좀 더 자신의 추측을 넣어 말하는 표현이 됩니다. 만일 could를 쓰게 되면 '믿기 힘들 수도 있지'라는 우리말 느낌처럼 가능성에 대한 객관적 느낌을 더 살려 주는 표현이 돼요.

It would be	hard to understand.	이해하기 힘들 거예요.
	nice to stay a little longer.	좀 더 머물면 좋을 텐데.
	fun to get away for a while.	잠시 훌쩍 떠나면 재밌을 텐데.
	cool to see you guys there.	거기서 너희들 만나게 되면 멋질 거야.

232

It wouldn't hurt you to be careful.

조심해서 나쁠 건 없어.

~해서 나쁠 건 없어. It wouldn't hurt you to ~는 '~해서 나쁠 건 없어', '~하면 어디가 덧나니?'라며 상대에게 자신의 의견을 건네는 말이에요. hurt 대신 kill을 써도 좋고요, to 뒤에는 동사원형을 말해 주세요.

It wouldn't hurt you to	try.	한번 해 본다고 해서 나쁠 건 없어.
	lose some weight.	몸무게 좀 뺀다고 나쁠 건 없어.
It wouldn't kill you to	be nice to her.	그녀에게 잘해 준다고 해서 나쁠 건 없잖아.
	pay her a compliment.	그녀에게 찬사 보내면 어디가 덧나니?

It can't be true.

그게 사실일 리가 없어.

(그게) ~일 리가 없어. It couldn't be true.가 '그게 사실일 리는 없을 거야'라고 조심스럽게 가정하는 말이라면, It can't be true.는 좀 더 확정적이고 단정적으로 '그게 사실일 리가 없어'라고 말하는 게 되죠. 주어는 상황에 따라 It 대신 This, That 등이 올 수도 있어요.

It can't be	possible.	그게 가능할 리가 없는데.
	that bad.	그렇게까지 심할 리가요.
This can't be	happening.	이런 일이 생길 수가 없는 건데.

🐷 함께 알아두기 -

This can't be happening.과는 대조적으로, '원래 이런 일 자주 일어나요'라는 말은 Things happen.이라고 합니다. 또 안 좋은 사고가 발생한 후에 '원래 이런 사고는 잘 일어나게 마련이잖아요'라고 할 땐 Accidents will happen.이라고 해요.

STEP 1 ▶ 우리말 문장에 맞게 알맞은 단어를 넣어 말해 보세요.

❶ 시간이 좀 걸릴 수도 있어요.

🎤 It _____ be a while.

❷ 밤에 나가면 무서울 텐데.

🎤 It _____ be scary to go out at night.

❸ 그 여자에게 잘해 준다고 해서 나쁠 건 없잖아.

🎤 It wouldn't _____ you to be nice to her.

❹ 그게 가능할 리가 없는데.

🎤 It _____ be possible.

❺ 이보다 더 신나는 일은 없을 거야.

🎤 It _____ be more exciting.

STEP 2 ▶ 우리말 문장에 어울리는 표현을 넣어 말해 보세요.

❻ 뭐라도 될 수 있죠.

🎤 _____ anything.

❼ 시험에 합격하면 정말 끝내줄 거야.

🎤 _____ awesome to pass the exam.

❽ 확인해 본다고 해서 나쁠 건 없어.

🎤 _____ check.

❾ 그렇게까지 심할 리가요.

🎤 _____ that bad.

234

STEP 3 ▸ 다음 우리말을 영어로 말해 보세요.

⑩ 틀릴 수도 있어요.

🎤 _____

⑪ 이보다 더 나쁠 수 없을 거야. (최악이야.)

🎤 _____

⑫ 설명하기 힘들 거예요.

🎤 _____

⑬ 날 도와준다고 해서 나쁠 건 없잖아.

🎤 _____

⑭ 그렇게 심각할 리가 없어요.

🎤 _____

⑮ 이런 일이 생길 수가 없는 건데.

🎤 _____

⑯ 좀 더 머물면 좋을 텐데.

🎤 _____

정답
① could ② would ③ hurt ④ can't ⑤ couldn't ⑥ It could be ⑦ It would be ⑧ It wouldn't hurt you to
⑨ It can't be ⑩ It could be wrong. ⑪ It couldn't be worse. ⑫ It would be hard to explain. ⑬ It wouldn't hurt
you to help me. ⑭ It can't be serious. ⑮ This can't be happening. ⑯ It would be nice to stay a little longer.

🎧 36-3.mp3

❶ 친구의 애인이 다른 남자와 있는 걸 목격했다고 말하는데

A David, I think I saw your girlfriend with another guy last night.

B What? 그럴 리가 있나. 🎤
Are you sure?

A 내가 틀렸을 수도 있어. 🎤
but it looked like there was something going on.

B 그 애가 나 몰래 바람피울 리가 없어. 🎤
She's just not that kind of girl.

A I know 믿기 힘들 거라는 거. 🎤
Just ask her about it.

B I can't believe this is happening to me.

❷ 직장을 새로 옮긴 친구를 만났는데

A Hi, how's your new job?

B 더할 나위 없이 좋아. 🎤
I'm so glad that I changed my job.

A Good for you. I want to quit mine. My boss is driving me crazy.

B Why don't you apply for our company?
시도해 봐서 나쁠 건 없잖아.

정답

❶ **A** 데이빗, 어젯밤 네 여자친구가 다른 남자랑 있는 걸 본 것 같아. **B** 뭐? It can't be true. 확실해? **A** I could be wrong, 하지만 둘 사이가 심상치 않아 보였다고. **B** She can't be cheating on me. 그런 여자 아니거든. **A** 알아, it would be hard to believe. 그냥 한번 물어나 봐. **B** 나한테 이런 일이 생기다니 믿을 수가 없어.

❷ **A** 안녕, 새 직장은 어때? **B** It couldn't be better. 직장 옮기길 정말 잘한 것 같아. **A** 잘됐구나. 나도 그만두고 싶다. 사장 때문에 미치겠어. **B** 우리 회사에 지원해 보지 그래? It wouldn't hurt you to try.

Mission Possible

이 말, 영어로 할 수 있나요?

Mission 1

그 영화 이미 봤어.

Mission 2

아직 시작도 안 했어.

Mission 3

소개팅해 본 적이 한 번도 없어.

영어로 30초 안에 말해 보세요.

현재완료는 〈have p.p.〉 형태를 하고 있으며, 계속, 경험, 결과, 완료 중 하나를 뜻한다는 말을 귀에 못이 박히게 들었더랬죠. 늘 달달달 외운 덕분에 시험은 잘 봤는데 막상 써먹으려 하면 입을 꾹 다물게 됩니다. 네이티브들은 밥 먹듯 쓰는 말인데도 말이죠. 오늘은 경험이니 결과니 하는 문법 용어 따윈 신경 쓰지 말고요, 현재완료를 이용한 영어 패턴이 어떤 때 어떤 상황에서 쓰이는지 살펴보고, 이를 활용한 문장 자체를 입에 배게 자꾸 말해 보도록 해요.

오늘의 패턴

> "이미 ~했어."   "아직 ~하지 못했어."
> "~해 본 적이 한 번도 없어."

I've already seen the movie.
그 영화 이미 봤어.

이미[벌써] ~했어. I've already ~는 자신이 이미 한 일이나 경험한 것을 표현하는 말로 '이미 ~했어', '벌써 ~했어'라는 뜻입니다. I've already 뒤에는 동사의 과거분사형을 넣어 주세요.

I've already	tried that.	그건 벌써 시도해 봤어.
	been there.	거긴 벌써 가 봤어.
	explained myself.	이미 내 입장을 충분히 설명했어.
	dropped it off at the cleaner's.	그거 이미 세탁소에 갖다 줬는데.
	heard your side of the story.	네 쪽 얘기는 이미 들었어.

I haven't even started it yet.
아직 시작도 안 했어.

아직 ~하지 못했어[안 했어]. I haven't ~라고 하면 '~한 적이 없다'거나 '지금까지 죽 ~하지 못했다'는 의미로 쓰입니다. 여기에 '아직'이라는 뜻의 yet을 넣으면 '아직 ~하지 못했어'라는 말이 되죠.

I haven't	had my coffee	yet.	아직 커피도 못 마셨어.
	met Mr. Right		아직 이상형을 못 만났어요.
	had a chance		아직 기회가 없었어요.
	reached my goal		아직 목표에 다다르지 못했어.
	spilled the beans		아직 발설하진 않았어.

Pattern
3

I've never **asked a guy out** before.

남자한테 데이트 신청해 본 적이 한 번도 없어요.

~해 본 적이 한 번도 없어. I've never ~는 '~해 본 적이 한 번도 없어'라는 말인데요. '이전에'라는 뜻의 before가 들어가면 '지금까지 살아오면서'라는 느낌이 더 강조됩니다.

	met him		그를 전에 만난 적이 한 번도 없어요.
	cooked for myself		내가 밥해 먹어 본 적이 한 번도 없어.
I've never	gone out on a blind date	**before.**	소개팅해 본 적이 한 번도 없어요.
	been to a circus		전에 서커스에 가 본 적이 한 번도 없어.
	shaken hands with a star		스타하고 악수해 본 적이 한 번도 없어.

Level Up
Pattern
4

It's been a long time since **I felt like this.**

이런 기분 느껴 본 지 한참 됐네요.

~한 지 오래됐어. '예전부터 지금까지'라는 의미가 포함된 또 다른 표현입니다. '~한 이후로'라는 뜻의 since를 이용한 말이죠. 여기서 It's는 It has의 축약형이고요, since 뒤에는 한 지가 오래된 일을 과거형 문장으로 말해 주세요.

	I did some shopping.	쇼핑한 지 좀 됐지.
	I last saw you.	널 마지막으로 본 게 언제인지 까마득하다.
It's been a long time since	I saw you this nervous.	너 이렇게 긴장하는 거 보는 것도 오랜만이다.
	we laughed together.	우리가 함께 웃어 본 지가 얼마만인지.
	we wined and dined.	우리 근사한 저녁 먹은 지가 오래 됐네요.

STEP 1 ▶ 우리말 문장에 맞게 알맞은 단어를 넣어 말해 보세요.

① 그거 이미 세탁소에 갖다 줬는데.

🎤 I've _____ dropped it off at the cleaner's.

② 너 이렇게 긴장하는 거 보는 것도 오랜만이다.

🎤 It's been a _____ time since I saw you this nervous.

③ 전에 번지점프를 해 본 적이 한 번도 없어요.

🎤 I've never done bungee jumping _____.

④ 그녀 부모님은 아직 뵙지도 못했어.

🎤 I haven't met her parents _____.

⑤ 우리 근사한 저녁 먹은 지가 오래됐네요.

🎤 It's been a long time _____ we wined and dined.

STEP 2 ▶ 우리말 문장에 어울리는 표현을 넣어 말해 보세요.

⑥ 그거 벌써 했어.

🎤 _____ done that.

⑦ 아직 이상형을 못 만났어요.

🎤 _____ Mr. Right yet.

⑧ 파리에 가 본 적이 한 번도 없어.

🎤 _____ to Paris before.

⑨ 쇼핑한 지 좀 됐지.

🎤 _____ I did some shopping.

STEP 3 ▸ 다음 우리말을 영어로 말해 보세요.

⑩ 네 질문에는 이미 대답했는데.

🎤 _____

⑪ 스타하고 악수해 본 적이 한 번도 없어.

🎤 _____

⑫ 그 사람한테서 소식 들은 지 한참 됐어.

🎤 _____

⑬ 아직 커피도 못 마셨어.

🎤 _____

⑭ 널 마지막으로 본 게 언제인지 까마득하다.

🎤 _____

⑮ 소개팅해 본 적이 한 번도 없어요.

🎤 _____

⑯ 그 영화 아직 못 봤어.

🎤 _____

① 친구가 생애 첫 소개팅을 앞두고 잔뜩 긴장해 있는데

A What am I going to do?

소개팅해 본 적이 한 번도 없는데.

B You'll be just fine. What are you going to wear?

A I have no idea. Hey, can I borrow your pink suit?

B Sorry. 이미 세탁소에 갖다 줬어. (cleaner's 세탁소)

A Great. Now I have to wear my old blue jeans.

B Wow, 너 이렇게 긴장하는 거 보는 것도 오랜만이다.

② 뭔가 잘못을 저지른 직원의 해명이 있은 후

A 이미 제 입장은 충분히 설명했습니다.

B I'm pretty aware of that.

A Are you going to report me?

B 아직 결정 못했어.

정답
① **A** 어떡하지? I've never gone out on a blind date before. **B** 넌 잘할 거야. 뭐 입고 갈 거니? **A** 모르겠어. 야, 네 분홍색 정장 좀 빌려 줄래? **B** 미안. I've already dropped it off at the cleaner's. **A** 이런. 내 낡은 청바지나 입고 가야겠다. **B** 와, it's been a long time since I saw you this nervous.

② **A** I've already explained myself. **B** 충분히 알고 있어. **A** 저에 대해서 보고할 건가요? **B** I haven't decided yet.

Mission Possible

이 말, 영어로 할 수 있나요?

Mission 1

술을 줄여야겠어.
🎤

Mission 2

다시 일하러 가 봐야 해.
🎤

Mission 3

나 얼른 가 봐야 해. (편한 말투로)
🎤

💣 *영어로 30초 안에 말해 보세요.*

이렇게 허구헌날 술 푸고 살면 몸이 망가지겠는 걸 그래, 결심했어! "나 술 좀 줄여야겠어. 그러는 게 좋겠어." 아, 점심시간 다 끝나가네, 미안! "나 다시 일하러 가 봐야 해." "얼른 가 봐야 해." 이런 상황에서 이런 말들 should, have to, 그리고 have to의 막가는(?) 버전인 have got to를 이용하면 전부 다 할 수 있어요. 그런데 이 동사들, 의미도 쓰임새도 조금씩 다르단 말이죠. 오늘은 이 동사들이 들어간 영어 패턴을 정복해야 합니다!

오늘의 패턴 🎲

"~해야겠어." "~해야 해." "~해야 해." (편한 말투)

Pattern 1

I should cut down on my drinking.

술을 줄여야겠어.

~해야겠어, ~하는 게 좋겠어. should에는 '의무'라기보다 '충고', '조언'의 의미가 있어요. 따라서 I should ~ 하면 '~해야겠어', '~하는 게 좋겠어'라고 스스로에게 다짐하는 말이 되고, You should ~ 하면 '너 ~하는 게 좋을 것 같아', '~하렴'이라고 부드럽게 조언하거나 권유하는 말이 됩니다.

I should	take a cat nap.	토막잠을 좀 자야겠어.
	join a gym.	운동을 해야겠어. (헬스 좀 다녀야겠어.)
	look at the bright side.	좋은 쪽으로 생각하는 게 좋겠어.
You should	email it to me first.	먼저 나한테 이메일을 보내도록 해.
	watch what you eat.	너 음식 조절을 좀 해야겠다. (다이어트 해야겠다.)

Pattern 2

I have to go back to work.

다시 일하러 가 봐야 해.

~해야 해. I have to ~는 '~해야 해'라는 의무를 나타냅니다. '의무'라고 하면 좀 딱딱하게 느껴지지만, 자신의 의지와 상관없이 좋든 싫든 해야만 하는 일을 설명할 때 일반적으로 쓰는 표현이에요.

I have to	take my meds.	나 약 먹어야 해.
	win this time.	이번엔 이겨야 해.
	do my laundry today.	오늘 빨래해야 해.
	fill out the application.	지원서를 작성해야 해.
	look something up on the Net.	인터넷으로 뭐 찾아봐야 해.

I've got to **get over her.**

그녀를 잊어야 해.

~해야 해. I've got to ~는 I have to ~의 구어체 표현이에요. 편하게 말할 때 많이 쓰이는 표현이니까, 제대로 형식을 갖춰야 하는 글이나 공식적인 자리, 격식을 차려야 하는 자리에서는 가급적 안 쓰는 게 좋겠죠.

I've got to	run.	나 얼른 가 봐야 해.
	watch this show.	이 공연을 봐야 해.
	eat rice for breakfast.	난 아침은 밥을 먹어야 해.
	tweet it to my followers.	팔로워들한테 트윗해야 해.
	get this done by Friday.	이거 금요일까지 끝내야 해.

I'd better **hurry up.**

서둘러야겠다.

~해야겠어, ~하는 게 좋겠어. I'd better ~는 I had better ~의 줄임말이에요. should처럼 '조언'의 의미가 담겨 있긴 한데, should와 달리 had better 는 '~하지 않으면 큰일나니까 ~하는 게 좋겠어'라는 '경고'의 의미가 더 강합니다.

I'd better	sleep on it.	그 문제는 천천히 더 생각해 봐야겠어.
	change my socks.	양말을 갈아 신어야겠다.
	get going, it's already midnight.	가 봐야겠다. 벌써 자정이야.
I'd better not	go.	가지 않는 게 좋겠어.
	tell him.	그에게 말하지 않는 게 낫겠어.

STEP 1 ▸ 우리말 문장에 맞게 알맞은 단어를 넣어 말해 보세요.

❶ 좋은 쪽으로 생각하는 게 좋겠어.

🎤 I _____ look at the bright side.

❷ 그 문제는 천천히 더 생각해 봐야겠어.

🎤 I'd _____ sleep on it.

❸ 지원서를 작성해야 해.

🎤 I _____ to fill out the application.

❹ 나 얼른 가 봐야 해.

🎤 I've _____ to run.

STEP 2 ▸ 우리말 문장에 어울리는 표현을 넣어 말해 보세요.

❺ 토막 잠을 좀 자야겠어.

🎤 _____ take a cat nap.

❻ 너 음식 조절을 좀 해야겠다. (다이어트 해야겠다.)

🎤 _____ watch what you eat.

❼ 자물쇠를 바꿔야 해.

🎤 _____ my locks.

❽ 10분 내에 도착해야 해. (have to의 구어체 표현 활용)

🎤 _____ get there in ten minutes.

❾ 아무래도 사실대로 털어놔야겠어.

🎤 _____ come clean.

STEP 3 ▸ 다음 우리말을 영어로 말해 보세요.

➓ 시험공부 해야 해.

🎤 _____

⓫ 전화 걸어야 해. (have to의 구어체 표현 활용)

🎤 _____

⓬ 적어놔야겠다. (안 그러면 낭패)

🎤 _____

⓭ 먼저 나한테 이메일을 보내도록 해.

🎤 _____

⓮ 그 책을 사야겠다.

🎤 _____

⓯ 그 사람한테 말하지 않는 게 낫겠어.

🎤 _____

⓰ 그녀에게 사실대로 말해야겠어.

🎤 _____

247

① 대학 지원서를 보내려는 친구를 도와주는데

A Can you help me apply for this college?

B OK. What can I do for you?

A 지원서를 작성해야 해.

but I can't find it anywhere on this website.

B Let me see. Here it is. 아마 인쇄를 먼저 해야 할 거야. **(print out** 인쇄하다)

A I see. Then I can fill it out. Wait. 이거 이 번호로 팩스를 보내야 하거든.

I need your help.   **(have to**의 구어체 표현 활용)

B Man, you can't do anything by yourself, can you?

② 친구가 운동을 하러 가겠다고 하는데

A I'm out of shape. 운동을 해야겠어.

B Good, but I can't. 약을 먹어야 하거든. **(meds** 약)

A OK. Before I go, 양말이나 갈아 신어야겠다.

B Your feet stink!

정답

① **A** 이 대학에 지원하려고 하는데 좀 도와줄래? **B** 좋아. 뭘 해주면 되는데? **A** I have to fill out the application, 근데 양식이 홈페이지 어디에 있는지 도무지 찾을 수가 없네. **B** 어디 보자… 여기 있네. You should probably print it out first. **A** 아, 그렇구나. 그런 다음에 작성하는 거구나. 잠깐만. I've got to fax it to this number. 좀 도와줘. **B** 야, 넌 혼자선 아무것도 못하는 거야? 그런 거야?

② **A** 몸매가 망가졌어. I should join a gym. **B** 좋은 생각이야, 근데 난 안 되겠다. I have to take my meds. **A** 알았어. 난 가기 전에 I'd better change my socks. **B** 윽, 발 냄새!

248

이 말, 영어로 할 수 있나요?

나 전화 받느라 바빠.

일요일은 집 청소를 하면서 보냈어.

난 옷 사는 데 너무 많은 돈을 써.

🎯 영어로 30초 안에 말해 보세요.

지금 전화 받으랴 일 처리하랴 바빠 죽겠는데, 동료가 뭔가를 부탁하려고 하네요. 이럴 때 "나 바빠."라고 단편적으로 말하기보단 "나 지금 전화 받느라 바빠." 혹은 "나 지금 일 처리하느라 바빠."라고 말하면 동료에게 좀 더 설득력 있게 상황 전달이 되죠. 그래서 준비했습니다. 오늘은 뭘 하느라 바쁜지, 뭘 하면서 시간을 보냈는지, 돈을 어디에다 많이 쓰는지 등과 같은 나의 이야기를 전할 때 필요한 패턴들, 들어갑니다~!

오늘의 패턴

"나 ~하느라 바빠." "난 ~하면서 보냈어."
"난 ~에 (돈)을 써."

249

Pattern 1

I'm busy **answering** phone calls. 나 전화 받느라 바빠.

나 ~하느라 바빠. 위 문장은 I'm busy.(나 바빠.)와 I'm answering phone calls.(나 전화 받고 있어.) 이 두 문장을 -ing를 이용해 하나로 합친 겁니다. -ing에 '~하느라'라는 의미가 있어서 I'm busy -ing 하면 '나 ~하느라 바빠'라는 말이 되는 거예요.

I'm busy	do**ing** nothing.	아무것도 안 하면서 바빠.
	fix**ing** dinner.	저녁 준비하느라 바빠.
	get**ting** coffee for everyone.	모두에게 커피 타 주느라 바빠.
	tak**ing** care of business.	일 처리 하느라 바빠.

Pattern 2

I spent **this summer swimming.**
이번 여름은 수영하면서 보냈어.

난 ~하면서 보냈어. spend -ing는 '난 ~하면서 보내', 과거형을 써서 spent -ing라고 하면 '난 ~하면서 보냈어'라는 뜻이 됩니다. 또 I'm going to spend -ing라고 하면 '~하면서 보내려고 해'라는 가까운 미래의 의미를 표현할 수 있죠.

I spent	the last two weeks cry**ing** in my room.	지난 2주를 내 방에서 울면서 보냈어.
	my Sunday clean**ing** the house.	일요일은 집 청소를 하면서 보냈어.
I spend	unnumbered days practic**ing** English.	무수한 날들을 영어 연습하면서 보내.
I'm going to spend	this weekend sunbath**ing**.	이번 주말은 일광욕을 하면서 보낼 거야.

I spend lots of money on DVD's.

난 DVD 사는 데 많은 돈을 써.

난 ~에 (돈)을 써. spend에는 '돈을 쓰다'라는 뜻도 있어요. 그래서 '난 ~하는 데 돈을 써'라는 말을 하고 싶을 때 〈I spend 돈 on ~〉이라고 하면 됩니다. on 뒤에는 사물이나 사람이 올 수 있죠.

	too much money **on** clothes.	난 옷 사는 데 너무 많은 돈을 써.
	tons of bucks **on** her.	난 그녀한테 엄청난 돈을 써.
I spend	a lot of money **on** language schools.	난 어학원에 많은 돈을 써.
	oodles of money **on** food.	난 식비로 많은 돈을 써.
	half of my income **on** bills.	난 청구서들 내는 데 수입의 절반을 써.

I had a hard time getting a job. 직장 구하느라 힘들었어.

~하느라 힘들었어. I had a hard time -ing는 '~하는 데 어려움을 겪었어', '~하느라 힘들었어'라는 말입니다. hard 대신 good이나 great을 넣어 '~하느라 즐거운 시간을 보냈어', '~하느라 즐거웠어'라는 말을 할 수도 있어요.

I had a hard time	finding your place.	네 집 찾느라 힘들었어.
I had a good time	talking with her.	그녀와 얘기하면서 즐거운 시간을 보냈어.
I had a great time	thinking back on school days.	학창 시절을 떠올리며 즐거운 시간을 보냈어.

🐶 함께 알아두기

내가 hard time을 갖는 게 아니라 누군가에게 hard time을 준다면 그건 무슨 뜻일까요? '~를 괴롭히다', '~를 힘들게 만들다'라는 얘기겠죠. give ~ a hard time이 바로 그런 의미의 표현입니다.

▶ They always **give** her **a hard time** when Christmas is around.
  (크리스마스가 다가오면 그들은 항상 그녀를 힘들게 만든다.)

STEP 1 ▶ 우리말 문장에 맞게 알맞은 단어를 넣어 말해 보세요.

❶ 아무것도 안 하면서 바빠.

🎤 I'm _____ doing nothing.

❷ 일요일은 집 청소를 하며 보냈어.

🎤 I _____ my Sunday cleaning the house.

❸ 난 구두 사는 데 돈을 다 써.

🎤 I spend all my money _____ shoes.

❹ 그 식사 소화시키느라 힘들었어.

🎤 I had a _____ time digesting that meal.

STEP 2 ▶ 우리말 문장에 어울리는 표현을 넣어 말해 보세요.

❺ 난 DVD 사는 데 돈을 거의 다 써.

🎤 _____ most of my money _____.

❻ 여생을 최선을 다하면서 보낼 거야.

🎤 _____ the rest of my life trying my best.

❼ 시험 준비하느라 바빠.

🎤 _____ for the test.

❽ 무수한 날들을 영어 연습하는 데 보내.

🎤 _____ unnumbered days _____.

❾ 네 집 찾느라 힘들었어.

🎤 _____ your place.

STEP 3 ▶ 다음 우리말을 영어로 말해 보세요.

🔟 숙제하느라 바빠.

🎤 _____

⓫ 저녁은 텔레비전 보면서 보냈어.

🎤 _____

⓬ 그녀와 얘기하면서 즐거운 시간을 보냈어.

🎤 _____

⓭ 아이들한테 돈이 많이 들어간다니까.

🎤 _____

⓮ 오늘 오후는 음악 들으면서 보내려고 해.

🎤 _____

⓯ 집 청소 하느라 힘들었어.

🎤 _____

⓰ 새 친구들도 사귀면서 즐거운 시간을 보냈어.

🎤 _____

정답
❶ busy ❷ spent ❸ on ❹ hard ❺ I spend, on DVD's ❻ I'm going to spend ❼ I'm busy preparing ❽ I spend, practicing English ❾ I had a hard time finding ❿ I'm busy doing my homework. ⓫ I spent the evening watching television. ⓬ I had a good time talking with her. ⓭ I spend lots of money on my children. ⓮ I'm going to spend this afternoon listening to music. ⓯ I had a hard time cleaning my house. ⓰ I had a good time making new friends.

🔊 39-3.mp3

① 이혼한 친구를 위로하는데

A 이혼 수속 밟느라고 힘들었어. (**go through a divorce** 이혼 수속을 밟다)

B I can see that. You don't look so good.

A That's 지난 2주를 내 방에서 울면서 보내서 그래.

B You've got to cheer up. You have to think about your kids.

A Don't worry. I'm done crying. Now 미래 계획 세우느라 바빠.

B Good thinking. If there's anything I can do, let me know.

② 회사 동료에게 도움을 요청하는데

A Jake, can you help me with this?

B 나 연차 보고서 검토 중이라 바빠. (**go over** 검토하다)

So make it quick!

A 프레젠테이션 준비하는 게 어려워.

B OK. Let's get to it when I'm done.

정답

❶ A I had a hard time going through my divorce. **B** 그런 것 같다. 얼굴이 별로 안 좋아 보여. **A** 그건 because I spent the last two weeks crying in my room. **B** 기운 내야지. 애들 생각도 해야 하잖아. **A** 걱정 마. 다 울었으니까. 지금은 I'm busy making plans for the future. **B** 잘 생각했어. 내가 뭐 도울 일 있으면 알려줘.

❷ A 제이크, 이것 좀 도와줄 수 있어? **B** I'm busy going over the annual report. 그러니까 짧게 말해! **A** I have a hard time preparing for the presentation. **B** 알았어. 내 일 끝나면 함께 보도록 하자.

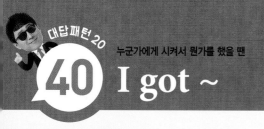

40 I got ~

누군가에게 시켜서 뭔가를 했을 땐

강의 및 예문 듣기

Mission Possible

이 말, 영어로 할 수 있나요?

Mission 1

나 머리 잘랐어.

Mission 2

그 사람은 날 행복하게 해줘.

Mission 3

날 화나게 하지 마.

영어로 30초 안에 말해 보세요.

"나 머리 잘랐어." "나 파마했어."라고 하면 내가 직접 머리를 자르고 파마를 했다는 얘기가 아니죠. 미용실 가서 머리를 했다는 의미가 내포되어 있어요. 또 "나 쌍꺼풀 했어."라고 하면 병원에 가서 성형수술을 받았다는 얘기이죠. 미용실 갔다는 말, 성형외과에 갔다는 말을 굳이 쓰지 않아도 의미가 다 통하는데요. 영어로도 굳이 미용실이니 성형외과니 하는 말 쓰지 않고도 이런 의미를 간단히 전달할 수 있는 표현이 있다는군요. 지금부터 한번 알아볼까요?

오늘의 패턴

"나 (다른 사람에게 시켜서) ~했어."

"그 사람은 날 ~하게 해줘." "날 ~하게 하지 마."

255

Pattern 1

I got my hair cut.

나 머리 잘랐어.

(다른 사람에게 시켜서) ~했어. 〈I got 목적어 + 과거분사〉는 대가를 지불하고 다른 사람에게 시키는 일을 표현할 때 씁니다. '나 머리 잘랐어'라는 말을 I cut my hair.라고 하면 내가 머리카락을 직접 잘랐다는 뜻이 되니까, 미용실 가서 머리 잘랐을 땐 I got my hair cut.이라고 해야 한단 거죠.

	my hair **permed** today.	나 오늘 머리 파마했어.
	my head **shaved** yesterday.	나 어제 머리를 완전 밀었어.
I got	my ears **pierced** today.	나 오늘 귀 뚫었어.
	my eyes **done**.	나 쌍꺼풀 (수술)했어.
	my beard **trimmed** today.	나 오늘 수염 손질 받았어.

Pattern 2

He makes me happy.

그 사람은 날 행복하게 해줘.

그 사람은 날 ~하게 해줘[만들어]. 〈make A B〉 하면 'A를 B하게 만들다'라는 뜻이 돼요. 이때 A에는 사람이, B에는 상태를 나타내는 말이나 동작, 대상 등이 올 수 있습니다. 머리 아프게 외우지 말고 아래 예문을 가지고 반복해서 연습해 보세요. 저절로 익숙해질 겁니다.

	jumpy.	그 사람은 날 조마조마하게 만들어.
	giggle.	그 사람은 날 키득거리게 만들어.
He makes me	feel special.	그 사람은 날 특별한 사람으로 느끼게 해줘.
	laugh all the time.	그 사람은 항상 날 웃게 만들어.
	a better person.	그 사람은 날 더 나은 사람으로 만들어.

Pattern 3

Don't make me laugh.

웃기지 마. (웃기는 소리 하고 있네.)

날 ~하게 하지[만들지] 마. 날 화나게 만들지 말라거나 나쁜 사람으로 만들지 말라는 식의 경고를 하고 싶다면 make me ~ 앞에 Don't만 붙여 주세요. Don't make me ~ 하면 '날 ~하게 하지 마', '날 ~하게 만들지 마'라는 말이 되죠.

Don't make me	mad.	날 화나게 하지 마.
	jealous.	나 질투 나게 만들지 마.
	scold you.	너한테 잔소리하게 만들지 마.·
	lose focus.	나 집중력 잃게 만들지 마.
	a bad person.	날 나쁜 사람으로 만들지 마.

Level Up Pattern 4

I'll have him call you back.

그 사람에게 너한테 전화하라고 할게.

그 사람에게 …하라고 할게. ⟨have 사람 + 동사원형⟩은 '누구한테 ~하도록 시키다'라는 뜻. make를 써서 I'll make him call you back.이라고 하면 '그 사람이 너한테 전화하도록 만들게'라고 억지로 시킨다는 느낌의 좀 과격한 표현이 돼요. 이럴 때 have를 쓰면 좀 더 부드러운 표현이 됩니다.

I'll have him	finish up here.	그 사람에게 여기 마무리하게 할게.
	text you.	그 친구한테 너한테 문자 넣으라고 할게.
	pick you up.	그 친구에게 널 태우러 가라고 할게.
	wash your car.	그 친구에게 네 차 닦아 놓으라고 할게.
	shred the papers.	그 친구에게 문서 분쇄하는 일 시킬게.

STEP 1 ▶ 우리말 문장에 맞게 알맞은 단어를 넣어 말해 보세요.

❶ 나 쌍꺼풀 수술했어.

🎤 I _____ my eyes done.

❷ 그는 내 기분을 좋게 해줘.

🎤 He _____ me feel better.

❸ 그에게 빨래하라고 할게.

🎤 I'll _____ him do the laundry.

❹ 속 거북하게 하지 마.

🎤 _____ make me sick.

❺ 나 오늘 머리 파마했어.

🎤 I got my hair _____ today.

❻ 그 사람에게 널 태우라고 할게.

🎤 I'll have him _____ you up.

STEP 2 ▶ 우리말 문장에 어울리는 표현을 넣어 말해 보세요.

❼ 나 오늘 머리 염색했어.

🎤 _____ today.

❽ 그에게 네 방문 고쳐 놓으라고 할게.

🎤 _____ your door.

❾ 날 나쁜 사람으로 만들지 마.

🎤 _____ a bad person.

❿ 그는 항상 날 웃게 만들어.

🎤 _____ all the time.

STEP 3 ▸ 다음 우리말을 영어로 말해 보세요.

⑪ 그는 날 슬프게 해.

🎤 _____

⑫ 날 화나게 만들지 마.

🎤 _____

⑬ 그에게 네 차 닦아 놓으라고 할게.

🎤 _____

⑭ 나 오늘 머리 스트레이트했어.

🎤 _____

⑮ 그는 날 더 나은 사람으로 만들어 준다.

🎤 _____

⑯ 그 친구한테 너한테 문자 넣으라고 할게.

🎤 _____

⑰ 나 오늘 수염 손질 받았어.

🎤 _____

🎧 40-3.mp3

① 친구의 새로운 남자친구에 대한 얘기를 나누며

A So, you first met him at Janet's party?

B Yes, and we really hit it off. He's so nice to me and
날 늘 웃게 만들어.

A You sound like you really like this guy.

B He's also romantic.
날 아주 특별한 사람으로 느끼게 해주지 .
🎤

A Oh, 나 질투나게 만들지 마. 🎤

B Hey, I've got a great idea.
Why don't I fix you up with one of his friends?

② 새롭게 변신한 후 친구를 만났는데

A Something's different about you. Is it your hair?

B Yes, 오늘 머리 잘랐거든,
and there's more.

A Wait a minute! You're wearing earrings!

B That's right! 드디어 오늘 귀 뚫었어! **(pierce 뚫다)**
🎤

정답
① **A** 그래서, 자넷의 파티에서 그를 처음 만난 거야? **B** 응, 그리고 우린 바로 눈이 맞았지. 그는 나한테 너무 잘해 주고 he makes me laugh all the time. **A** 너 정말 이 남자 좋아하는 모양이구나. **B** 그는 로맨틱하기도 해. He makes me feel so special. **A** 아, don't make me jealous. **B** 저기, 나한테 아주 좋은 생각이 있어. 내가 그 사람 친구 중 한 명이랑 너랑 엮어 주면 어떨까?

② **A** 너 뭔가가 달라진 거 같은데. 머리인가? **B** 응. I got my hair cut today, 그리고 또 있는데. **A** 잠깐! 너 귀걸이했네! **B** 맞아! I finally got my ears pierced today!

영어회화에 날개를 달아 주는
필수 구문 10

지금까지 질문과 대답을 할 수 있는 기본 패턴을 배웠습니다.
이번에는 좀 더 길게 말할 수 있도록
문장과 문장을 이어주는 표현을 중심으로
필수 구문 10가지를 배웁니다.
여기서 배운 필수 구문을 활용하면
어떤 문장이든 더 길고 세련되게 말할 수 있습니다!
여러분의 회화 실력을 한 단계 업그레이드 해보세요!

Try again!

When ~, If ~

강의 및 예문 듣기

Mission Possible

이 말, 영어로 할 수 있나요?

Mission 1

도착하면 전화해. (때)

🎤

Mission 2

질문 있으면 손을 드세요. (조건)

🎤

Mission 3

나 없는 동안 보고 싶었어?

🎤

💣 영어로 30초 안에 말해 보세요.

친구가 나를 보러 회사 앞으로 온대요. 그래서 "도착하면 전화해. 내려갈게."라고 말해요. 이 때 '도착하면'이라는 말은 친구가 도착할 수도 있고 안 도착할 수도 있는데 만일 도착한다면 이란 의미가 아니죠. '도착하는 때'를 말하는 거죠. 회사 프레젠테이션 후에 청중들에게 질문 이 있을 수도 있고 없을 수도 있겠지만 혹시라도 만일 "질문이 있다면 손을 드세요."라고 할 때의 '~하면'과는 기본 개념이 다르답니다.

오늘의 패턴 🔤

"~하면"(때)   "~하면"(조건)   "~하는 동안"

Pattern 1

When you get there, call me.

도착하면 전화해.

~할 때, ~하면 When은 '언제'라는 뜻의 의문사지만, 질문을 하는 경우가 아닐 땐 '~할 때', '~하게 되면'이라는 뜻으로 쓰여요. 우리말로 '~하면'으로 옮기는 경우라도 기본 개념이 다음 2번에서 배울 if와는 다르다는 거 알죠?

| When | I was a kid, things were cheaper. | 내가 어렸을 땐 물건들이 더 쌌는데. |
| | you see Ray, say hello for me. | 레이 보게 되면 안부 전해줘. |

| Call me | when | you're ready. | 준비되면 불러. |
| I'm ready | | you are. | 당신만 좋다면 언제든 나도 준비돼 있어요. |

Pattern 2

If you have any questions, raise your hand.

질문 있으면 손을 드세요.

~하면 If로도 우리말로 '~하게 되면'이라는 뜻을 나타낼 수 있는데요. 이땐 '혹시 모르지만 만일 ~하게 되면'이라는 조건의 의미를 나타냅니다. When 은 때를 나타내는 거고요.

| If | you want to join us, just let us know. | 우리와 합류하고 싶으면 알려줘. |
| | the party gets too loud, knock on the door. | 만일 파티가 너무 시끄러워지면 문을 두드려 줘. |

| You can keep it | if | you want. | 원하면 가져도 돼. |
| You can crash on my sofa | | you get tired. | 피곤해지면 내 소파에 쓰러져 자도 돼. |

Did you miss me while I was gone?

나 없는 동안 보고 싶었어?

~하는 동안 When you get there, call me.(도착하면 전화해.) 하면 엄밀히 말해 '도착하는 것'이 '전화하는 것'보다 먼저 일어나는 경우가 되는데요. 두 가지가 '동시에' 일어날 땐 '~하는 동안'이라는 뜻의 While을 씁니다.

	you are away, I'll take care of your dog.	너 없는 동안 너네 개 돌봐 줄게.
While	you are at it, get me a glass of water, please.	간 김에 물 한 잔 부탁해.
	you watch the tube, I'll hit the books.	네가 TV 보는 동안 난 공부할 거야.

Did anyone call me		I was out?	나 없는 동안 전화 온 데 없었어?
	while		
Guard the door		I change my clothes.	옷 갈아입는 동안 문 좀 지켜 주세요.

By the time you find this, I'll be in London.

네가 이걸 발견할 때쯤에 난 런던에 있을 거야.

~할 때쯤이면 (이미) By the time ~은 '~할 때쯤에, ~할 시점에는 이미' 어떨 거라는 의미를 전할 때 안성맞춤인 표현이죠. time 뒤에는 〈주어 + 동사〉의 완전한 문장을 말해 주세요.

	you find this note, I'll be on the train.	네가 이 쪽지를 발견할 때쯤에 난 기차에 올라 있을 거야.
By the time	you wise up, you'll be broke.	네가 정신 차릴 때쯤이면 넌 빈털터리가 돼 있을 거야.
	I got there, everybody was drunk.	내가 도착했을 때쯤엔 다들 취해 있었어.

🐾 함께 알아두기

When과 By the time을 예문을 통해 좀 더 비교해 보고 가도록 하죠.

▶ I hope you think of me **when** you read this. (네가 이걸 읽을 때 내 생각을 하면 좋겠어.)
▶ **By the time** you read this, I'll be in India. (네가 이걸 읽을 때쯤에 난 인도에 있을 거야.)

265

STEP 1 ▶ 우리말 문장에 맞게 알맞은 단어를 넣어 말해 보세요.

❶ 내가 어렸을 땐 물건들이 더 쌌는데.

🎤 _____ I was a kid, things were cheaper.

❷ 언제라도 뉴욕에 오게 되면 놀러 와.

🎤 _____ you ever come to New York, visit me.

❸ 나 없는 동안 전화 온 데 없었어?

🎤 Did anyone call me _____ I was out?

❹ 네가 이걸 읽을 때쯤에 난 이 동네에 없을 거야.

🎤 _____ the time you read this, I'll be out of town.

STEP 2 ▶ 우리말 문장에 어울리는 표현을 넣어 말해 보세요.

❺ 내가 왔을 때 집에 아무도 없었어. (get here 여기에 도착하다)

🎤 _____ here, nobody was home.

❻ 잡을 수 있으면 잡아 봐.

🎤 Catch me _____ .

❼ 네가 TV 보는 동안 난 공부할 거야.

🎤 _____ the tube, I'll hit the books.

❽ 내가 알아냈을 때 이미 너무 늦었지.

🎤 _____ , it was way too late.

❾ 준비되면 불러.

🎤 Call me _____ .

STEP 3 ▸ 다음 우리말을 영어로 말해 보세요.

❿ 네가 나한테 노래 불러 줄 때 정말 좋아.

🎤 _____

⓫ 그에게서 연락 오면 전화 주세요.

🎤 _____

⓬ 내가 도착했을 때쯤엔 다들 취해 있었어.

🎤 _____

⓭ 저 없는 동안 가방 좀 봐 주시겠어요?

🎤 _____

⓮ 갖고 싶으면 가져도 돼.

🎤 _____

⓯ 옷 갈아입는 동안 문 좀 지켜 주세요.

🎤 _____

⓰ 네가 이걸 받을 때쯤에 난 서울에 돌아가 있을 거야.

🎤 _____

정답

❶ When ❷ If ❸ while ❹ By ❺ When I got ❻ if you can ❼ While you watch ❽ By the time I found out
❾ when you're ready ❿ I love it when you sing to me. ⓫ If you hear anything from him, call me. ⓬ By the time I got there, everybody was drunk. ⓭ Could you watch my bag while I'm gone? ⓮ You can keep it if you want.
⓯ Guard the door while I change my clothes. ⓰ By the time you get this, I'll be back in Seoul.

🎧 41-3.mp3

❶ 급한 일로 친구를 만나러 왔는데

A Is Julie home?

B No, 내가 왔을 때 집에 아무도 없었어.

I thought she was with you.

A I have to talk to her. It's an emergency.

B Oh, here's a note. "이걸 읽을 때쯤에 전 이 동네에 없을 거예요.

Be back in 2 days."

A 그 애한테서 연락 오면 전화 주세요.

B Okay, I will.

❷ 가족과 함께 비디오를 보던 중에

A 팝콘 더 가져올 동안 비디오 좀 잠깐 멈춰 봐.

B Sure. 간 김에 물 한 잔 부탁해.

A No problem. What about you, Dad? Do you want anything?

C No, thanks. I'm fine.

정답

❶ A 줄리 집에 있어요? **B** 아니, when I got here, nobody was home. 너랑 같이 있는 줄 알았는데. **A** 줄리랑 얘기를 해야 하는데요. 급한 일이거든요. **B** 어, 여기 쪽지가 있네. "By the time you read this, I'll be out of town. 이틀 후에 돌아올게요." **A** If you hear anything from her, call me. **B** 알았어, 그렇게.

❷ A Pause the video while I bring more popcorn. **B** 그래. While you're at it, get me a glass of water, please. **A** 알았어. 아빠는요? 뭐 가져다 드릴까요? **C** 아니, 난 됐다.

42

'뭔가 한 후에/하기 전에'라는 말을 하고 싶을 땐

after ~, before ~

강의 및 예문 듣기

이 말, 영어로 할 수 있나요?

Mission 1

퇴근 후에 영화나 한 편 보자.

🎤

Mission 2

점심 먹기 전에 이거 끝내자.

🎤

Mission 3

비가 그치면(그친 후에) 산책하자.

🎤

💣 영어로 30초 안에 말해 보세요.

'퇴근 후에', '영화 본 다음에', '비가 그치고 나면', '점심 먹기 전에', '매진되기 전에' 등등, 뭔가를 한 후에 어떻게 하자거나 뭔가를 하기 전에 어떻게 한다는 식의 말 많이 하잖아요. 이렇게 시간의 전후 관계를 딱딱 나타내며 말할 때 필요한 표현은 after와 before인데요. 이 after, before를 어떤 식으로 활용해야 하고 싶은 말을 할 수 있는지 지금부터 전격적으로 배워 봐요.

오늘의 패턴 🎲

"(명사)한 후에"　"(명사)하기 전에"　"(문장)한 후에/하기 전에"

Leave a message after the beep.

삐 소리가 난 후 메시지를 남겨 주세요.

~한 후에 after 다음에 명사만 넣어도 '~이 끝나고 나서', '~한 후에'라는 말을 할 수 있어요. 예컨대 '퇴근한 후에'라는 말을 할 때도 after you finish your work라고 길게 말할 필요 없이 간단히 after work라고 하면 된다는 말씀!

Let's catch a movie		work.	퇴근한 후에 영화나 한 편 보자.
We should hit a coffee shop	after	the movie.	영화 본 다음에 커피숍에 가야지.
Can I see you		the break?	쉬는 시간 지나고 나 좀 볼 수 있어?
It's important to take it slow		surgery.	수술 받은 후에는 매사에 조심하는 게 중요해.

Come home before midnight.

자정 전에는 집에 들어와라.

~하기 전에 before도 뒤에 간단히 명사만 넣어 '~하기 전에'라는 말을 할 수 있어요. after와 마찬가지로 시간을 나타내는 말이나 시간이 어느 정도 소요되는 일을 나타내는 명사가 오죠.

Let's finish this		lunch.	점심 먹기 전에 이거 끝내자.
I always weigh myself	before	breakfast.	난 아침 먹기 전에 늘 몸무게를 잰다.
It's sunny, but this is the calm		the storm.	해가 나긴 했지만 이건 폭풍 전야의 고요함이에요.
Finish your homework		class.	수업 전에 숙제 끝내라.

I stopped drinking after I got married.

결혼하고 나서 술 끊었어.

~한 후에/하기 전에 간단한 명사로 나타낼 수 없는 말은 〈after/before 주어 + 동사〉로 나타냅니다. 뜻은 명사가 올 때와 마찬가지로 '~한 후에', '~하기 전에'가 되는 거고요.

Let's take a walk	**after**	the rain stops. 비가 그치면 산책하자.
I have no clue where she went		I saw her downtown. 시내에서 본 후 그녀가 어디로 갔는지 전혀 모르겠어.
Leave me alone	**before**	I lose my temper. 성질내기 전에 좀 냅둬.
Let's get the tickets		they're sold out. 매진되기 전에 표를 사 두자.

I'll tell you as soon as I hear from him.

그 사람한테서 연락 오는 대로 알려 줄게요.

~하자마자, ~하는 대로 as soon as는 어떤 일을 '한 후에 곧바로'라는 말로, as 뒤에 원하는 문장만 붙여 주면 됩니다. 단 as soon as I can이라고 하면 '내가 할 수 있자마자'가 아니라 '가능한 한 빨리'라는 뜻이 되죠.

As soon as	I got in the door, I showered up.	집에 들어가자마자 샤워를 쫙 했지.
He turns on the TV	**as soon as**	he gets home. 그는 집에 오자마자 TV부터 켠다.
I'll get back to you		**I can.** 가능한 한 빨리 연락드리겠습니다.

🐷 함께 알아두기 -

as soon as I can(가능한 한 빨리)에서 I can 대신 '가능한'이라는 뜻의 possible을 넣어도 같은 뜻이 됩니다. 이 말은 워낙 자주 쓰이기 때문에 줄여서 ASAP라고도 하는데, [에이에스에이피], 혹은 [에이썹]이라고 발음해요.

STEP 1 ▶ 우리말 문장에 맞게 알맞은 단어를 넣어 말해 보세요.

1 퇴근한 후에 영화나 한 편 보자.

🎙 Let's catch a movie _____ work.

2 저녁 먹기 전에 손 씻어.

🎙 Wash your hands _____ dinner.

3 이 커피 다 마시자마자 다시 일할게요.

🎙 I'll get back to work as _____ as I finish this coffee.

4 자정이 지나면 할증 요금이 붙습니다.

🎙 There's an extra charge after _____ .

STEP 2 ▶ 우리말 문장에 어울리는 표현을 넣어 말해 보세요.

5 저녁 7시 전에 전화 주세요.

🎙 Call me _____ .

6 이거 끝내고 나서 뒤따라갈게.

🎙 I'll catch up _____ this.

7 그녀가 일을 마치기 전에 얘기합시다.

🎙 Let's talk to her _____ work.

8 결과를 아는 대로 알려 드리겠습니다.

🎙 _____ the result, I'll let you know.

9 영화 본 다음에 커피숍에 가야지.

🎙 We should hit a coffee shop _____ .

STEP 3 ▶ 다음 우리말을 영어로 말해 보세요.

⑩ 어두워지기 전에 돌아올게.

🎤 _____

⑪ 쉬는 시간 지나고 나 좀 볼 수 있어?

🎤 _____

⑫ 그는 집에 오자마자 TV부터 켠다.

🎤 _____

⑬ 비가 그치면 산책하자.

🎤 _____

⑭ 결혼하자마자 담배를 끊었어.

🎤 _____

⑮ 매진되기 전에 표를 사 두자.

🎤 _____

⑯ 가능한 한 빨리 연락드리겠습니다.

🎤 _____

🔊 42-3.mp3

---

① 친구가 결혼 전 담배를 피웠었다는 사실을 처음 알게 되었는데

A 새러를 만나기 전엔 나도 담배 피웠었어.

B Really? I didn't know that. When did you quit?

A 결혼하자마자.

She talked me into it.

B And you have never cheated since then?

A What do you take me for? I'm not that kind of person.

B I was just teasing. You go ahead.

이거 마저 피우고 뒤따라갈게. (**catch up** 따라잡다, 뒤따라가다)

② 함께할 프로젝트를 상의하기 위해 시간 약속을 잡는데

A You know we need to talk about this project.

학교 끝나고 뭐 할 거니?

B I have to go home. I have a piano lesson.

A Then, 저녁 먹고 나서 너희 집으로 가도 돼?

B Sure. We can play computer games if we finish early.

정답

① **A** I used to smoke before I met Sarah. **B** 정말? 전혀 몰랐는데. 언제 끊었는데? **A** As soon as I got married. 새러가 끊으라고 설득했지. **B** 그리고 그 후로 한 번도 몰래 피운 적 없어? **A** 날 뭘로 보는 거야? 나 그런 사람 아니야.
B 그냥 놀린 거야. 먼저 가. I'll catch up after I finish this cigarette.

② **A** 이 프로젝트에 대해 얘기해야 하는 거 알지? What are you going to do after school? **B** 집에 가야 해. 피아노 레슨이 있거든. **A** 그럼, can I go to your house after dinner? **B** 그럼. 일찍 끝나면 컴퓨터 게임도 할 수 있겠다.

이 말, 영어로 할 수 있나요?

Mission 1

사랑하니까 널 떠나는 거야.

🎤

Mission 2

그는 개인 사정이 있어서 못 왔어요.

🎤

Mission 3

네 덕분에 그녀가 나한테 화났어.

🎤

💣 영어로 30초 안에 말해 보세요.

어떤 언어든지 재미가 붙으면 말이 점점 길어지죠. 처음엔 단문만 얘기하다 점점 '뭔가 하게 되면' 어떻다는 둥, '뭔가 한 후에/하기 전에' 어떻게 하자는 둥, 말에 조건도 붙이고 시간의 전후관계도 나타내며 보다 구체적이고 논리적으로 말을 하게 되는데요. 이유를 나타내는 표현도 말에 논리를 보태려면 꼭 알아두어야 해요. 이유 하면 대표적인 표현이 because, because of, thanks to 같은 것들인데요, 어떤 때 어떤 식으로 쓰는지 지금부터 알아봐요!

오늘의 패턴

"(문장)때문에" "(명사)때문에" "~덕분에"

Pattern 1

I'm leaving you because I love you.

사랑하니까 널 떠나는 거야.

~하기 때문에 어떤 말이든 그 뒤에 because만 붙이면 앞에 한 말에 대한 이유를 말할 수 있어요. '~하기 때문에'라는 뜻이 되는 거죠. because 뒤에는 문장이 옵니다.

I usually stay up late		I'm a night owl.	올빼미 체질이라 늦게 자는 편이야.
I can't marry you		I love someone else.	다른 사람을 사랑하기 때문에 너와 결혼할 수 없어.
I got you a gift	**because**	you deserve one.	선물 받을 만하니까 하나 준 거야.
We're best friends		we think alike.	우린 생각하는 게 똑같아서 제일 친한 친구지.
My feet hurt		I'm wearing new shoes.	새 구두를 신어서 발이 아파.

Pattern 2

The picnic was canceled because of the rain.

비 때문에 소풍이 취소됐어.

~때문에 이유를 꼭 문장 단위로 말하는 경우만 있는 건 아니죠. '비 때문에', '개인 사정 때문에' 등과 같이 어떤 '명사 때문에'라고 간단히 말할 때도 있잖아요. 그럴 땐 because of 뒤에 이유가 되는 명사를 말해 주면 돼요.

He couldn't come		a personal matter.	그는 개인 사정이 있어서 못 왔어요.
He got canned		a bad attitude.	그 사람은 태도가 나빠서 해고됐지.
We can't miss the train	**because of**	your shoes.	네 구두 때문에 기차를 놓칠 수는 없어.
They tied the knot		family pressure.	그들은 가족들의 압력으로 결혼을 했지.

Thanks to you, she's angry at me.

네 덕분에 그녀가 나한테 화났어.

~덕분에 Thanks to ~ 역시 이유를 나타낼 때 쓰는 말. thank(감사하다)라는 단어에서 느껴지듯이 그냥 이유를 나타내기보다는 '~덕분에'라는 고마움을 나타내는 표현입니다. 단, 비꼬는 투로 말할 때도 쓰이니 주의하세요.

Thanks to

you, I got another speeding ticket.	네 덕분에 속도위반 딱지를 또 하나 뗐어.
my mom, I get up at six every morning.	엄마 덕분에 난 매일 아침 6시에 일어나.
the men and women in uniform, we are safe.	제복을 입은 분들 덕분에 우리가 안전하지.
cell phones, we could trace the suspects.	휴대폰 덕분에 우리는 용의자들을 추적할 수 있었어.

Since I was on a diet, I skipped the dessert.

다이어트 중이어서 디저트는 건너뛰었어.

~하기 때문에 because는 주로 문장의 후반부에 오는 반면, since는 문장 맨 앞에 와요. 또 because가 대개 직접적 이유를 밝히는 데 쓰인다면, since는 주로 상황에 대한 설명이 동반된 간접적 이유를 설명할 때 많이 쓰이죠.

Since

I knew the answer, I remained silent.	난 대답을 알고 있었기 때문에 가만히 있었어.
I knew somebody in management, I got a job interview.	경영진 중에 아는 사람이 있어서 면접을 봤지.
it was dark, it was difficult to read the sign.	어두워져서 표지판 읽기가 힘들었어.
it was overpriced, we didn't make the purchase.	제값보다 비싸서 우린 구입을 안 했지.

STEP 1 ▶ 우리말 문장에 맞게 알맞은 단어를 넣어 말해 보세요.

❶ 발이 아파서 걸을 수가 없어.

🎙 I can't walk _____ my feet hurt.

❷ 사고 때문에 차가 막히네.

🎙 The traffic is bad because _____ the accident.

❸ 한국에 계신 모든 분들 덕분에 엄마를 찾았습니다.

🎙 _____ to everyone in Korea, I found my mom.

❹ 시간이 늦었기 때문에 다 같이 저녁을 먹으러 나갔지.

🎙 _____ it was getting late, we all went out for dinner.

STEP 2 ▶ 우리말 문장에 어울리는 표현을 넣어 말해 보세요.

❺ 새 구두를 신어서 발이 아파.

🎙 My feet hurt _____ new shoes.

❻ 그는 개인 사정이 있어서 못 왔어요.

🎙 He couldn't come _____ a personal matter.

❼ 제복을 입은 분들 덕분에 우리가 안전하지.

🎙 _____ the men and women in uniform, we are safe.

❽ 난 대답을 알고 있었기 때문에 가만히 있었어.

🎙 _____ the answer, I remained silent.

❾ 휴대폰 덕분에 우리는 용의자들을 추적할 수 있었어.

🎙 _____, we could trace the suspects.

STEP 3 ▶ 다음 우리말을 영어로 말해 보세요.

⑩ 회사에 늦는 바람에 아침 먹을 시간이 없었어.

🎤 _____

⑪ 과학 덕분에 우리가 안락한 삶을 즐길 수 있지.

🎤 _____

⑫ 다른 사람을 사랑하기 때문에 너와 결혼할 수 없어.

🎤 _____

⑬ 네 구두 때문에 우리가 기차를 놓칠 수는 없어.

🎤 _____

⑭ 네 덕분에 속도위반 딱지를 또 하나 끊었구만.

🎤 _____

⑮ 어두워져서 표지판 읽기가 힘들었어.

🎤 _____

⑯ 날씨가 나빠서 비행기가 늦게 도착할 거래요.

🎤 _____

정답

① because ② of ③ Thanks ④ Since ⑤ because I'm wearing ⑥ because of ⑦ Thanks to ⑧ Since I knew
⑨ Thanks to cell phones ⑩ Since I was late for work, I didn't have time for breakfast. ⑪ Thanks to science,
we can enjoy a comfortable life. ⑫ I can't marry you because I love someone else. ⑬ We can't miss the train
because of your shoes. ⑭ Thanks to you, I got another speeding ticket. ⑮ Since it was dark, it was difficult to
read the sign. ⑯ The plane is arriving late because of the bad weather.

🔊 43-3.mp3

❶ 새 구두 땜에 제대로 못 걷는 친구가 원망스러운데

A 발이 아파서 못 걷겠어.

B Why do your feet hurt?

A 새 구두를 신었거든.

B We need to hurry up.

네 구두 때문에 기차를 놓칠 수는 없잖아.

A We still have twenty minutes! Why don't you go ahead?
I'll catch up.

B I don't understand why you put on the new shoes today.

❷ 늦게 자고 일찍 일어나는 이유에 대해 말해 주는데

A How come you're up this late?

B 올빼미 체질이라서 원래 좀 늦게 자. (night owl 저녁형 인간)

A What time do you get up then? I bet you get up pretty late.

B Oh no, 엄마 덕분에 매일 아침 6시에 일어나.

정답

❶ A I can't walk because my feet hurt. **B** 발이 왜 아픈데? **A** Because I'm wearing new shoes. **B** 서둘러야 해. We can't miss the train because of your shoes. **A** 아직 20분이나 남았잖아! 먼저 가. 뒤따라갈게. **B** 오늘 같은 날 왜 새 구두를 신었는지 이해가 안 간다, 정말.

❷ A 웬일로 이렇게 늦게까지 안 자? **B** I usually stay up late because I'm a night owl. **A** 그럼 몇 시에 일어나니? 늦게까지 자겠구나. **B** 아니야, thanks to my mom, I get up at six every morning.

잘 모르는 게 있을 땐

44 I'm not sure if ~, I have no idea ~

강의 및 예문 듣기

Mission Possible

이 말, 영어로 할 수 있나요?

Mission 1

내가 잘하고 있는 건지 잘 모르겠어.

🎤

Mission 2

무슨 일인지 전혀 모르겠어.

🎤

Mission 3

그가 아직도 내 생각을 하는지 궁금해.

🎤

💣 영어로 30초 안에 말해 보세요.

친구가 뭘 물어보는데 잘 모르겠단 말이죠. 이럴 때 I don't know. / I'm not sure. / I have no idea. 등등, 이런 단문 한 마디 하나쯤은 그래도 말할 수 있을 텐데요. 하지만! 이런 한 마디 표현만 가지고선 선제공격을 하기도, 풍부한 대화를 나누기도 힘들지 않겠어요? 그래서 준비했어요. I'm not sure, I have no idea에다 간단한 단어만 살짝 붙이면 위에 열거한 미션들뿐만 아니라 보다 많은 말들을 척척 할 수 있답니다.

오늘의 패턴 🎲

"~인지 (아닌지) 잘 모르겠어." "뭐가 ~인지 전혀 모르겠어."
"~인지 궁금해."

I'm not sure if I can do this.

내가 이걸 할 수 있을지 잘 모르겠어요.

~인지 (아닌지) 잘 모르겠어. I'm not sure는 '확실하지는 않아'라는 뜻인데요. 여기에 if가 붙게 되면 '~인지 아닌지 확실하지 않아', '~인지 아닌지 잘 모르겠어'라는 말이 됩니다. if 뒤에는 문장이 와요.

I'm not sure if	he's coming.	그가 올지 안 올지 잘 모르겠어요.
	she's right for the job.	그녀가 그 일에 적합한지 잘 모르겠어.
	you catch my drift.	네가 내 의중을 파악했나 모르겠다.
	I'm doing the right thing.	내가 잘하고 있는 건지 잘 모르겠어.

I have no idea what's going on.

무슨 일인지 전혀 모르겠어요.

뭐가 ~인지 전혀 모르겠어. 둘 다 '모르겠다'이지만, I don't know.는 '잘 모르겠어'라는 의미이고, I have no idea.는 '전혀 모르겠어'라는 의미를 나타내요. 즉 '전혀 감이 안 잡혀', '그것에 관해서는 아무것도 아는 게 없어'라는 말이죠. 여기에 의문사를 붙여 말하는 연습을 해 보세요.

I have no idea	**who**	sent these flowers.	누가 이 꽃들을 보냈는지 전혀 모르겠어.
	where	I parked my car.	차를 어디에 주차했는지 전혀 모르겠어.
	how	the cat got out of the bag.	어떻게 비밀이 새 나갔는지 모르겠어.
	why	things are the way they are.	왜 모든 것이 그런 식인지 모르겠어.

Pattern 3

I wonder if he still thinks of me.

그가 아직도 내 생각을 하는지 궁금해.

~인지 궁금해. I wonder는 '궁금하다'라는 뜻으로, 뒤에 if나 의문사를 넣게 되면 '~인지 궁금해', '누가, 언제, 어디서, 뭐가, 어떻게, 왜 ~인지 궁금해'라는 말이 돼요.

I wonder	if	it's still raining.	아직 비가 오는지 모르겠네.
		we'll get a holiday bonus.	명절 보너스를 받게 될지 궁금하다.
	who's	going to win.	누가 이길지 궁금한데.
	why	she looks so tired.	그녀가 왜 그렇게 피곤해 보이는지 모르겠네.

Level Up Pattern 4

I was just wondering if you had time.

혹시 시간 있으신지 궁금해서요.

혹시 ~인지 궁금해서요. 실제로 정말 알고 싶어서 하는 말이라기보다 '~하신가요?', '~해 주실 수 있어요?'라는 말을 점잖게 돌려서 하는 표현입니다. just가 붙어 '혹시'라는 의미가 더해졌고요. 한 가지! 과거시제를 썼지만 현재의 뜻을 갖고 있어서 I'm just wondering if ~와 같이 쓸 수 있어요.

I was just wondering if	I could get a refund.	혹시 환불받을 수 있는지 궁금해서요.
I'm just wondering if	you realize the situation.	혹시 네가 상황 파악을 하고 있는지 궁금해서.
	you can sit in for me.	혹시 나 대신 일할 수 있는지 궁금해서.

 함께 알아두기

wonder가 들어간 표현 중 No wonder ~가 있는데요. '~인 것도 놀랄 일은 아니군'이라는 뜻으로, 뒤에 문장을 붙여서 No wonder you look so tired.(그래서 그렇게 피곤해 보이는구나. / 네가 피곤해 보이는 것도 놀랄 일은 아니네.)처럼 말할 수 있어요. 또 그냥 No wonder!라고 하면 '어쩐지'라는 뜻이 됩니다.

STEP 1 ▶ 우리말 문장에 맞게 알맞은 단어를 넣어 말해 보세요.

❶ 네가 내 의중을 파악했나 모르겠다.
🎤 I'm not _____ if you catch my drift.

❷ 네가 어떻게 이러고 사는지 모르겠다.
🎤 I have no _____ how you live like this.

❸ 명절 보너스를 받게 될지 궁금하다.
🎤 I _____ if we'll get a holiday bonus.

❹ 혹시 환불받을 수 있는지 궁금해서요.
🎤 I was _____ wondering if I could get a refund.

STEP 2 ▶ 우리말 문장에 어울리는 표현을 넣어 말해 보세요.

❺ 마라톤을 완주할 수 있을지 잘 모르겠어요.
🎤 _____ I can run a full marathon.

❻ 우리 아들이 어디 있는지 전혀 모른다니까요.
🎤 _____ my son is.

❼ 그가 어느 나라 사람인지 궁금하네.
🎤 _____ he's from.

❽ 혹시 나 대신 일할 수 있는지 궁금해서. (현재형 활용)
🎤 _____ you can sit in for me.

❾ 아직 비가 오는지 모르겠네.
🎤 _____ it's still raining.

STEP 3 ▶ 다음 우리말을 영어로 말해 보세요.

⑩ 그가 뭘 사고 싶어 하는지 궁금해.

🎤 _____

⑪ 혹시 타이어를 어떻게 교체하는지 아나 해서.

🎤 _____

⑫ 그가 오고 싶어 하는지 어쩐지 잘 모르겠어.

🎤 _____

⑬ 누가 이 꽃들을 보냈는지 전혀 모르겠어.

🎤 _____

⑭ 혹시 제게 조언을 좀 해주실 수 있나 해서요. (현재형 활용)

🎤 _____

⑮ 누가 이길지 궁금한데.

🎤 _____

⑯ 그가 언제 돌아올지 전혀 모르겠어.

🎤 _____

정답

❶ sure ❷ idea ❸ wonder ❹ just ❺ I'm not sure if ❻ I have no idea where ❼ I wonder where ❽ I'm just wondering if ❾ I wonder if ❿ I wonder what he wants to buy. ⑪ I was just wondering if you knew how to change a tire. ⑫ I'm not sure if he wants to come. ⑬ I have no idea who sent these flowers. ⑭ I'm just wondering if you can give me some advice. ⑮ I wonder who's going to win. ⑯ I have no idea when he's coming back.

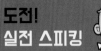
🔊 44-3.mp3

1 친구 집에서 축구를 보려고 했더니 TV가 고장 났는데

A There's something wrong with your TV.
무슨 일인지 모르겠네.

B Maybe it's broken again.

A Oh no! How am I going to watch the soccer game?

B Turn on the radio.
그건 될지 모르겠지만.

A 너 정말 어떻게 이러고 사는지 모르겠다.

B Well, at least I have my own place.

2 길을 맞게 가고 있는지 행인에게 물어보는데

A 혹시 저 좀 도와주실 수 있는지 모르겠네요.

B What can I do for you?

A I'm looking for a bookstore, but 맞게 가고 있는지 잘 모르겠어요.

B You are doing fine. Just keep walking this way.

정답

1 A 네 TV 이상해. I have no idea what's going on. **B** 또 고장 났나 보지 뭐. **A** 안 돼! 축구는 어떻게 보라고? **B** 라디오 켜 봐. I wonder if it works, though. **A** I have no idea how you live like this. **B** 음, 그래도 난 내 집이 있잖아.

2 A I was just wondering if you could help me. **B** 무슨 일로 그러시죠? **A** 서점을 찾고 있는데요, I'm not sure if I'm going in the right direction. **B** 잘 가고 계십니다. 그냥 이 길로 계속 걸어가세요.

앞에서 한 말과 상반된 얘기를 하고 싶을 땐

45 Though ~

강의 및 예문 듣기

 Mission Possible

이 말, 영어로 할 수 있나요?

 Mission 1

그녀를 사랑하긴 하지만 떠나야 했어.

Mission 2

그래도 너한테는 너무 잘된 일이네.

 Mission 3

피곤했지만 잠이 안 왔어.

영어로 30초 안에 말해 보세요.

여기 사랑하는 여인을 떠나보내야 했던 한 남성이 있습니다. '그 여인을 사랑하지만' 말이죠. 여인이 스탠포드에 합격해 멀리 떠나야 했거든요. 아픈 마음을 숨긴 채 남자는 여자에게 말합니다. "너랑 헤어져 지내야 하는 게 싫어. 하지만 너한테는 너무 잘된 일이네." 여인이 떠난 날 밤 남자는 몸과 마음이 너무도 '피곤했지만' 잠이 안 왔죠… 오늘은 이 남자의 스토리에서 보듯 '~지만' 이렇고, '~이긴 하지만' 저렇다는 식의 말을 연습해 볼 거예요.

오늘의 패턴

"~이긴 하지만" "그래도 ~이긴 해." "~지만"

287

Pattern 1

Though I love her, I had to leave her.

그녀를 사랑하긴 하지만 떠나야 했어.

~지만, ~이긴 하지만 '~이긴 하지만' 어쩌하다라는 식으로 말하고 싶을 때는 Though ~를 씁니다. Though 역시 뒤에는 문장을 넣어, 〈Though 문장, 문장〉 또는 〈문장, though 문장〉처럼 쓸 수 있어요.

Though	I like name-brand items, I can't afford them.	난 유명 브랜드를 좋아하지만 살 여유는 안 돼.
	he was a robot, he had feelings.	그는 로봇이었지만 감정을 갖고 있었다.

I can help you if you want,	**though**	I might not be helpful.	원한다면 도와줄게, 별 도움이 안 될지도 모르지만.
You're welcome to tag along,		you'll be bored silly.	같이 따라와도 되긴 하는데 너 완전 지루해할걸.

Pattern 2

It looks delicious, though.

(그래도) 맛있어 보이긴 해.

그래도 ~이긴 해, 근데 ~해. 상대방이 한 말이나 앞서 자신이 한 말과 상반되는 어떤 내용을 지적하고 싶을 땐 문장 맨 뒤에 though만 붙여 주면 됩니다. '그치만 ~이긴 해', '근데 ~해'라고 해석되죠.

It's really spicy,	**though.**	근데 진짜 맵다.
I'm happy for you,		그래도 너한테는 너무 잘된 일이네.
I feel a little bit guilty,		근데 기분은 좀 찜찜하다.
She's a bit of a stickler,		근데 그녀가 약간 원칙주의자이잖아.

Although I was told not to, I did.

하지 말라고 들었지만 했어.

~지만 원래 Although는 All과 though가 줄어든 형태로 though의 강조형으로 쓰였는데요. 최근 구어체에서는 거의 though로 통일시켜 쓰고 있습니다. 대신 Although를 쓰면 좀 더 격식 차리고 고풍스런 느낌을 주죠.

Although	I was tired, I couldn't sleep.	피곤했지만 잠이 안 왔어.
	I didn't study, I passed the exam.	공부를 안 했는데도 시험에 붙었어.
	the car is old, it still runs well.	그 차는 낡았지만 여전히 잘 굴러가.
	it's popular, I'm not into it.	그게 유행이긴 하지만 난 관심 없어.

Even though it's ruined, it's still delicious.

망가지긴 했지만 여전히 맛은 있어.

~이지만 Even though ~는 대비되는 정도가 아주 강할 때 사용합니다. 예컨대 '난 한국에서 태어났지만 한국말을 못해'라고 할 때, Even though I was born in Korea, I can't speak Korean.이라고 표현할 수 있어요.

Even though	he felt sorry, he didn't say anything.	그는 미안함을 느꼈지만 아무 말도 하지 않았어.
	he's a cook, he never cooks at home.	그는 요리사지만 집에서는 절대 요리를 하지 않아요.
	it's late, I feel like cooking a meal.	늦긴 했지만 좀 차려 먹고 싶은 기분이다.

 함께 알아두기

though 대신 if가 들어가서 Even if가 되면 '만약 ~일지라도', '~이라고 할지라도'라는 말이 됩니다.
▶ **Even if** you're starving to death, you must not touch that food.
(네가 굶어 죽는 한이 있더라도 절대 저 음식에 손을 대서는 안 돼.)

289

STEP 1 ▶ 우리말 문장에 맞게 알맞은 단어를 넣어 말해 보세요.

❶ 널 좋아하긴 하지만 결혼은 못해. (T-로 시작)

🎤 _____ I like you, I can't marry you.

❷ 그 차는 낡았지만 여전히 잘 굴러가. (A-로 시작)

🎤 _____ the car is old, it still runs well.

❸ 그래도 너한테는 너무 잘된 일이네.

🎤 I'm happy for you, _____ .

❹ 그들은 친구이긴 하지만 웬수처럼 싸워.

🎤 _____ though they're friends, they fight like cats and dogs.

STEP 2 ▶ 우리말 문장에 어울리는 표현을 넣어 말해 보세요.

❺ 제인이 일을 열심히 하긴 하지만 월급은 신통치 않아. (T-로 시작)

🎤 _____ , she doesn't get paid well.

❻ 원한다면 도와줄게, 별 도움이 안 될지도 모르지만.

🎤 I can help you if you want, _____ not be helpful.

❼ 그의 차는 낡아 보이지만 오래된 차는 아니야. (A-로 시작)

🎤 _____ , it isn't.

❽ 난 한국에서 태어났지만 한국말을 못해.

🎤 _____ in Korea, I don't speak Korean.

❾ 그게 유행이긴 하지만 관심 없어. (A-로 시작)

🎤 _____ , I'm not into it.

STEP 3 ▸ 다음 우리말을 영어로 말해 보세요.

🔟 네 살밖에 안 됐지만 그는 책을 읽을 줄 알아. (T-로 시작)

🎙 ....

⑪ 근데 진짜 맵다.

🎙 ....

⑫ 피곤했지만 잠이 안 왔어. (A-로 시작)

🎙 ....

⑬ 그는 요리사지만 집에서는 절대 요리를 하지 않아요.

🎙 ....

⑭ 그는 로봇이었지만 감정을 갖고 있었다. (T-로 시작)

🎙 ....

⑮ 그는 미안함을 느꼈지만 아무 말도 하지 않았어.

🎙 ....

⑯ 졸리진 않았지만 잠자리에 들었어. (A-로 시작)

🎙 ....

🎧 45-3.mp3

① 친구가 손대는 바람에 초콜릿 케이크가 엉망이 되었는데

A What are you doing? I told you not to touch it!

B 근데 이거 너무 맛있다.

I'm impressed.

A Now I can't use it. You ruined my first chocolate cake.

B 망가지긴 했지만 여전히 맛은 있어 .

A Stop it! Now I have to do it again from the beginning.

B I can help you if you want, 별 도움이 안 될지도 모르지만.

② 시험 결과를 묻는 친구에게

A How did it go?

B I can't believe it. 공부를 안 했는데도 시험에 붙었어!

A Good for you! You must be thrilled.

B 근데 약간 찜찜해. (**guilty** 떳떳하지 못한, 가책을 느끼는)

I feel like I cheated.

정답

① **A** 뭐하는 거야? 만지지 말라고 했잖아! **B** This is really good, though. 끝내주는데. **A** 이제 못 쓰게 됐잖아. 내가 처음 만든 초콜릿 케이크를 네가 망쳐 놨어. **B** Even though it's ruined, it's still delicious. **A** 그만해! 처음부터 다시 해야 되잖아. **B** 원한다면 도와줄게, though I might not be helpful.

② **A** 어떻게 됐어? **B** 믿을 수가 없어. Although I didn't study, I passed the exam! **A** 잘됐네! 너 기분 무지 좋겠다. **B** I feel a little bit guilty, though. 꼭 커닝한 기분이라니까.

292

이 말, 영어로 할 수 있나요?

Mission 1

집에 10시까지는 들어올게요.
🎤

Mission 2

(그 가게는) 새벽 2시까지 열어.
🎤

Mission 3

9시부터 5시까지 일해요.
🎤

💣 영어로 30초 안에 말해 보세요.

몇 시까지, 언제까지라고 시간을 제한할 때 우리말은 '~까지' 하나만 알면 되지만, 영어에는 by도 있고, until도 있으며, to도 있잖아요. 사실 수많은 수험서에서 by 하면 완료, until 하면 계속이란 말을 들먹이며 둘을 구분짓곤 하는데요, 이거이거 실생활에서 직접 말해 보려고 하니깐 골치만 아플 뿐이네요. 골치 아프지 않게 둘의 어감을 제대로 구분해서 말하는 연습, 바로 지금부터 시작합니다!

오늘의 패턴 📖

"(늦어도) ~까지"   "~까지 (계속)"   "…부터 ~까지"

Pattern 1

I'll be home by 10.

집에 10시까지는 들어올게요.

(늦어도) ~까지 by는 어떤 특정한 시간에 모든 일이 끝난다는 얘기를 할 때 사용합니다. 예컨대 마감이나 제출 기한, 통금 시간 등을 얘기할 때 쓰면 적절하죠. 그래서 이 말 속에는 '늦어도 ~까지는'이란 어감이 숨어 있어요.

I'll be back	9:30.	9시 반까지 돌아올게요.
Give me your answer	the end of business today.	오늘 업무 마칠 때까지 대답 줘.
She has to get home	**by** 10.	그녀는 10시까지는 귀가해야 한다.
Can you get it done	tomorrow?	내일까지 끝낼 수 있어?

Pattern 2

I'll buy lottery tickets until I win.

당첨될 때까지 복권을 살 거야.

~까지 (계속) until도 우리말로 해석할 땐 by와 똑같이 '~까지'이죠. 하지만 A until B 속에는 'B라는 시점이 되면 A라는 상황이 바뀐다'는 의미가 담겨 있어요. 즉, I'll buy lottery tickets until I win.에는 당첨되고 나면 복권을 안 살 거라는 의미가 내포되어 있단 얘기이죠.

It's open	2 am.	(그 가게는) 새벽 2시까지 열어.
I'll keep you company	you finish.	너 끝날 때까지 같이 있어 줄게.
I'll hold my breath	**until** you accept my proposal.	네가 내 제안을 받아들일 때까지 숨죽이고 기다리고 있을 거야.
I can cook doughnuts	you feel stuffed.	네 배가 터질 때까지 도너츠를 만들어 줄 수 있어.

I work from nine to five.
9시부터 5시까지 일해요.

···부터 ~까지 from ... to ~를 이용하면 '···부터 ~까지'라는 표현을 할 수 있어요. 여기서 from과 to 사이는 죽 계속되는 시간 경과를 나타낼 수도 있고, 공간의 범위나 추상적인 개념의 범위를 나타낼 수도 있어요. 다음 예문을 보며 확인해 보세요.

I have class		ten		three.	10시부터 3시까지 수업이 있어요.
She was smiling		ear		ear.	그녀의 입이 귀에 걸렸어.
The situation went	**from**	bad	**to**	worse.	상황이 더 악화되었다.
The rumor spread		person		person.	사람에서 사람으로 소문이 퍼져 나갔다.
I'm living		hand		mouth.	나는 하루 벌어 하루 먹고 산다.

Let's wait till the rain stops.
비가 그칠 때까지 기다리자.

~까지 till은 until과 뜻이나 용법이 같아서 대부분의 경우 서로 바꿔 쓸 수 있습니다. 차이가 있다면, till이 until보다 구어체에서 더 자주 쓰인다는 것과 문장 맨 앞에선 until이 더 많이 쓰인다는 것 정도예요. until과 마찬가지로 till 뒤에도 〈주어 + 동사〉는 물론 명사도 올 수 있어요.

Wait		you see.	볼 때까지 기다려요. (보시면 알아요.)
Keep at it	**till**	you make it happen.	그 일이 잘될 때까지 계속해서 열심히 해요.
Let's watch TV		he gives us a call.	그가 우리한테 전화할 때까지 TV나 보자.
I'm grounded		next week.	나 다음 주까지 외출 금지야.

STEP 1 ▶ 우리말 문장에 맞게 알맞은 단어를 넣어 말해 보세요.

❶ 내일까지는 다시 갖다 놔야 해요.
🎤 I have to put it back _____ tomorrow.

❷ 너 끝날 때까지 같이 있어 줄게.
🎤 I'll keep you company _____ you finish.

❸ 상황이 더 악화되었다.
🎤 The situation went _____ bad to worse.

❹ 지구가 멸망할 때까지 널 사랑할 거야. (until의 구어체 표현 활용)
🎤 I'll love you _____ the end of the earth.

STEP 2 ▶ 우리말 문장에 어울리는 표현을 넣어 말해 보세요.

❺ 금요일까지는 돌려줄게.
🎤 I'll give it back to you _____.

❻ 내일까지 못 기다려요.
🎤 I can't wait _____.

❼ 네가 돌아올 때까지 여기 있을 거야.
🎤 I'll stay here _____.

❽ 그는 다음 주까지는 안 돌아올 거예요. (until의 구어체 표현 활용)
🎤 We don't expect him back _____.

❾ 우리는 때때로 극장에 가. (from ... to ~ 활용)
🎤 We go to the movies _____.

STEP 3 ▸ 다음 우리말을 영어로 말해 보세요.

⑩ 10시부터 3시까지 수업이 있어요.

🎙 _____

⑪ 오늘 저녁 7시까지는 도착할 거야.

🎙 _____

⑫ (그 가게는) 새벽 2시까지 열어.

🎙 _____

⑬ 네가 승낙할 때까지 안 갈 거야.

🎙 _____

⑭ 그가 우리한테 전화할 때까지 TV나 보자. (until의 구어체 표현 활용)

🎙 _____

⑮ 내일까지 끝낼 수 있어?

🎙 _____

⑯ 사람에서 사람으로 소문이 퍼져 나갔다.

🎙 _____

정답

① by ② until ③ from ④ till ⑤ by Friday ⑥ until tomorrow ⑦ until you come back ⑧ till next week ⑨ from time to time ⑩ I have class from ten to three. ⑪ I'll get there by 7 tonight. ⑫ It's open until 2 am. ⑬ I won't go until you say yes. ⑭ Let's watch TV till he gives us a call. ⑮ Can you get it done by tomorrow? ⑯ The rumor spread from person to person.

🎧 46-3.mp3

❶ 한밤중에 우유가 떨어졌는데

A What time does the store close? We ran out of milk.

B 새벽 2시까지는 열어.

but isn't it too late?

A 내일까지 못 기다려. 🎤

I need to drink milk before I go to bed.

B We have some cocoa.

A No, I'll just run down to the store.

자정까지는 돌아올 거야.

🎤

B Suit yourself. I'm going to bed.

❷ 귀가 시간을 놓고 아이와 아빠가 협상을 하는데

A Where are you going this late?

B I'm going to meet my friend Molly.

집에 10시까지는 들어올게요. 🎤

A Make it 9. It's a school night.

B 9시 반까지 올게요. 🎤

Is that okay, Dad?

정답

❶ A 가게 몇 시에 닫지? 우유가 다 떨어졌네. **B** It's open until 2 am. 근데 너무 늦은 거 아닌가? **A** I can't wait until tomorrow. 난 자기 전에 꼭 우유를 마셔야 한단 말이야. **B** 코코아는 좀 있는데. **A** 됐어. 그냥 빨리 가게에 갔다 올게. I'll be back by midnight. **B** 좋을 대로 해. 난 잘 거야.

❷ A 이렇게 늦게 어디 가니? **B** 친구 몰리 만나러요. I'll be home by 10. **A** 9시까지 와. 내일 학교 가야 하잖니. **B** I'll be back by 9:30. 네, 아빠?

뭔가 해야 한다는 말을 need로 표현하고 싶을 땐

47 You need to ~

강의 및 예문 듣기

Mission Possible

이 말, 영어로 할 수 있나요?

Mission 1

넌 결정을 내려야 해.

🎤

Mission 2

사과할 필요 없어.

🎤

Mission 3

반드시 당신의 주장을 고수해야 합니다.

🎤

💣 영어로 30초 안에 말해 보세요.

앞에서 배운 should나 have to, have got to 말고도 '해야 한다'는 의미로 쓰이는 표현들은 더 있어요. 오늘은 그런 표현들을 가지고 상대방에게 필요성이나 의무를 지우는 말을 연습해 보도록 해요. 그런데 말이죠, 해야 하니까 그렇게 하라고 의무를 지우고 명령만 한다면 정말 인기 없는 사람이 될 거예요. 오히려 할 필요 없으니까 안 해도 된다며 짐을 덜어주는 말을 남발(?)한다면 사랑받는 사람이 될 수 있겠죠? 그래서 오늘은 이런 것들을 모두 배워 봐요!

오늘의 패턴 🎲

"넌 ~해야 해." "~할 필요 없어." "반드시 ~해야만 해."

이렇게 배웠더라면

Pattern 1

You need to **make a decision.** 넌 결정을 내려야 해.

넌 ~해야 해. You need to ~라고 하면 '넌 ~해야 해 (그럴 필요가 있어)'라는 의미예요. You need a coffee break.라고 하면 '넌 휴식이 필요해'라는 말이지만, You need to relax.라고 하면 '넌 긴장을 풀어야 해 (그럴 필요가 있어)'라는 말이 되죠.

You need to	concentrate.	집중을 해야지.
	call her right away.	너 지금 당장 그 여자에게 전화해야 해.
	go to college first.	넌 먼저 대학에 가야 해.
	stop dillydallying.	그만 꾸물대.

Pattern 2

You don't need to **apologize.** 사과할 필요 없어.

(너) ~할 필요 없어[안 해도 돼]. You don't need to ~는 '~할 필요 없어', '~하지 않아도 돼'라는 뜻인데요. 상황에 따라서 '~하지 마'라고 약하게 명령하는 말이라고 보셔도 돼요. 비슷한 표현으로는 You don't have to ~가 있습니다. '굳이 ~할 필요는 없어'라는 뜻이에요.

You don't need to	pay.	돈 안 내도 돼.
	tell me anything.	아무 말 안 해도 돼.
	get permission.	허락 받을 필요 없어.
	point that out.	그렇게 콕 집어서 얘기할 필요 없어.

300

You must go to the hospital.   너 병원에 가야만 해.

반드시 ~해야만 해. '반드시 ~해야만 해'라고 강하게 명령할 땐 must를 씁니다. 따라서 사용해도 되는 상황인지 잘 판단해서 써야 해요. 주로 규칙이나 규율에 대해서 언급할 때, 혹은 명령할 때 씁니다.

You must	have more patience.	반드시 더한 인내심이 있어야 해.
	stick to your guns.	반드시 당신의 주장을 고수해야 합니다.
	park here.	여기에 주차하시면 안 됩니다.
You must not	fold under pressure.	절대 압력에 굴하지 말아야 해요.

You'd better watch out.   조심하는 게 좋을 거야.

~하는 게 좋을 거야, ~해. You'd better ~는 You had better ~가 줄여진 말이에요. '~하는 게 좋을 거야'라는 뜻으로 '경고'의 의미가 담긴 표현입니다. 즉 '그렇게 하지 않으면 큰일 날 수도 있으니 그렇게 해'라는 의미인 거죠. 반대로, '~하지 않는 게 좋겠어, ~하지 마'는 better 뒤에 not을 붙여요.

You'd better	believe it.	믿는 게 좋을걸. (믿어.)
	ask for professional help.	전문가의 도움을 받는 게 좋겠다 (도움을 받아).
You'd better not	lay off the workers here.	여기 노동자들을 해고하지 않는 게 좋을 겁니다 (해고하지 마세요).

🐷 **함께 알아두기** -

'~해야 한다'라는 뜻의 표현들이 여러 개라 혼동되기 쉬울 텐데요. 깔끔하게 한번 정리해 보고 넘어가죠. 〈가장 부드러운 권고인 should → 약속이나 규정에 근거한 ought to나 need to → 강한 권고의 had better → 상황의 불가피성을 말하는 have to → have to와 같은 뜻의 구어체 표현인 have got to → 반드시 해야 하는 명령조 must〉의 순서로 '의무'의 느낌이 강해진다고 보면 됩니다.

301

STEP 1 ▶ 우리말 문장에 맞게 알맞은 단어를 넣어 말해 보세요.

❶ 여권을 준비하셔야 해요.

🎤 You _____ to get your passport ready.

❷ 그거 참지 않아도 돼.

🎤 You _____ need to put up with that.

❸ 반드시 당신의 주장을 고수해야 합니다.

🎤 You _____ stick to your guns.

❹ 헬스를 시작하는 게 좋을걸.

🎤 _____ better start working out at a gym.

STEP 2 ▶ 우리말 문장에 어울리는 표현을 넣어 말해 보세요.

❺ 문장을 완성해야 해.

🎤 _____ complete the sentence.

❻ 설명 안 해도 돼.

🎤 _____ explain.

❼ 영수증을 잘 보관해야만 해.

🎤 _____ keep the receipt.

❽ 믿는 게 좋을걸.

🎤 _____ believe it.

❾ 피터를 변호하지 않는 게 좋을걸. (피터 편을 들지 않는 게 좋을걸.)

🎤 _____ stick up for Peter.

STEP 3 ▸ 다음 우리말을 영어로 말해 보세요.

⑩ 넌 몰라도 돼.

🎤 _____

⑪ 여기 노동자들을 해고하지 않는 게 좋을걸.

🎤 _____

⑫ 여기서 수영하면 안 됩니다.

🎤 _____

⑬ 늦는다고 와이프한테 전화하는 게 좋을 거야.

🎤 _____

⑭ 너 지금 당장 그녀에게 전화해야 해.

🎤 _____

⑮ 돈 안 내도 돼.

🎤 _____

⑯ 여기에 주차하시면 안 됩니다.

🎤 _____

① 모델이 되고 싶다는 친구에게 이것저것 지적을 해주는데

A   I want to be a fashion model.
Don't you think I'm tall enough to be a model?

B   Not every tall girl becomes a model.
다리가 길어야지.

A   그렇게 콕 집어서 얘기할 필요 없어.
I know what my legs look like.

B   And 헬스도 시작하는 게 좋을걸.
You've never seen a fat model, right?

A   I don't think I want to be a model any more.

B   Remember Rome wasn't built in a day.

② 동료에게 일 처리에 관해 충고를 해주는데

A   체계적으로 일 처리를 할 필요가 있어. (**get one's act together** 체계적으로 일하다)

B   Back off. I'm doing my best.

A   절대 압력에 굴하지 말고. (**fold under pressure** 압력에 굴하다)

B   That's easy for you to say.

정답
① **A** 패션모델이 되고 싶어. 이 정도 키면 모델 할 만하지 않니? **B** 키 크다고 다 모델 하는 건 아니잖아. You MUST have long legs. **A** You don't need to point that out. 나도 내 다리가 어떤지는 잘 안다고. **B** 그리고 you'd better start working out at a gym. 너 뚱뚱한 모델 본 적 없지, 그치? **A** 나 모델 안 하고 싶어졌어. **B** 로마가 하루아침에 이루어지는 줄 아니?

② **A** You need to get your act together. **B** 참견 마. 최선을 다하고 있으니까. **A** You must not fold under pressure. **B** 말하기는 쉽지.

304

48 과거에 하지 않아 후회되는 일을 말할 땐
I should've ~

강의 및 예문 듣기

Mission Possible

이 말, 영어로 할 수 있나요?

Mission 1

네 말을 들었어야 하는 건데.

Mission 2

전화할 생각을 했어야지.

Mission 3

널 만나지 말았어야 했는데.

💣 *영어로 30초 안에 말해 보세요.*

소소한 것에서부터 치명적인 것까지 인생에서 아쉽거나 후회되는 일 한 가지쯤 있는 건 당연한 거죠. 친구의 진심어린 조언을 귀담아 듣지 않아 낭패를 본 사람은 "네 말을 들었어야 하는 건데."라며 친구 앞에서 아쉬움을 토로할 수 있고, 도박에 빠진 남자를 만나 갖은 고생을 한 여자는 "널 만나지 말았어야 했는데."라는 한 마디를 남기고 떠납니다. 또 상대방이 하지 않은 일에 대한 아쉬움은 때로는 "그렇게 했어야지."라는 식의 질책으로 이어지기도 하죠.

오늘의 패턴 🎲

> "~했어야 하는 건데." "~했어야지."
> "~하지 말았어야 했는데."

305

Pattern 1

I should've listened **to you.** 네 말을 들었어야 하는 건데.

~했어야 하는 건데. '~해야 한다'인 should와 현재완료(have p.p.)가 만나면 '~했어야 하는 건데'라고 자신이 과거에 하지 않은 일에 대해 후회하는 말이 돼요.

I should've	**called** you first.	너한테 먼저 전화했어야 하는 건데.
	kissed her.	그녀에게 키스를 했어야 했는데.
	said no.	아니라고 말했어야 했는데.
	paid more attention.	주의를 더 기울였어야 하는 건데.
	seen the signs.	징조를 알아차렸어야 하는 건데.

Pattern 2

You should've been **there.**
너도 거기 왔어야 했는데. (너도 왔으면 좋았을걸.)

(너도) ~했어야 했는데, ~했어야지. 주어를 You로 바꾸면 상대방이 하지 못한 일에 대한 아쉬움을 표현할 수 있죠. 했으면 좋았을걸 하고 말예요. 이 말은 또 '~했어야지'라고 상대방이 하지 않은 일에 대해 질책하는 말로도 쓰죠.

You should've	**called** the police.	경찰을 불렀어야지.
	thought to call.	전화할 생각을 했어야지.
	buckled up.	안전띠를 맸어야지.
	learned how to swim.	수영하는 법을 배웠어야지.

I shouldn't have met you. 널 만나지 말았어야 했는데.

~하지 말았어야 했는데. not을 넣어 I shouldn't have p.p.라고 하면 과거에 한 일에 대한 후회나 유감의 뜻을 나타내는 말이 됩니다. 또 I 대신 You를 넣어 You shouldn't have p.p.가 되면 '너 ~하지 말았어야 했어'라고 상대방이 한 일에 대해 아쉬워하거나 질책하는 말이 돼요.

I shouldn't have	**lent** you any money.	너한테 돈을 빌려 주지 말았어야 했는데.
	eaten the extra piece.	남은 한 조각을 더 먹는 게 아니었는데.
	bought that camera.	너 그 카메라 사지 말았어야 했는데.
You shouldn't have	**done** this.	이런 거 안 사 오셔도 되는데. (뭐 이런 걸 다…)
	crossed the line.	선을 넘지는 말았어야지.

I could have chosen you. 당신을 선택할 수도 있었어요.

~할 수도 있었어, ~였을 수도 있어. should 대신 could가 들어가면 가능성을 나타내게 됩니다. 실제로 일어나진 않았지만, 혹은 실제로 그런 일을. 한 적은 없지만 충분히 그럴 가능성이 있었다는 걸 나타내는 표현이에요.

	tried harder.	더 노력할 수도 있었는데.
I could have	**met** Tom Cruise in person.	톰 크루즈를 직접 만날 수도 있었는데.
	been somebody.	내가 대단한 사람이 될 수도 있었는데.

 함께 알아두기

could have p.p.는 어떤 사실에 대해 과장해서 묘사하는 경우에도 쓰입니다.
▶ You **could have heard** a pin drop. (핀이 떨어지는 소리도 들을 수 있었어. → 쥐 죽은 듯이 조용했어.)
▶ I was so nervous I **could have died**. (너무 긴장해서 죽을 수도 있었어. → 너무 긴장해서 죽을 거 같았어.)

STEP 1 ▶ 우리말 문장에 맞게 알맞은 단어를 넣어 말해 보세요.

❶ 그 오디션을 봤어야 하는 건데.

🎤 I _____ done the audition.

❷ 너한테 거짓말하지 않았어야 했는데.

🎤 I _____ have lied to you.

❸ 그 정도는 알았어야지. (더 능숙하게 대처했어야지.)

🎤 You should've _____ better.

❹ 네게 다이아몬드 반지를 사줄 수도 있었어.

🎤 I _____ have bought you a diamond ring.

STEP 2 ▶ 우리말 문장에 어울리는 표현을 넣어 말해 보세요.

❺ 너한테 먼저 전화했어야 하는 건데.

🎤 _____ you first.

❻ 그를 초대했어야지.

🎤 _____ him.

❼ 남은 한 조각을 더 먹는 게 아니었는데.

🎤 _____ the extra piece.

❽ 이런 거 안 사 오셨어도 되는데. (뭐 이런 걸 다…)

🎤 _____ done this.

❾ 내가 대단한 사람이 될 수도 있었는데.

🎤 _____ somebody.

STEP 3 ▸ 다음 우리말을 영어로 말해 보세요.

⑩ 그 자동차를 샀어야지.

🎤 _____

⑪ 아니라고 말했어야 했는데.

🎤 _____

⑫ 너 그 카메라 사지 말았어야 했는데.

🎤 _____

⑬ 나 죽을 수도 있었어.

🎤 _____

⑭ 아이스크림을 그렇게 많이 먹지 말았어야 했는데.

🎤 _____

⑮ 경찰을 불렀어야지.

🎤 _____

⑯ 더 노력할 수 있었는데.

🎤 _____

정답
① should've ② shouldn't ③ known ④ could ⑤ I should've called ⑥ You should've invited ⑦ I shouldn't have
eaten ⑧ You shouldn't have ⑨ I could have been ⑩ You should've bought that car. ⑪ I should've said no.
⑫ You shouldn't have bought that camera. ⑬ I could have died. ⑭ I shouldn't have eaten that much ice
cream. ⑮ You should've called the police. ⑯ I could have tried harder.

❶ 죽을 고비를 넘긴 환자에게 의사가 약을 처방해 주고 있는데

A 무리하지 말았어야죠. (**overwork oneself** 무리하다, 과로하다)

B I know. 선생님 말씀을 들었어야 했는데.

A Take this prescription to the pharmacy and get it filled.

B Thank you, Doctor.

A You should take a rest at least for a couple of days.

B I'll do whatever you say. 이번에 죽을 수도 있었으니까요.

❷ 친구가 빌려 준 돈을 도박으로 날린 사실을 고백하는데

A Listen... I have a confession to make.

B What is it that you want to tell me?

A 진작 얘기했어야 했는데. 🎤

I lost all your money in the casino.

B Are you out of your mind?

Oh, 너한테 돈을 한 푼도 빌려 주지 말았어야 했는데.

정답

❶ **A** You shouldn't have overworked yourself. **B** 그러게요. I should have listened to you. **A** 이 처방전을 약국에 가지고 가서 약을 지으세요. **B** 감사합니다, 선생님. **A** 적어도 2, 3일은 푹 쉬세요. **B** 선생님이 하란 대로 다 할게요. I could have died this time.

❷ **A** 저기… 고백할 게 하나 있어. **B** 하고 싶은 말이 뭔데? **A** I should've told you before. 네가 준 돈을 카지노에서 몽땅 잃었어. **B** 너 제정신이야? 아, I shouldn't have lent you any money.

이 말, 영어로 할 수 있나요?

내가 **영화배우**라면 좋을 텐데.

🎤

네 맘을 **읽을 수 있**으면 좋을 텐데.

🎤

학교 안 가도 되면 좋겠다.

🎤

💣 영어로 30초 안에 말해 보세요.

난 지금 영화배우도 가수도 아니에요. 그렇다고 그렇게 될 수 있을 거라고 믿지도 않기 때문에 노력 따윈 하지도 않아요. 하지만 영화배우든 가수든 우주 대스타가 되고 싶은 마음은 있단 말예요. 그러니까 이런 말쯤은 내뱉을 수도 있는 거 아니겠어요? "내가 우주 대스타라면 좋을 텐데. 그러면 얼마나 좋을까." 실현 가능성이 없다는 걸 알아도 이런 얘기 꺼내며 자신의 모습을 상상해 보는 것도 인간이기에 당연한 일입니다.

오늘의 패턴 🎲

"내가 ~라면 좋을 텐데." "~할 수 있으면 좋을 텐데."
"~면 좋겠다."

Pattern 1

I wish I were smarter.

내가 더 똑똑하면 좋을 텐데.

내가 ~라면 좋을 텐데. I wish I were ~는 자신이 어떻게 할 수 없는 일, 즉 실현 가능성이 없는 소망을 말할 때 써요. 또 you를 넣어 I wish you were ~라고 하면, '네가 ~라면 좋을 텐데'라는 말이 됩니다.

I wish	**I were**	a woman.	내가 여자라면 좋을 텐데.
		a movie star.	내가 영화배우라면 좋을 텐데.
	you were	my girlfriend.	네가 내 여자친구라면 좋을 텐데.
		ten years younger.	네가 10년만 더 젊으면 좋을 텐데.

Pattern 2

I wish I could read your mind.

네 맘을 읽을 수 있으면 좋을 텐데.

내가 ~할 수 있으면 좋을 텐데. 역시 실현 가능성이 없는 소망을 말할 때 쓰죠. I wish I were a movie star.라고 하면 '지금 영화배우라면 좋겠다'는 말이고, I wish I could be a movie star.라고 하면 '영화배우가 될 수 있으면 좋겠다'는 말이죠. 즉 '가능성'을 더 보여 주고 싶을 때 could를 사용하세요.

I wish I could	stay longer.	더 머무를 수 있으면 좋을 텐데.
	travel around the world.	세계 일주를 할 수 있으면 좋을 텐데.
	skip high school.	고등학교는 건너뛰었으면 좋겠다.
	sing like a bird.	새처럼 노래 부를 수 있으면 좋겠다.

I wish I knew.

나도 알면 좋겠다.

(내가) ~면 좋겠다, ~면 얼마나 좋을까. 자, 눈치 챘을지 모르겠는데요, I wish I were ~나 I wish I could ~나 모두 사실이 아닌 내용을 말하기 때문에 I wish 뒤에는 과거동사(were/could)를 썼어요. 그렇다면 이번엔 I wish I 뒤에 were/could 말고 다른 과거동사가 오는 경우를 연습해 보세요.

	had more time.	시간이 좀 더 있으면 얼마나 좋을까.
I wish I	had a daughter like you.	너 같은 딸 하나 있으면 좋겠다.
	didn't have to go to school.	학교 안 가도 되면 좋겠다.
	didn't have this toothache.	이 치통이 없다면 얼마나 좋을까.

I wish I had known.

내가 진작 알았더라면 좋았을 텐데.

내가 (진작) ~했더라면 좋았을 텐데. 현재 사실이 아니라 이미 일어난 과거 사실에 대해 자신의 소망을 말할 땐 I wish I had p.p. 형태를 사용합니다. 과거 사실이지만 실제 일어난 일이 아니기 때문에 I wish 뒤에는 과거완료시제를 쓰는 거죠.

	been there.	거기 갔더라면 좋았을 텐데.
I wish I had	chosen a different major.	다른 전공을 선택했더라면 좋았을 텐데.
	met you 10 years ago.	10년 전에 널 만났더라면 좋았을 텐데.

함께 알아두기

〈wish + 누구 + 무엇〉의 형태로 말하면 '누구에게 무엇을 빌어주다'라는 말이 돼요.

▶ I wish you a Merry Christmas. (즐거운 크리스마스 되세요.)

▶ Wish me luck. (나에게 행운을 빌어 줘.)

STEP 1 ▶ 우리말 문장에 맞게 알맞은 단어를 넣어 말해 보세요.

① 내가 백만장자라면 좋을 텐데.

🎤 I _____ I were a millionaire.

② 네가 한국 사람이라면 좋을 텐데.

🎤 I wish you _____ a Korean.

③ 성에서 살 수 있으면 좋을 텐데.

🎤 I wish I _____ live in a castle.

④ 오픈카가 있으면 좋겠다.

🎤 I wish I _____ a convertible.

⑤ 지난번에 좀 더 잘했더라면 좋았을 텐데.

🎤 I wish I had _____ better last time.

STEP 2 ▶ 우리말 문장에 어울리는 표현을 넣어 말해 보세요.

⑥ 내가 여자라면 좋을 텐데.

🎤 _____ a woman.

⑦ 저렇게 트럼펫을 연주할 줄 알면 좋을 텐데.

🎤 _____ play the trumpet like that.

⑧ 너 같은 아들 하나 있으면 좋겠다.

🎤 _____ a son like you.

⑨ 여기에 더 일찍 왔었더라면 좋았을 텐데. (get here 여기에 도착하다)

🎤 _____ here earlier.

STEP 3 ▶ 다음 우리말을 영어로 말해 보세요.

⑩ 네가 여기 나와 함께 있다면 좋을 텐데.

🎤 _____

⑪ 내가 부자라면 좋을 텐데.

🎤 _____

⑫ 네 모든 문제를 해결해 줄 수 있다면 좋을 텐데.

🎤 _____

⑬ 시간이 좀 더 있으면 얼마나 좋을까.

🎤 _____

⑭ 시험을 봤더라면 좋았을 텐데.

🎤 _____

⑮ 학교 안 가도 되면 좋겠다.

🎤 _____

⑯ 더 머무를 수 있으면 좋을 텐데.

🎤 _____

정답

① wish ② were ③ could ④ had ⑤ done ⑥ I wish I were ⑦ I wish I could ⑧ I wish I had ⑨ I wish I had gotten ⑩ I wish you were here with me. ⑪ I wish I were rich. ⑫ I wish I could solve all your problems. ⑬ I wish I had more time. ⑭ I wish I had taken the exam. ⑮ I wish I didn't have to go to school. ⑯ I wish I could stay longer.

🎧 49-3.mp3

① 기말고사를 코앞에 두었는데

A The finals start tomorrow!

시간이 좀 더 있으면 얼마나 좋을까.

B You can say that again! I hardly studied at all.

A 지난번에 좀 더 잘 봤더라면 좋았을 텐데.

B 고등학교를 건너뛸 수 있으면 좋겠다.

A What do you mean?

B I mean I can't wait to be a college student.

② 친구에게 피아노 경연대회 결과를 묻는데

A How did it go with the competition? Did you win anything?

B 1등상을 탔더라면 좋았을 텐데,
but I got the third.

A Way to go! 가서 봤더라면 좋았을 텐데.

B There's another piano competition next month. Don't miss it.

정답

① **A** 기말고사가 내일부터야! I wish I had more time. **B** 그러게 말이야! 공부도 거의 못했는데. **A** I wish I had done better last time. **B** I wish I could skip high school. **A** 무슨 소리야? **B** 얼른 대학생이 되고 싶다는 말이지.

② **A** 경연대회는 어떻게 됐어? 상 탔어? **B** I wish I had won the first prize, 하지만 3등 했어. **A** 잘했네! I wish I had been there. **B** 다음 달에 또 피아노 경연대회가 있어. 꼭 와.

이 말, 영어로 할 수 있나요?

뭘 하든 포기하지 마.

네가 어딜 가든 난 널 따라갈 거야.

이걸 볼 때마다 널 생각할게.

영어로 30초 안에 말해 보세요.

갈수록 먹고살기가 더 힘들어지는 세상입니다. 그렇다고 언제 먹고살기 좋았던 적이 있었느냐 하고 돌아보면 그랬던 시대도 없었던 것 같은데 말입니다. 아무튼 '아무리 힘들어도', '어떤 장벽이 있더라도', '어디에 가서라도' 살아남기 위해선 버티는 수밖에 없겠지요. 이런 세상에서 살고 있기 때문에 우리는 '뭘 ~하든', '어딜 가든', '~할 때마다'라는 말을 쓸 수밖에 없습니다. 버텨내는 데는 말을 내뱉는 게 힘이 되니까요.

오늘의 패턴

"뭘 ~하든"   "(네가) 어딜 가든"   "~할 때마다"

Pattern 1

Whatever you do, don't give up. 뭘 하든 포기하지 마.

뭘 ~하든, ~라면 뭐든 의문사에 -ever가 붙으면 '~이든지'라는 뜻이 됩니다. 그래서 Whatever 다음에 문장이 오면 '뭘 ~하든지 간에', '~라면 뭐든지'라는 말이 되죠.

Whatever

happens, don't open your eyes.	무슨 일이 생기든 눈 뜨지 마.
it takes, I don't care.	얼마가 걸리든/들든 상관없어.
you want, I'll get it for you.	원하는 게 뭐든 내가 구해 줄게.
you request, he'll turn you down.	네가 뭘 요청하든 그는 다 거절할 거야.

Pattern 2

Wherever you go, I'll follow you.
네가 어딜 가든 난 널 따라갈 거야.

(네가) 어딜 가든 Whatever와 마찬가지로, Wherever는 '어디든'이란 의미이죠. 그래서 Wherever you go라고 하면 '네가 어딜 가든'이라는 뜻으로 쓰인답니다.

Wherever you go,

take me with you.	어딜 가든 날 데려가 줘.
just be yourself.	어딜 가든 평소 하던 대로 행동해라.
call me when you get there.	어딜 가든 도착하면 전화해.
carry this lucky charm with you.	어딜 가든 이 행운의 부적을 지니고 다녀.

Whenever I ask him for help, he says no.

그는 내가 도움을 청할 때마다 거절해.

~할 때마다, ~할 땐 언제든지 이번엔 When에 -ever를 붙여 볼까요? Whenever 뒤에 문장이 오면 '~할 때마다', '~할 땐 언제든지'라는 뜻이 됩니다. 발음은 [웬에벌], 혹은 [웨네벌] 다 좋아요.

| **Whenever** | we get together, we end up arguing. | 우리는 만날 때마다 논쟁을 벌이게 된다. |
| | I go into her room, she's on the phone. | 내가 그녀 방에 갈 때마다 전화기를 붙잡고 있더라고. |

| I'll think of you | **whenever** | I see this. | 이걸 볼 때마다 널 생각할게. |
| You always make up something | | I ask a personal question. | 개인적인 질문만 하면 넌 항상 뭔가 꾸며대더라. |

However hard I try, I can't stop thinking about her.

아무리 열심히 노력해도 그녀에 대한 생각을 떨칠 수가 없어.

아무리 열심히 ~해도 However는 '아무리 ~해도'라는 뜻이에요. 뒤에 역시 문장이 오는데, 앞의 패턴들과 한 가지 다른 점은 그 사이에 '정도'를 나타내는 형용사가 온다는 거예요.

	hard	I study, it always slips my mind.	아무리 열심히 공부해도 늘 까먹는단 말이야.
However	**much**	you want it, it's out of the question.	네가 아무리 원해도 그건 불가능해.
	long	it takes, I'll never give up.	아무리 오래 걸려도 절대 포기 안 할 거야.

 함께 알아두기

However로 시작하는 문장은 No matter how ~로 바꿔 쓸 수 있습니다. 위 문장들의 However를 No matter how 로 바꿔서 한번 말해 보세요.

STEP 1 ▶ 우리말 문장에 맞게 알맞은 단어를 넣어 말해 보세요.

① 얼마가 걸리든/들든 상관없어.

🎤 _____ it takes, I don't care.

② 어딜 가든 조심해.

🎤 **Wherever you** _____ **, be careful.**

③ 그 애 방에 갈 때마다 전화기를 붙잡고 있더라고.

🎤 _____ I go into her room, she's on the phone.

④ 아무리 열심히 공부해도 늘 까먹는단 말이야.

🎤 _____ hard I study, it always slips my mind.

STEP 2 ▶ 우리말 문장에 어울리는 표현을 넣어 말해 보세요.

⑤ 네가 뭘 하든 이게 너한테 행운을 가져다줄 거야.

🎤 _____ , this will bring you good luck.

⑥ 어딜 가든 지니고 다니도록 해.

🎤 _____ , carry it with you.

⑦ 필요할 땐 언제든지 도움을 청해.

🎤 **You can ask for help** _____ .

⑧ 얼마가 들더라도 난 배낭여행 갈 거야.

🎤 _____ , I'm going backpacking.

⑨ 무슨 일이 생기든 눈 뜨지 마.

🎤 _____ , don't open your eyes.

STEP 3 ▸ 다음 우리말을 영어로 말해 보세요.

⑩ 네가 어딜 가든 난 널 찾아낼 거야.

🎤 _____

⑪ 돈이 아무리 많아도 그건 못 살걸.

🎤 _____

⑫ 원하는 게 뭐든 내가 구해 줄게.

🎤 _____

⑬ 어딜 가든 날 데려가 줘.

🎤 _____

⑭ 이걸 볼 때마다 널 생각할게.

🎤 _____

⑮ 너와 함께 있을 땐 늘 모든 일이 잘 풀리는 것 같아.

🎤 _____

⑯ 아무리 네가 그녀를 사랑해도 언젠가는 떠나보내야 할 거야.

🎤 _____

정답

❶ Whatever ❷ go ❸ Whenever ❹ However ❺ Whatever you do ❻ Wherever you go ❼ whenever you need it ❽ However much it costs ❾ Whatever happens ❿ Wherever you go, I'll find you. ⑪ However much money you have, you can't buy that. ⑫ Whatever you want, I'll get it for you. ⑬ Wherever you go, take me with you. ⑭ I'll think of you whenever I see this. ⑮ Everything seems all right whenever I'm with you. ⑯ However much you love her, you'll have to let her go someday.

🔊 50-3.mp3

❶ 사장 때문에 회사를 그만두기로 한 동료와 얘기를 나누며

A Our boss is so mean!

B 네가 뭘 요청하든 그는 다 거절할 거야. (**turn down** 거절하다)

A Exactly!

내가 아무리 원해도 그건 불가능한 일이지. (**out of the question** 불가능한)

B Sorry you're leaving.

어딜 가든 연락하며 지내자. (**stay in touch** 계속 연락하고 지내다)

❷ 선글라스를 빌리러 온 친구의 부탁을 거절하는데

A Can I borrow your sunglasses?

I'm going to the beach this weekend.

B No way. 너한테 뭐 빌려 줄 때마다 고장 내거나 잃어버리잖아.

A Please! I'm begging you. It won't happen again. I promise.

B 네가 뭐라고 말해도 내 맘은 안 바뀔 거야.

정답

❶ A 우리 사장은 너무 못됐어! **B** Whatever you request, he'll turn you down. **A** 맞아! However much I want it, it's out of the question. **B** 회사를 그만둔다니 유감이다. Stay in touch wherever you go.

❷ A 선글라스 좀 빌려 줄래? 이번 주말에 바닷가에 가거든. **B** 싫어. Whenever I lend you anything, you break it or lose it. **A** 제발! 부탁한다. 다신 안 그럴게. 약속해. **B** Whatever you say, I won't change my mind.

30장면으로 끝내는
스크린 영어회화 - 도리를 찾아서

구성
· 전체 대본
· 훈련용 워크북
· mp3 CD

강윤혜 해설 | 408면 | 18,000원

국내 유일! 〈도리를 찾아서〉 전체 대본 수록!

〈니모를 찾아서〉의 흥행 신화를 잇는 픽사 30주년 기념작!
〈도리를 찾아서〉의 30장면만 익히면 영어 왕초보도 영화 주인공처럼 말할 수 있다!

난이도	첫걸음 초급 **중급** 고급	기간	30일
대상	영화 대본으로 재미있게 영어를 배우고 싶은 독자	목표	30일 안에 영화 주인공처럼 말하기